CAIZHENG ZIZHU XIANGMU CHENGGUO DE
ZHISHI CHANQUAN BAOHU
YU YINGYONG YANJIU

# 财政资助项目成果的知识产权保护与应用研究

张 艳 著

## 图书在版编目（CIP）数据

财政资助项目成果的知识产权保护与应用研究 / 张艳著 . —北京：知识产权出版社，2022.10

ISBN 978-7-5130-8383-6

Ⅰ．①财… Ⅱ．①张… Ⅲ．①知识产权保护—研究—中国 Ⅳ．① D923.404

中国版本图书馆 CIP 数据核字（2022）第 179257 号

### 内容提要

在创新驱动发展战略下，随着国家科研经费投入强度持续创造新高，财政资助项目成果的知识产权保护和应用问题更加凸显。当前我国财政资助项目成果的知识产权保护和应用状况虽有一定改善，但仍面临很多问题和挑战。因此，正视我国财政资助项目成果知识产权保护和应用的现状，反思当前实践及相关制度之不足，以解决实际问题为导向，聚焦关键问题，科学借鉴美、日等国的政策立法及实践经验，积极探索中国特色的推进财政资助项目成果知识产权保护和应用的路径不仅必要，而且迫切。

本书适合高校师生、科研人员、知识产权管理人员及法律实务工作者等阅读。

责任编辑：龚　卫　　　　　　　责任印制：刘译文
封面设计：北京乾达文化艺术有限公司

### 财政资助项目成果的知识产权保护与应用研究
张　艳　著

| 出版发行：知识产权出版社有限责任公司 | 网　　址：http://www.ipph.cn |
|---|---|
| 电　　话：010-82004826 | 　　　　　http://www.laichushu.com |
| 社　　址：北京市海淀区气象路50号院 | 邮　　编：100081 |
| 责编电话：010-82000860转8120 | 责编邮箱：gongway@sina.com |
| 发行电话：010-82000860转8101 | 发行传真：010-82000893 |
| 印　　刷：北京中献拓方科技发展有限公司 | 经　　销：新华书店、各大网上书店及相关专业书店 |
| 开　　本：720mm×1000mm　1/16 | 印　　张：18 |
| 版　　次：2022年10月第1版 | 印　　次：2022年10月第1次印刷 |
| 字　　数：254千字 | 定　　价：98.00元 |

ISBN 978-7-5130-8383-6

出版权专有　侵权必究
如有印装质量问题，本社负责调换。

# 前　言

经济全球化时代，科技创新是体现我国经济实力，增强我国综合国力以及提升我国国际竞争力的关键所在。为了推动科技创新，我国近年来持续加大对科技项目的经费投入，国家财政科技支出稳步增加，从而产生大量的财政资助项目的科研成果。因此，加强财政资助项目成果的知识产权管理，推动财政资助项目成果的知识产权保护和应用，是当前我国实施科技创新战略的重要保证，也是提升我国财政科技投入的产出绩效和知识产权质量的重要途径。

实践中，我国财政资助项目成果的知识产权保护和应用面临着一些困难，暴露出一些问题。导致这一困境的原因很多，既有立法层面的，也有管理制度层面的，也有认知层面的。本书在反思我国财政资助项目成果的知识产权保护和应用的现状及不足的基础上，对美国、日本等国的相关政策立法进行了全面梳理，同时对斯坦福大学、华盛顿大学、东京大学、美国卫生研究院等典型高校、科研机构在财政资助项目成果的知识产权保护与应用领域的最新管理制度和实践探索展开了深入探讨，分析其可借鉴之处，并由此提出了推进我国财政资助项目成果的知识产权保护和应用的对策建议。

在本书撰写过程中，得到了国家"十三五"科技规划前期研究重大课题等项目的支持。本书撰写离不开广泛的调研和众多特色鲜活的案例，笔者特别感谢接受我们调研访谈并为我们提供宝贵建议的国内外知识产权领域的专家学者以及中科院各研究所负责知识产权管理的领导和工作人员。他们所提供的生动案例和宝贵建议给本书的撰写带来很大的启发！黄仪婷、申展、胡向宏、郭梦真等为本书的资料收集整理、内容校对等提供了很多帮助,谢谢他们!此外,笔者在研究中还得到了中国科学院大学的领导和同事的大力支持,谨借此机会一并向他们表达深切的谢意!

最后,得感谢本书得以付梓的幕后英雄,包括知识产权出版社的龚卫老师、吴烁老师等,她们在封面设计、文字校对、文稿润色、出版安排等方面的工作给作者带来巨大的帮助与启发,在此向她们表达由衷的感谢!

# 目 录

**第一章　财政资助项目成果的知识产权之基本理论　// 1**

第一节　财政资助项目成果的知识产权的概念、特征及定位 ………… 2

　　一、基本概念厘定：从"财政资助项目成果的知识产权"到
　　　　"财政资助项目成果的知识产权权属" ………………………… 2

　　二、财政资助项目成果的知识产权之功能定位 ………………… 3

第二节　我国财政资助项目成果的知识产权权属制度的历史演进 ……… 7

第三节　财政资助项目成果的知识产权所涉利益主体及利益关系 …… 12

　　一、政　府 …………………………………………………… 12

　　二、项目承担单位 …………………………………………… 17

　　三、科研人员 ………………………………………………… 19

**第二章　新形势下我国财政资助项目成果的知识产权保护与应用所面临的新挑战及新要求　// 21**

第一节　新形势下我国财政资助项目成果的知识产权保护与应用所面临的
　　　　新挑战 ………………………………………………………… 22

　　一、国际领域科技竞争日趋激烈，高新技术领域的国际争夺战

　　　　　已经拉开序幕 ………………………………………………… 22
　　　　二、知识产权壁垒重重，我国自主创新的压力加大 …………… 23
　　　　三、创新驱动发展对知识产权应用的需求更加迫切 …………… 24
　　　　四、财政资助项目参与主体格局发生重大变化 ………………… 24

　　第二节　新形势下我国财政资助项目成果的知识产权保护与应用所面临的
　　　　　新要求 …………………………………………………………… 25
　　　　一、财政资助项目成果的知识产权管理的价值诉求和管理方式的
　　　　　应然转向要求 …………………………………………………… 26
　　　　二、相关科研管理制度及知识产权制度的根本性变革需求 …… 27

# 第三章　当前我国财政资助项目成果的知识产权保护与应用的现状、问题及其制度性成因　// 29

　　第一节　当前我国财政资助项目成果的知识产权保护与应用的现状及
　　　　　问题 ……………………………………………………………… 30

　　第二节　当前我国财政资助项目成果的知识产权保护与应用困境的制度性
　　　　　成因 ……………………………………………………………… 57
　　　　一、科研评价制度方面 …………………………………………… 58
　　　　二、科研管理制度方面 …………………………………………… 59
　　　　三、知识产权激励制度方面 ……………………………………… 62
　　　　四、知识产权保障制度方面 ……………………………………… 67

## 第四章 我国财政资助项目成果的知识产权保护与应用之政策立法梳理与反思 // 71

第一节 现行政策对推进我国财政资助项目成果的知识产权保护和应用的主要机制与措施 ················ 72

  一、放权让利，调动各方积极性 ················ 73

  二、确立国家科研计划的知识产权管理导向，明确各类主体的知识产权保护与应用职责 ················ 79

  三、重视项目承担单位的知识产权管理机构设置及人才建设 ················ 82

  四、规范并加强财政资助项目成果的知识产权管理制度建设 ················ 85

  五、实施多元化激励保障措施，不断加大国家财政、金融支持力度 ················ 87

第二节 我国财政资助项目成果知识产权保护与应用之相关政策立法反思 ················ 106

  一、在立法体系方面 ················ 107

  二、在政策立法内容方面 ················ 112

## 第五章 美国和日本在财政资助项目成果的知识产权保护与应用领域的政策立法与实践探索 // 119

第一节 美国在财政资助项目成果的知识产权保护与应用领域之政策立法与实践探索 ················ 120

  一、美国涉及财政资助项目成果的知识产权的相关政策立法及其

　　　　　　　主要条款内容 ·················································· 120

　　　　　二、美国典型高校及科研机构在财政资助项目成果的知识产权保

　　　　　　　护、应用等方面的实践探索 ································ 139

　　　　　三、小　结 ······················································ 167

　　第二节　日本在财政资助项目成果的知识产权保护与应用领域之政策立法

　　　　　与实践探索 ······················································ 173

　　　　　一、日本涉及财政资助项目成果的知识产权的相关政策立法及其

　　　　　　　主要条款内容 ·················································· 173

　　　　　二、日本典型高校及科研机构在财政资助项目成果的知识产权保

　　　　　　　护、应用等方面的实践探索 ································ 189

　　　　　三、小　结 ······················································ 222

## 第六章　促进我国财政资助项目成果的知识产权保护与应用的对策建议 // 231

　　第一节　促进我国财政资助项目成果的知识产权保护与应用之基本

　　　　　原则 ······························································ 232

　　　　　一、推进我国财政资助项目知识产权工作的基本立场

　　　　　　　——知识产权保护与知识产权应用并重 ···················· 232

　　　　　二、我国财政资助项目知识产权工作的整体定位

　　　　　　　——"积极引导、综合治理"才是治本之道 ··············· 234

　　第二节　促进我国财政资助项目成果的知识产权保护与应用之具体举措 236

　　　　　一、强化知识产权意识，提升知识产权保护及应用能力 ······ 238

　　　　　二、加快科研评价制度改革，推进知识产权评价的科学化、

　　　　合理化 ·········································································· 240
三、以知识产权应用为导向，强化知识产权管理 ················ 243
四、健全知识产权激励保障制度，充分调动社会各界的积极性 248
五、加强知识产权服务体系建设，提升知识产权服务水平 ··· 251
六、加强知识产权人才队伍建设，实施高层次知识产权人才资源
　　整合并举方略 ······················································· 252
七、加大知识产权政策立法的完善落实力度，积极营造良好的知
　　识产权保护和应用环境 ·········································· 255

| 结　语 //260

| 主要参考文献　//261

第一章

# 财政资助项目成果的
# 知识产权之基本理论

## 第一节　财政资助项目成果的知识产权的概念、特征及定位

随着全球科技的迅猛发展以及国际范围内科技竞争的不断加剧，各国不断加大科技研发的财政投入，财政资助项目成果的知识产权数量激增，因此强化和完善财政资助项目成果的知识产权管理成为推动科技创新、实现财政资助项目成果价值的必然要求。财政资助项目成果的知识产权保护和应用是众多高校及科研机构知识产权管理工作的关键所在，不仅关系到财政资助科技研发成果是否能真正促进社会生产力发展，也关系到整个国家未来国际竞争实力的提升。

然而，由于不同社会主体对财政资助项目成果的知识产权保护和应用的认知存在偏差，导致在一些关键问题上分歧明显，甚至直接影响了我国财政资助项目成果的知识产权保护和应用的实际效果。因此，厘清相关概念的内涵和外延，有助于我们正确认识和分析财政资助项目成果的知识产权相关问题，从而建立符合中国国情的制度体系。

### 一、基本概念厘定：从"财政资助项目成果的知识产权"到"财政资助项目成果的知识产权权属"

基本概念是我们研究问题的出发点。明确基本概念的内涵和外延，有利于我们厘清财政资助项目实施过程中各方利益主体之间所呈现的结构关系，从而把握我国财政资助项目成果的知识产权保护和应用制度演进的清晰流程。

对财政资助项目成果的知识产权这一基本概念的阐释，是我们探讨相关问题的前提。所谓财政资助项目，是国家出于国家利益或社会公共利益的需要，以委托项目研发的方式，利用财政资金支持高校、科研机构以及企业等开展技术研发和产品创新，旨在解决中国经济社会发展和科技自身发展中的一些重要问题（尤其是对未来人类认识世界将会起到重要作用的前沿问题），不断推动产业结构升级。财政资助项目是中央及地方各级政府通过财政资助的方式鼓励高校、科研机构以及企业等开展自主创新，提升相关产业核心竞争力，增强国家的全球科技竞争力的有效途径。而所谓财政资助项目成果的知识产权，是指在政府财政性资金所设立的科学技术计划项目的研发过程中，项目承担单位的科研人员通过参与该项目研发而形成成果的知识产权。

究其根源，财政资助项目源自公共财政投入，是政府为了弥补"市场失灵"的不足，发挥其公共事务管理职能，利用国家财政方式对市场进行宏观调控而采取的措施，其项目设置的出发点并不是牟利，而是弥补完全依赖市场调节的缺陷，出于维护社会公共利益和国家利益的考虑。可见，财政资助项目成果的知识产权的突出特征就是其公益性，呈现一定的公共产品特性。[1]

## 二、财政资助项目成果的知识产权之功能定位

如前所述，财政资助项目研发来自国家公共财政的投资，依托该项目所形成的知识产权具有的准公共产品属性，这也决定了财政资助项目成果的知识产权的功能定位具有一定的特殊性。具体而言，财政资助项目成果的知识产权之功能定位主要体现在以下几个方面。

---

[1] 李金惠，林映华．关于财政资助项目科技成果权属若干基本概念的探讨［J］．科技与创新，2017，14（6）：6.

## （一）弥补市场在社会资源配置上的缺陷

通常情况下，市场能够在自己的运行过程中按照市场竞争规律进行社会资源的合理配置。然而，受制于市场垄断、公共物品、外部性和信息不全面或不对称等因素，市场在社会资源的调控过程中难以实现资源的最优、最快和最有效配置，甚至可能加剧社会不公、经济不稳等。就科技创新研发而言，那些应用前景明朗、研发风险低、前期投入少的研发项目一般更容易吸引社会资源的配置，而那些应用前景不明、研发风险高、前期投入多的研发项目，即使关系到国家和社会重大公共利益，涉及关键技术攻关研发和关键技术布局，也难以从市场中吸引足够的资源配置。正是因为市场经济自身存在这些难以克服的、必然性的缺陷，有时完全依赖市场来配置资源并不能实现资源的最优配置，所以在一定情形下国家介入就非常必要。国家通过各种方式在社会资源配置中发挥其调节和引导作用，有效应对市场资源配置失灵所引发的问题。在科技创新领域，国家从公共财政中拿出经费来进行的科技研发投入就是对抗该领域市场资源配置失灵，优化创新资源配置的有效方式之一。

实践中，一些与国家利益及公共安全、未来技术发展布局和提升我国科技全球竞争力有关的带有公益性质的重要研发领域（如基础研究、社会公益性技术研发、重大关键技术研发攻关等）需要大量的、长期的前期研发投入。同时，在研发过程中又存在研发风险大，不确定因素多等现实问题。在市场领域的私人资本往往无力支持或不愿支持的情形下，国家就需要从公共财政资金层面加大支持力度，保证这些重要科技研发顺利进行。国家不仅通过加大科技研发经费投入来支持关键性技术领域的基础性研发，同时又积极培育国家战略科技力量，为其后期在国家及社会发展中发挥核心引擎功能和创新引领作用奠定基础。事实证明，也正是国家的支持和公共财政投入的保障，才在一定程度上弥补了市场在资源配置上的缺陷，推动了一些影响深远的重大科技研发成果产出。

### (二)推动重大科技创新和创新成果转化

科技创新是一个国家进步的前提，也是一个国家持续发展的动力来源。然而，科技创新从来不是一件容易的事情。科技创新涉及多元主体和多重社会资源要素，也需要各种主客观条件的配合。在多元主体、多元要素交互作用的过程中，科技创新受制于主客观条件的限制，投入与产出之间未必成正比关系，研发结果具有相当的风险性和不确定性。这在一定程度上遏制了市场主体独立进行科技创新投入的主观能动性，造成某些重要领域的基础性或高风险科技创新滞后于实际需要。

为了鼓励更多的市场主体投入风险性高的科技创新实践，提升我国科技创新效率，就需要在制度构建上积极发挥国家的引导作用和支撑作用。为此，国家需要积极引导和鼓励来自公私领域的各种力量去应对在科技创新中客观存在的资源配置不足、人财物短缺等问题，甚至通过直接或间接的方式来加大科技创新投入，降低科技创新风险，推动科技创新成果转化。其中，通过国家设立财政资金支持的科研项目，帮助有研发能力的企事业单位进行科技创新，形成有价值的科研成果，同时积极引导和鼓励财政资助项目成果的知识产权转化，实现以国家介入来推动具有"公共利益"属性的科技研发和科技成果转化的作用，从而有效激发社会各界的科技创新热情，推动我国科技创新再上一个新台阶。❶

### (三)维护国家及社会公共利益

科技创新是整个社会前进的基石，也是积极维护国家利益的重要保障。在全球科技竞争愈演愈烈的背景下，科技创新能力一直被作为评估一个国家未来是否具有发展潜力以及能否在高新科技领域长期保持主导地位的决定性因素之一。

---

❶ 李金惠，林映华.关于财政资助项目科技成果权属若干基本概念的探讨[J].科技与创新，2017，14(6)：7.

科技创新是社会多元主体参与的社会系统工程。代表着国家利益的政府是科技创新发展的重要推动力量，也是国家科技创新研发的有力支撑。国家财政经费资助的科技研发项目是国家以公共财政支持科技创新，引导战略性科技研发布局的重要方式，直接关系着国家和社会的长远利益和未来发展。一些国家科技重大专项和重点研发项目，更是国家针对特定领域的核心科技竞争力、社会整体自主创新能力、国家安全和社会公共利益展开的战略性、前瞻性、基础性的研发布局。

因此，同其他私人经费资助项目形成的知识产权相比，国家财政资助项目成果的知识产权与国家和社会公共利益密切关联，影响到国家重要科技布局，呈现出以下几点。其一，基础性。国家财政资助项目多是国家根据公共利益需求，对于一些基础性、关键性、高风险性、私人研发投入少的领域的科技研发活动予以财政经费支持而设立的项目，因此，财政资助项目成果的知识产权也就天然具有基础性的特征。其二，国家支持性。与其他各种形式的项目形成的知识产权不同，国家财政资助项目成果的知识产权来自国家财政支持的科技项目。国家利用来自纳税人的公共财政支持一些关系到国计民生的、重要的、高风险的研究领域的研发，促进高水平的、基础性科技创新成果的产出，从而有效提升本国的科技竞争力。其三，公益性。国家基于维护国家利益或社会公共利益这一宗旨，为了提升本国国际科技竞争水平而直接投入国家公共财政经费来支持一些科技研发活动，这些国家财政支持的科技研发的成果产出自然就具有公益性。[1]

---

[1] 李金惠，林映华. 关于财政资助项目科技成果权属若干基本概念的探讨 [J]. 科技与创新，2017，14（6）：7.

## 第二节 我国财政资助项目成果的知识产权权属制度的历史演进

财政资助项目成果的知识产权权利归属是我们探讨财政资助项目成果的知识产权保护和应用的前提和基础。"以专利为代表的知识产权的应用转化过程会受到众多因素的影响,一个关键因素就是研发成果的知识产权的所有权。"[1] 只有当财政资助项目成果的知识产权归属问题得以解决,财政资助项目成果的知识产权保护和应用的方式和路径才能真正展开,否则就是无源之水、无本之木,相关应对措施也将成为一种奢谈。可见,明确国家财政资助科研项目形成知识产权归属对于厘清相关利益主体间的权利义务,推动国家财政资助项目成果的知识产权走向市场化运营,充分激发项目承担单位或者项目参与第三方的能动性和创造性有着重要的意义。

国家财政资助项目成果的知识产权的权利归属是我国正在进行的科技体制改革的焦点问题之一。自中华人民共和国成立以来,中国一直围绕着该问题在科技成果权利制度框架下进行调整。"中国对科技成果的认识经历了'生产资料—商品—资本'的三重转变,科技成果权利归属也经历了'公有制'到'渐进式权利化'的转变。"[2]

中华人民共和国成立后的数十年间,在传统的计划经济体制框架下,以1950年政务院颁布的《保障发明权和专利权暂行条例》(以下简称《暂行条

---

[1] GEUNA A, ROSSI F. Changes to University IPR Regulations in Europe and the Impact on Academic Patenting [J]. Research Policy, 2011, 40 (8): 1068-1076.

[2] 马波,何迎春. 国家财政资助项目科技成果权属的历史沿革、制度障碍和解决方案 [J]. 中国科技论坛, 2020 (11): 50.

例》)、1963年国务院发布施行的《发明奖励条例》为代表的政策立法明确了国家作为国家财政资助项目形成科技成果的权利人的地位，同时赋予发明人获得奖金、荣誉和署名的权利。❶ 这些政策立法关于国家财政资助项目形成科技成果的权利归属安排显然契合了当时物资严重匮乏时代"集中力量办大事"的科技发展思路，更多倾向于借助国家力量，集中整合有限的社会资源，借此推动新中国工业的迅速发展。

随着我国传统计划经济体制的瓦解及社会主义市场经济体制的逐步确立，人们对于国家财政资助项目形成科技成果的权利归属认知也开始发生变化，并由此引发了全国范围的争论和探索。1984年国家科学技术委员会、国家经济体制改革委员会颁发《关于贯彻〈关于开发研究单位由事业费开支改为有偿合同制的改革试点意见〉的通知》，昭示着以往《发明奖励条例》所确立的国家财政资助项目形成科技成果行政管理方式的落幕，同时，为顺应社会发展潮流，我国财政资助项目形成科技成果权利归属制度变革应运而生。该通知明确提出"科研成果的所有权属于国家，使用权与转让权应在合同中明确规定，转让成果时，应照顾双方利益"这一规定，"不仅延续了《暂行条例》借助合同调整权利归属的立法思路，也通过明确规定科研成果所有权归国家，保持政策的连续性"。❷《中华人民共和国专利法》（以下简称《专利法》）第六条明确规定："执行本单位的任务或者主要是利用本单位的物质条件所完成的职务发明创造，申请专利的权利属于该单位；申请被批准后，全民所有制单位申请的，专利权归该单位持有；集体所有制单位或者个人申请的，专利权归该单位或者个人所有。"该条款明确了国家财政资助项目形成科技成果的专利所有权属于国家，专利持有权归全民所有制单位依法享有，但全民所有制单位行使权利须经国家批准。通过这些规定，我们可以看出，在这一阶段，

---

❶ 详见1950年政务院颁布的《保障发明权和专利权暂行条例》第六条的规定。

❷ 马波，何迎春. 国家财政资助项目科技成果权属的历史沿革、制度障碍和解决方案[J]. 中国科技论坛，2020（11）：50.

对于能够应用的科研成果，作为项目承担者的全民所有制单位依法享有持有权和一定的处置权，但国家保留科技成果所有权，并对这些科研成果的转化进行调控。❶

随着社会发展的需要，我国对于"国家资助形成科研成果所有权归属国家"的立场有些松动，逐步引入通过缔结合同来约定知识产权归属的做法。这一转变在1994年国家科学技术委员会发布的《国家高技术研究发展计划知识产权管理办法（试行）》的相关条款内容中体现得最为突出。《国家高技术研究发展计划知识产权管理办法（试行）》第四条明确了国家科委作为八六三计划科技成果的管理机关，有权代表国家行使对有关科技成果的权利。第五条规定："执行八六三计划项目，由国家科委主管司（中心）或者国家科委授权的领域专家委员会（组）为委托方，项目承担单位为研究开发方，签订委托技术开发合同，并在合同中依照本办法规定，约定有关知识产权的归属和分享办法。研究开发方是两个或者两个以上单位的，共同研究开发单位之间有关知识产权的分享办法，依其约定办理。"第七条规定："八六三计划科技成果，除合同另有约定外，专利申请权属于研究开发方。研究开发方应当自技术成果完成后30日内，就发明创造申请专利或者按技术秘密处理向领域专家委员会（组）提出报告，并附相关领域科技文献检索资料。领域专家委员会（组）应当自收到报告之日起30日内作出审定。逾期未予答复的，视为同意研究开发方处理意见。"第十条规定："有下列情况之一的，经领域专家委员会（组）批准，授权的单位或者完成发明创造的课题组成员可以就所完成的发明创造申请或者共同申请专利（一）依据合同约定，研究开发方不对科技成果行使处置权的；（二）研究开发方在规定期限内未提出有关知识产权保护处理意见的；（三）研究开发方经同意申请专利后6个月内无正当理由未申请专利的。授权的单位或者课题组成员取得专利权的，研究开发方可以免

---

❶ 马波，何迎春.国家财政资助项目科技成果权属的历史沿革、制度障碍和解决方案[J].中国科技论坛，2020（11）：50.

费实施该项专利。"❶

  随后，受美国《拜杜法案》的影响，为了促进高校及科研机构知识产权的转化，我国财政资助项目的科技成果权益归属制度发生了深刻的变革。2007年修订后的《中华人民共和国科学技术进步法》（以下简称《科技进步法》）❷第二十条规定："利用财政性资金设立的科学技术基金项目或者科学技术计划项目所形成的发明专利权、计算机软件著作权、集成电路布图设计专有权和植物新品种权，除涉及国家安全、国家利益和重大社会公共利益的外，授权项目承担者依法取得。"2008年第三次修正的《专利法》第六条则进一步明确了："执行本单位的任务或者主要是利用本单位的物质技术条件所完成的发明创造为职务发明创造。职务发明创造申请专利的权利属于该单位；申请被批准后，该单位为专利权人。"2021年修订后的《科技进步法》延续了这一精神，进一步扩大了财政资助形成科技成果相关知识产权的授权范围。《科技进步法》第三十二条第一款规定："利用财政性资金设立的科学技术计划项目所形成的科技成果，在不损害国家安全、国家利益和重大社会公共利益的前提下，授权项目承担者依法取得相关知识产权，项目承担者可以依法自行投资实施转化、向他人转让、联合他人共同实施转化、许可他人使用或者作价投资等。"2020年5月9日，科技部等九部门联合印发《赋予科研人员职务科技成果所有权或长期使用权试点实施方案》（国科发区〔2020〕128号）。该实施方案规定："国家设立的高等院校、科研机构科研人员完成的职务科技成果所有权属于单位。试点单位可以结合本单位实际，将本单位利用财政性资金形成或接受企业、其他社会组织委托形成的归单位所有的职务科技成果所有权赋予成果完成人（团队），试点单位与成果

---

❶ 国家高技术研究发展计划知识产权管理办法（试行）（1994）。

❷ 《中华人民共和国科学技术进步法》由第八届全国人民代表大会常务委员会第二次会议于1993年7月2日修订通过，自1993年10月1日起施行。2007年12月29日第十届全国人民代表大会常务委员会第三十一次会议修订通过，自2008年7月1日起施行。后来，该法又被再次修订，即2021年12月24日第十三届全国人民代表大会常务委员会第三十二次会议第二次修订，自2022年1月1日起施行。

完成人（团队）成为共同所有权人……对可能影响国家安全、国防安全、公共安全、经济安全、社会稳定等事关国家利益和重大社会公共利益的成果暂不纳入赋权范围，加快推动建立赋权成果的负面清单制度。"

不仅如此，各地为了推进财政资助项目成果的知识产权转化，也积极进行了一些实践探索。其中，最具代表性的是西南交通大学（以下简称西南交大）于2016年1月4日推出的"西南交大九条"，其实施是西南交大开展"职务发明知识产权归属和利益分享制度改革"尝试的里程碑事件。紧接着，四川省出台《职务科技成果权属混合所有制改革试点实施方案》等规范性文件，并先后选取了45家单位开展改革试点工作。2018年9月30日，四川省人大常委会修订通过《四川省促进科技成果转化条例》，正式在全省范围内启动职务成果混合所有制改革的试点工作。四川省科技厅联合多部门先后出台了《四川省职务科技成果混合所有制改革试点实施方案》（2017年颁布）、《关于扩大职务科技成果权属混合所有制改革试点的指导意见》（2018年颁布）等规范性文件，通过扩大试点，在反复的试点尝试中总结经验教训，"建立了'先确权、后转化'的转化模式"❶和以增加知识价值为导向的激励机制。2019年11月15日，北京市政府印发实施《关于新时代深化科技体制改革 加快推进全国科技创新中心建设的若干政策措施》（又称："科创30条"），要求"推动《北京市促进科技成果转化条例》立法，赋予科技人员职务科技成果所有权或长期使用权，简化有关资产管理程序，加大成果转化授权力度"。

综上可知，我国数十年科技政策立法的演变见证了我国在财政资助项目的科技成果的所有权归属及利益分配问题上的变化历程。时至今日，从"三权改革"到"科技成果混合所有制改革"，财政资助项目科技成果的产权配置问题仍是社会关注的焦点，引发学界和实务界的广泛讨论。

---

❶ 四川在全国率先探索开展职务科技成果权属混合所有制改革［EB/OL］.（2019-09-18）[2021-12-22］. https://www.sc.gov.cn/10462/10464/10797/2019/9/18/0fedae65e581449f9308807a85209e47.shtml.

## 第三节 财政资助项目成果的知识产权所涉利益主体及利益关系

当前我国财政资助项目成果的知识产权的保护和应用工作处于关键时期，实践中涉及复杂的知识产权权属分配和多元利益关系。其中，各级政府作为国家利益的代表，为了实现国家利益的需要，也参与财政资助项目成果的知识产权所涉及的利益网络中，并在其中发挥着重要的调节作用。不同主体间的利益关系和行为抉择构成了一个巨大的利益网络，加上来自国家、社会、项目承担单位、科研人员等多方面的主客观因素，直接影响着我国财政资助项目成果的知识产权保护和应用的贯彻落实。因此，从多元利益主体及利益关系出发，探讨不同利益主体在财政资助项目成果的知识产权保护和应用工作中的定位及作用，分析它们之间的交互影响，有利于实现不同利益主体之间的良性互动，促进我国财政资助项目成果的知识产权保护和应用工作的顺利开展。

### 一、政 府

《科技进步法》第三十二条规定："利用财政性资金设立的科学技术计划项目所形成的科技成果，在不损害国家安全、国家利益和重大社会公共利益的前提下，授权项目承担者依法取得相关知识产权，项目承担者可以依法自行投资实施转化、向他人转让、联合他人共同实施转化、许可他人使用或者作价投资等。项目承担者应当依法实施前款规定的知识产权，同时采取保护措施，并就实施和保护情况向项目管理机构提交年度报告；在合理期限内没有实施且无正当理由的，国家可以无偿实施，也可以许可他人有偿实施或者无偿实施。项目承担者依法取得的本条第一款规定的知识产权，为了国家安全、国家利益和重大社会公共利益的需要，国家可以无偿实施，也可以许可他人有偿实施或者无偿实施。项目承担者因实施本条第一款规定的知识产权所产生的利益分配，依照有关法律法规规定执行；法律法规没有规定的，按照约定执行。"以《科技进步法》为代表的现行立法以法律规范的形式明确了"除特殊情形之外，源于纳税人的国家财政资金资助所形成的知识产权原则上国家可以依法授权给项目承担单位（如高校、科研机构及企事业单位）"，这一规定本是为了激发项目承担单位在财政资助项目成果的知识产权创造和应用中的积极性，然而却因社会民众在享有该项知识产权成果面临"二次付费"的问题引发了社会广泛争议。❶ 国家财政资助项目成果的知识产权与生俱来的公共利益特质决定了即使其所有权被授予项目承担单位，国家出于满足国家利益或社会公共利益的需要也会保留一定的权利。对于财政资助项目成果的知识产权，现阶段我国立法所明确的由国家所保留的权利主要有以下几种，"非独占无偿使用权、介入权、许可实施权。"❷

### （一）非独占无偿使用权

非独占无偿使用权是指根据知识产权所有人同他人之间的合同约定或相关法律法规的规定，他人在特定地域范围内对于某项知识产权享有的非独占的无偿使用权利。非独占无偿使用权具有以下特征。其一，无偿使用性。即该使用人虽然非知识产权权利人，但其行使该项知识产权时无需向知识产权权利人支付许可使用费或报酬。其二，非独占性。即他人在使用该知识产权时，不是独占使用，不能排除该知识产权权利人或经该知识产权权利人所许

---

❶ 李石勇．财政资助科技成果政府介入权法律制度探究［J］．政法论丛，2018（4）：83．
❷ 乔永忠，朱雪忠，万小丽，黄光辉．国家财政资助完成的发明创造专利权归属研究［J］．科学学研究．2008（6）：1184．

可的第三人对该项知识产权所享有的同时使用的权利。

2007年《科技进步法》修订之前，我国对国家这一主体在财政资助项目成果的知识产权上享有什么权利仍模糊不清，缺乏一致的立场。2007年修订后的《科技进步法》在其第二十条首次以法律的形式确认了"利用财政性资金设立的科学技术基金项目或者科学技术计划项目所形成的发明专利权、计算机软件著作权、集成电路布图设计专有权和植物新品种权，除涉及国家安全、国家利益和重大社会公共利益的外，授权项目承担者依法取得"，但项目承担者在合理期限内没有实施相关知识产权或者为了国家安全、国家利益和重大社会公共利益的需要，国家有权无偿实施该知识产权。随后，这一基本立场在国内得到广泛的认同，并在后续的立法中得以体现。2021年修订后《科技进步法》第三十二条在国家享有非独占无偿使用权问题上沿袭了2007年《科技进步法》第二十条的主张。

总体而言，在政策立法中明确国家一定情形下对财政资助项目成果的知识产权所享有的非独占无偿使用权具有重要的社会意义。其一，它符合国家对一些项目研发予以国家财政资助的宗旨。国家设立财政资助项目的目的是考虑到国家利益和社会公共利益，是为了推动研发成果在社会实践中发挥其应有的价值。国家作为项目研发的资助者，理应在维护国家安全、国家利益和重大社会公共利益的宗旨下享有无偿实施该知识产权的权力。其二，它契合了推动财政资助项目研发成果转化的目标。国家财政资助项目多是为了解决一些关系到国计民生或者国家重大科技布局的关键性问题，推动这些研发成果的现实应用对于国家和社会具有重要的价值。为了防止项目承担单位在知识产权赋权后因种种主客观原因而怠于行使其权利，以规范的形式确立"项目承担者在合理期限内没有实施相关知识产权情形下国家有权无偿实施该知识产权"这一基本立场，对于推进财政资助项目科技成果走向应用具有积极的作用。

## (二)介入权

介入权是指,"特定机构或权利人在法定条件下,对另一权利人的权利领域进行适当干预的活动,目的是通过权力之间的相互制约,防止他方权力的滥用,以达到法律上的利益平衡或公私利益的平衡。"❶ 在财政资助项目研发及财政资助项目成果的知识产权保护和应用中,"介入权制度的引入在某种程度上表明了政府的立场,即项目承担单位获得政府财政资助科技成果是以提升社会创新能力、增进社会整体财富为最终目标。介入权制度的实施为政府防止私营部门怠于转化科技成果或者不适当转化科技成果提供了备选的政策工具。"❷

涉及政府(或国家)对财政资助项目成果的知识产权享有介入权的规范性文件可追溯到20世纪80年代美国颁布的《拜杜法案》。"二战"后,美国奉行政府财政资助项目成果的知识产权归联邦政府所有的准则,但这些知识产权的实际转化率不高。美国理论和实务界在反思之后认为知识产权权属归联邦政府阻碍了私人机构推动这些知识产权的商业化,于是决定通过立法来改变这一状况。在民主党参议员拜赫(Birch Bayh)和共和党参议员杜尔(Robert Dole)等众人的推动下,美国于1980年通过了《拜杜法案》。《拜杜法案》从根本上颠覆了关于国家财政资助项目成果权利归属的传统规则,明确了承担该财政资助项目的大学、小企业或非营利组织等私权主体可以依法拥有财政资助项目科技成果的所有权,而政府则保留特定情况下的介入权。❸

2007年《科技进步法》第二十条首次以法律规范的形式确立了特定情形下"国家"对财政资助项目成果的知识产权的"实施"进行介入的权力。其

---

❶ 唐素琴,李科武.介入权与政府资助项目成果转化的关系探析[J].科技与法律,2010,(1):75.

❷ 李石勇.财政资助科技成果政府介入权法律制度探究[J].政法论丛,2018(4):83.

❸ 《拜杜法案》自颁布之后又经过了多次修正。其主要条文被列入《美国法典》(U.S.Code)第35章"专利"的第200~212条。转引自:骆严,焦洪涛.基于ROCCIPI模型的中国"拜杜规则"分析[J].科学学研究.2014(1):59-65.

后，2021年《科技进步法》在其基础上进一步细化了国家特定情况下的介入权。根据《科技进步法》第三十二条的规定，利用财政性资金设立的科学技术计划项目所形成的科技成果，即使已授权项目承担者取得相关知识产权，如项目承担者"在合理期限内没有实施且无正当理由的，国家可以无偿实施，也可以许可他人有偿实施或者无偿实施。项目承担者依法取得的本条第一款规定的知识产权，为了国家安全、国家利益和重大社会公共利益的需要，国家可以无偿实施，也可以许可他人有偿实施或者无偿实施"。从我国《科技进步法》的相关规定中可以得知，国家只有在两种情形下才对财政资助项目成果的知识产权行使介入权。其一，项目承担者在合理期限内没有实施且无正当理由的情形。当项目承担者怠于对依法取得的知识产权及时进行成果转化之时，国家可依法行使介入权，由国家无偿实施或许可他人有偿实施或者无偿实施。其二，基于国家安全、国家利益和重大社会公共利益的需要，国家可依法行使介入权，由国家无偿实施或许可他人有偿实施或者无偿实施。

如前所述，2007年《科技进步法》在我国开创性地引入"介入权"。自2007年《科技进步法》修订之后，各地也纷纷在其出台的地方性立法中引入"介入权"的相关规定。如《武汉市科技创新促进条例》❶第四十二条规定："利用本市财政性资金设立的科学技术项目所形成的发明专利权、计算机软件著作权、集成电路布图设计专有权和植物新品种权，项目承担单位应当依法实施和保护，并就实施和保护情况向项目管理部门提交年度报告。项目承担单位具备实施条件且在一年内无正当理由未实施的，项目管理部门可以无偿实施或者许可他人实施。"尽管表述各有不同，从制度设计本身而言，以特定情形下国家介入权为基础的国家财政资助知识产权下放的做法是有利于促进国家科技创新，推动科技成果转化和发挥科技成果的实际应用价值。

---

❶《武汉市科技创新促进条例》，2011年11月29日武汉市第十二届人民代表大会常务委员会第三十五次会议通过，2012年3月29日湖北省第十一届人民代表大会常务委员会第二十九次会议批准，自2012年6月1日起施行。

### (三)许可实施权

强制实施许可是指国家在法定的情形下,不经知识产权权利人的许可,授权他人实施该项知识产权的法律制度。根据《科技进步法》第三十二条的规定,国家为了国家安全、国家利益和重大社会公共利益的需要,可以无偿实施,也可以许可他人有偿实施或者无偿实施。可见,即使国家财政资助知识产权下放给了项目承担单位,国家为了国家安全、国家利益和重大社会公共利益的需要,有权许可他人有偿实施或者无偿实施国家财政资助形成的知识产权成果。

需要注意的是,在这里,对于国家财政资助项目成果的知识产权,国家在行使强制许可实施权时,有权决定取得实施强制许可的单位或者个人支付或不支付给知识产权权利人合理的使用费,且国家在行使强制许可实施权时并不改变其知识产权权属关系。这一点区别于通常意义上的知识产权强制许可。在通常情况下,取得实施强制许可的单位或者个人应当付给知识产权权利人合理的使用费,而在国家财政资助项目成果的知识产权的强制许可中,取得实施强制许可的单位或者个人可能支付,也可能不支付给知识产权权利人合理的使用费,这个由国家根据实际情况来决定。

## 二、项目承担单位

根据《科技进步法》第三十二条的规定,利用财政性资金设立的科学技术计划项目所形成的科技成果,在授权项目承担者依法取得相关知识产权的情形下,项目承担者必须同时履行无正当理由时在合理期限内依法实施,采取保护措施,就实施和保护情况向项目管理机构提交年度报告等义务。

## （一）依法取得所承担国家财政资助项目所形成的知识产权

根据《科技进步法》第三十二条的规定，究其本质，国家依法将财政资助项目成果的知识产权授予项目承担者。国家出于国家财政资助项目的研发宗旨，必然要对项目承担者设置一定的义务条件作为其享有该项知识产权的前提。正因如此，项目承担者依法行使财政资助项目成果的知识产权，必然要受到来自国家的监督和制约，如必要情形下的国家"介入权"。不仅如此，《科技进步法》第三十四条规定："国家鼓励利用财政性资金设立的科学技术计划项目所形成的知识产权首先在境内使用。前款规定的知识产权向境外的组织或者个人转让，或者许可境外的组织或者个人独占实施的，应当经项目管理机构批准；法律、行政法规对批准机构另有规定的，依照其规定。"可见，项目承担者依法取得财政资助项目成果的知识产权，其在后续转让或独占许可时，也必须受到一定的限制，在程序上必须履行事先审核批准的程序。

## （二）依法履行法定的义务

财政资助项目的承担者在依法享有《科技进步法》等规范性文件所赋予的知识产权权利的同时，也必须承担相应的义务，而这项义务是其依法享有权利的条件。具体而言，财政资助项目承担者在依法取得该项目形成知识产权的情形下，必须同时承担依法实施、采取保护、报告的义务。

其一，"依法实施"的义务。在通常情形下，知识产权的权利人对其知识产权享有的权利是一种独占的、排他性的权利，其有权在不违法的前提下自主决定是否实施和如何实施，并不承担必须转化实施的义务。[1] 对于国家财政资助项目成果的知识产权，项目承担单位在依法取得该知识产权的同时，必须对其负有及时转化实施的义务。如果不能很好履行该义务，即无正当理由在合理期限内没有实施的，国家有权自主实施或决定由第三方来实施。

---

[1] 李金惠，林映华.关于财政资助项目科技成果权属若干基本概念的探讨［J］.科技与创新，2017，14（6）：7.

其二，保护知识产权的义务。《科技进步法》明确了项目承担单位对其依法取得的国家财政资助项目成果的知识产权的保护义务。国家将财政资助知识产权下放给了项目承担单位，但为了防止项目承担单位怠于保护该知识产权，于是明确了项目承担单位负有保护财政资助项目成果的知识产权的义务。

其三，报告的义务。根据《科技进步法》第三十二条的相关规定，利用财政性资金设立的科学技术计划项目所形成的科技成果，在授权项目承担者依法取得相关知识产权的情形下，项目承担者应当就实施和保护情况向项目管理机构提交年度报告。

## 三、科研人员

科研人员是财政资助项目研发的重要参与者。他们为财政资助项目中知识产权的产出、应用等提供了有力的智力支持。在我国现行科研政策立法框架下，科研人员参与财政资助项目过程中的合法权益受法律保护，同时其也必须承担相应的法定义务。

### （一）职务发明的相关权利和义务

科研人员参与财政资助项目研发，是其职务发明行为的表现。其在研发中具有发明人的身份，理应享有对应的职务发明权利（如职务作品的署名权、因其智力成果获得精神奖励和物质奖励权等），同时也必须履行相应的职务发明义务（如保密义务等）。《专利法》第六条规定："执行本单位的任务或者主要是利用本单位的物质技术条件所完成的发明创造为职务发明创造。职务发明创造申请专利的权利属于该单位，申请被批准后，该单位为专利权人。该单位可以依法处置其职务发明创造申请专利的权利和专利权，促进相关发明创造的实施和运用。非职务发明创造，申请专利的权利属于发明人或者设计人；申请被批准后，该发明人或者设计人为专利权人。利用本单位的物质技术条件所完成的发明创造，单位与发明人或者设计人订有合同，对申请专利的权利和专利权的归属作出约定的，从其约定。"可见，科研人员在本单位所承担的财政资助项目研发中，其所研发的成果如果符合职务发明的认定情形，其应当依据职务发明的相关规定，对财政资助项目成果的知识产权享有相关的权利，同时履行其应当承担的义务。

## （二）转化收益分配权

财政资助项目成果的知识产权在转化应用中产生收益时，科研人员有权因其贡献依法享有收益分配权。对此，《科技进步法》第六十条规定："各级人民政府、企业事业单位和社会组织……对有突出贡献的科学技术人员给予优厚待遇和荣誉激励……国家鼓励科学技术研究开发机构、高等学校、企业等采取股权、期权、分红等方式激励科学技术人员。"

## （三）特定情形下的知识产权所有权或长期使用权

我国正在积极探索针对财政资助项目成果知识产权的更为灵活的权益分配机制，以促进科技成果转化工作。根据这些改革尝试，科学技术人员可能获得职务科技成果所有权或者长期使用权。《科技进步法》第三十三条规定："国家实行以增加知识价值为导向的分配政策，按照国家有关规定推进知识产权归属和权益分配机制改革，探索赋予科学技术人员职务科技成果所有权或者长期使用权制度。"

当前，参与财政资助项目研发及成果应用主体的多元化、复杂化已成趋势。财政资助项目成果的知识产权保护及应用成为不同利益主体表达利益诉求的媒介。由于在财政资助项目成果的知识产权保护及应用过程中涉及复杂的利益关系以及众多的影响因素，尊重不同利益主体的利益诉求，确立公平合理的知识产权权属制度和利益分配制度是财政资助项目成果的知识产权保护及应用顺利推进的关键。在现行政策立法框架下，我们需要重点考虑的是如何在主体多元、利益诉求不一、社会环境多变的语境下积极推动财政资助项目成果的知识产权保护和应用。

第二章

# 新形势下我国财政资助项目成果的知识产权保护与应用所面临的新挑战及新要求

## 第一节　新形势下我国财政资助项目成果的知识产权保护与应用所面临的新挑战

**一、国际领域科技竞争日趋激烈，高新技术领域的国际争夺战已经拉开序幕**

当今世界，国与国之间的竞争归根到底是经济实力、科技实力和人才实力的综合较量。为增强本国科技实力，世界各国都在加大科技投入，努力提升本国研发能力，打造本国的优势技术产业，争夺高新技术领域的制高点，并积极开展高新技术产业领域的战略布局。

以新能源汽车产业发展为例，"美国、欧盟、日本等国纷纷展开战略部署，提前争夺该领域的竞争优势地位。时任美国总统奥巴马推出新能源汽车政策，加大相关领域的财政资助与财政补贴、税收优惠政策，促进新能源汽车的技术研发与商业化推广。2010年初德国政府的经济刺激计划中重点扶持电动汽车研发、汽车充电站网络建设和可再生能源开发，为德国汽车未来的技术研发路线图指明了方向。日本政府则以绿色税制为引导，在新能源汽车领域投入大量资金，实行积极的财政扶持措施"。❶目前，发达国家凭借其技术优势，在新能源汽车领域的知识产权布局中占据绝对优势。以授权专利为例，"获得新能源领域专利前10名的汽车公司中，有6家来自日本，而丰田、尼桑、东芝3家企业分别以291件、65件和53件位列前3名。剩余的4家分

---

❶ 张润东.全球新能源汽车发展路线图［EB/OL］.［2011-08-25］.http：//miit.ccidnet.com/art/32559/20100725/2127729_1.Html.

别被韩国（2家）、德国和美国占据"。❶ 这一事实充分说明发达国家早已在新能源汽车等高新技术领域开展技术研发，并且重视技术成果的知识产权保护。它们通过前瞻性的知识产权规划布局，在新能源等高新科技领域的知识产权"圈地运动"中占据绝对竞争优势。面对日益严峻的全球科技挑战，对于我国在高科技领域能否真正实现"弯道超车"的问题，掌握关键领域核心技术是根本，而这就对我国自主创新能力提出更高要求。

## 二、知识产权壁垒重重，我国自主创新的压力加大

发达国家及跨国公司在推进其全球发展战略时往往采取知识产权战略先行，这是它们积极维护自身技术霸主地位，左右国际市场的重要武器。发达国家或跨国公司凭借其在技术领域的优势地位确立其在该行业或技术领域的支配地位。以跨国公司为例，跨国公司往往采取"产品未到，知识产权申请先行"的策略，加强与包括中国在内的全球主要国家的关键产业方向和新兴技术领域的周密知识产权规划。它们在中国企业尚未壮大起来，无法与他们技术抗衡的时候就开始"技术圈地"，充分利用自己的技术优势和知识产权布局来谋取垄断利益。

为了规避跨国公司的知识产权壁垒，我国不得不另辟蹊径进行研发。这就无形中提高了我国自主创新的难度，大幅增加了科研成本支出。这也从另一个侧面警示我们，不重视知识产权战略规划，尤其是关键行业、关键地域的知识产权国际布局，我们就无法依靠自主研发逐渐发展壮大。长此以往，我们就只能深陷对外国技术路径依赖的沼泽，沦为没有自主知识产权的廉价代工。

---

❶ 李薇薇. 新能源汽车产业的专利标准化战略制定与实施［J］. 中国科技论坛，2012（6）：63.

## 三、创新驱动发展对知识产权应用的需求更加迫切

近期,我国传统的以资源消耗和环境污染为代价的经济增长方式已越来越难以适应变化后的新形势发展。我国日益突出的产业结构矛盾客观上要求必须实现我国产业结构调整,增强关键产业领域的核心竞争力,推动社会生产力的持续提升。可以说,新时期,我国科技发展的重点任务将是实施创新驱动,充分发挥自主创新对于社会生产力的能动作用,实现科技在调整经济结构、转变增长方式、促进经济发展以及提高国家竞争力中的引擎作用,着力增强我国的科技实力和国际竞争力。财政资助科研项目作为国家宏观科技规划的重要组成部分,对此担负着重要的历史使命。如果新时期我们能够以财政资助项目成果的知识产权保护和应用为主要突破口,实现高质量知识产权的超前布局,抢占新一轮科技革命的战略制高点,就有可能赢得主动权,进而把握未来全球科技竞争的话语权。

## 四、财政资助项目参与主体格局发生重大变化

当下,财政资助项目参与主体的多元化格局更加突出,体现为项目投资主体的多元化和项目研发应用主体的多元化两个方面。其中,项目投资主体多元化表现为:科技计划项目研发经费来自多领域、多途径和多层次的科技资助体系。在财政资助项目中除了有国家财政拨款,还可能由项目承担单位自身的投入,以及来自社会或企业的经费投入。目前,社会或企业通过共同出资(或合作研发)参与国家财政资助科技项目的现象已经较普遍。而项目研发应用主体多元化则表现为:承担科技计划项目的主体既包括传统的公立高校、国家科研机构及大型国企,也包括民营科研机构、民办企业等,甚至

还包括国外的研究机构及企业等。❶而且，随着国家对财政资助项目成果的知识产权应用的重视程度不断加大，企业在财政资助项目研发中的作用日益凸显。2014年1月22日，国务院总理李克强主持召开国务院常务会议，再次强调了企业的主体作用。会议指出："实施创新驱动发展战略，发挥好科技创新对经济社会发展的引领支撑作用，离不开政府的引导与支持；要把政府引导支持和企业主体作用有效结合，鼓励企业联合高校和科研院所，促进科学与技术、科技与产业融合，推动成果产业化和市场化"。❷

## 第二节  新形势下我国财政资助项目成果的知识产权保护与应用所面临的新要求

财政资助项目科研管理制度改革推动了相关主体间利益的重新分配，必然引发各种各样的利益冲突和社会争议。财政资助项目成果的知识产权保护和应用的状况不理想同现行知识产权管理制度以及科技成果分配制度不科学或不完善的关系密不可分。建立科学的管理制度和具有强制执行力的法律体系，遏制财政资助项目成果的知识产权工作中的风险，是从源头推进财政资助项目成果的知识产权保护和应用的根本措施。这就要求我们从低水平的知识产权管理制度和不完善的科技成果政策立法的桎梏中走出来，把更多精力放到整个财政资助项目成果的知识产权管理制度和政策立法体系的修改和完善上，从而推动现有管理制度和政策法律体系的与时俱进。

---

❶ 王燕，刘新智.我国重点科技计划自主知识产权保护的政策措施研究［J］,科学学与科学技术管理，2007（2）：11.

❷ 张爽.李克强：财政科研资金要"用到刀刃上"［EB/OL］.（2014-01-22）［2022-08-05］. http：//news.xinhuanet.com 2014-01/22/c-119087740.htm.

## 一、财政资助项目成果的知识产权管理的价值诉求和管理方式的应然转向要求

一是财政资助项目成果的知识产权管理的价值诉求应实现从追求知识产权大量产出的"高数量模式"向追求知识产权有效应用的"高质量模式"的转向。较长时期以来,我国财政资助项目成果的知识产权政策立法及制度措施一直服务于快速打造知识产权大国的目标:将知识产权数量纳入项目申报考核指标及结题指标要求,或者作为享受国家财政税收优惠待遇的必要条件等措施在提升民众知识产权意识,激励知识产权产出的同时也暴露出一些问题,并由此形成了中国特色的"知识产权数量竞赛模式"。我国传统的"知识产权数量竞赛模式"具有明显的运动式管理和功利化调控色彩,其根本问题在于通过刺激知识产权产出数量而非产出质量来求得我国知识产权事业的发展,其内在困境集中体现为财政投入成本高,知识产权保护工作难、知识产权应用风险大,财政投入产生的知识产权却难以满足我国科技创新的现实需要,从而形成恶性循环,难以长期持续,因此必须尽快向"知识产权质量竞赛模式"转型。

二是财政资助项目成果的知识产权管理方式应实现从控制视角的"消极管理"向引导视角的"主动服务"转向。长期以来,财政资助项目成果的知识产权管理的基本方式是以控制为主要手段的"消极管理"模式,由财政资助项目承担单位对本单位科研人员的项目申报、知识产权申请以及保护与应用予以行政化监管。随着科技创新的发展,原有的"消极管理"模式已经不能适应知识产权工作的需求,知识产权管理必须向引导视角的"主动服务"转变,从制度上调动科研人员的研发积极性并实现多元主体互动合作。党的十八届四中全会明确地将"完善激励创新的产权制度、知识产权保护制度和

促进科技成果转化的体制机制"❶作为推进现阶段我国科研体制改革的重中之重，其核心要旨在于以引导式的"主动服务"理念重构财政资助项目成果的知识产权管理制度，实现国家财政资助项目成果的知识产权管理的范式转换。

## 二、相关科研管理制度及知识产权制度的根本性变革需求

客观而言，我国现已颁布实施的政策立法仅实现了财政资助项目管理工作"有法可依"的阶段性目标，并不意味着立法使命的最终实现，而是预示着我国财政资助项目管理立法工作逐步进入一个新的发展阶段，并将修改、完善、整合现有政策立法制度作为下一阶段工作任务的重点。在财政资助项目成果的知识产权保护和应用领域尤其如此。鉴于目前现有政策立法已滞后于日新月异的实践发展，我们亟须立足于我国财政资助项目科研管理及科技成果转化的现实需要，对现有政策立法内容与时俱进地进行修改、补充和完善。相关政策立法作为我国财政资助项目成果的知识产权保护及应用工作的规范依据，应保证财政资助项目成果的知识产权保护和应用工作在法治轨道上进行，得到法律的规制和保障。这一点在我国财政资助项目成果的知识产权权属安排、成果转化及利益分配问题上表现得最为突出。

近年来，积极推进我国财政资助项目成果的知识产权应用已成为我国科技体制变革和知识产权制度建设的重要使命。这一时期，我国通过了《科技进步法》《促进科技成果转化法》等法律法规，从法律层面改革了国家财政资助项目科技成果的归属制度，在兼顾多方利益平衡的基础上，为促进财政资助项目承担单位的知识产权保护和应用奠定了重要基础。

然而，实践证明，仅仅从政策立法层面来放权是不够的，还需要加强配套性立法建设，真正推动一系列的国家财政资助项目科技成果管理制度变革，

---

❶ 中共中央关于全面推进依法治国若干重大问题的决定［EB/OL］.（2014-10-28）［2022-02-28］. http://politics.people.com.cn/n/2014/1028/c1001-25926121.html.

既要从权利归属制度层面保障项目承担单位、项目研发人员等对国家财政资助项目科研成果转化收益所享有的权利，更要从人才保障、金融保障、税收优惠、国有资产管理等多个制度层面来积极营造有利于财政资助项目成果的知识产权保护和应用的良好社会氛围，从根本上扭转一些项目承担单位及其科研人员研发创新的积极性不高，对财政资助项目成果的知识产权的保护和应用不到位的现状，督促他们自觉提升知识产权保护和应用的积极性。具体而言，一方面，我们要通过改革相关科研管理制度及知识产权制度赋予科研人员和其他贡献人员更多的转化自主权和实际收益。当科研人员和其他贡献人员从财政资助项目成果的知识产权保护和应用中依法获得奖励、股权收益等，其从事科技创新和科技成果转化的积极性就会高涨。这在一定程度上确保了高质量知识产权产出和供给的增长，保障了财政资助项目成果的知识产权的质量和数量。另一方面，我们要通过改革相关科研管理制度及知识产权制度加速我国科技成果转化的进程，促进财政资助项目研发和市场需求相结合，让企业尽快将新近研发出的科技成果转化为现实生产力，满足人们日益增长的现实需要，推动我国科技创新进入快车道。不仅如此，我们还需要通过改革相关科研管理制度及知识产权制度来推动财政资助项目成果的知识产权保护和应用的进程，打消财政资助项目承担单位的领导及科研人员在成果转化过程中的重重顾虑，扫除财政资助项目成果的知识产权保护和应用过程中的障碍，为我国创新驱动发展提供有力的法治保障。

第三章

# 当前我国财政资助项目成果的知识产权保护与应用的现状、问题及其制度性成因

## 第一节　当前我国财政资助项目成果的知识产权保护与应用的现状及问题

知识产权是衡量一个国家或地区科技经济一体化水平以及全球科技竞争力的重要指标之一。财政资助项目成果的知识产权保护和应用对于国家、社会以及高校和科研机构而言都极具战略意义。一方面，"从事学术研究的科学家们所创造的技术成果是未来科技进步的重要驱动力"。❶ 高校及科研机构在知识密集型社会中扮演着关键角色。高校及科研机构的项目研发及项目研发成果的技术转让活动所产生的知识产权收益有助于知识经济体的产业创新、经济增长和社会发展。"实践中，高校研发成果对地方、区域和国家的贡献也表明：对于高校的公共资金投入是值得的，并能够有效回报社会。另一方面，在竞争日益激烈、公共资金环境日益受限的情况下，推动知识产权应用有助于增加高校收入，从而保障现有的研究活动，并有助于实现未来研究的突破"。❷ 不仅如此，"（高校及科研机构的）研发成果如果技术转化成功，可以提高大学的声誉和声望，从而有助于招聘和留住顶尖研究人员"。❸ 因此，无论是从国家层面、社会层面，还是从高校层面、科研人员层面，推动高校研发成果转化，提升高校和科研机构研究活动的商业化应用导向都是必要的。

---

❶ CZARNITZKI D, HUSSINGER K, SCHNEIDER C. Commercializing Academic Research: the Quality of Faculty Patenting [J]. Industrial and Corporate Change, 2011, 20（5）: 1403-1437.

❷ BOZEMAN, B. Technology Transfer and Public Policy: A Review of Research and Theory [J]. Research Policy, 2000, 29（4-5）: 627-655.

❸ ETZKOWITZ H, LEYDESDORFF L. The dynamics of innovation: from National Systems and "Mode 2" to a Triple Helix of university‐industry‐government relations [J]. 2000, 29（2）: 109-123.

然而，作为世界上最大的发展中国家，目前我国的知识产权保护和应用状况还不理想，在财政资助项目成果的知识产权保护和应用问题则更为突出。2018 年以来，我国 R&D 经费投入增速一直保持在 10% 以上。根据国家统计局 2018 年至 2021 年发布的《全国科技经费投入统计公报》显示，2018 年，全国共投入研究与试验发展（R&D）经费 19677.9 亿元，比上年增加 2071.8 亿元，增长 11.8%；研究与试验发展（R&D）经费投入强度（与国内生产总值之比）为 2.19%，比上年提高了 0.04 个百分点。2019 年，全国共投入研究与试验发展（R&D）经费 22143.6 亿元，比上年增长 12.5%；研究与试验发展（R&D）经费投入强度（与国内生产总值之比）为 2.23%，比上年提高 0.09 个百分点。2020 年，全国共投入研究与试验发展（R&D）经费超过 24393 亿元，比上年增加 2249.5 亿元，增长 10.2%，保持了较好的增长态势。然而，受新冠疫情等因素影响，增速较上年回落 2.3 个百分点。不过，2020 年，我国研究与试验发展（R&D）经费投入强度为 2.40%，比上年提高 0.16 个百分点，提升幅度创近 11 年来新高。

与不断加大的国家科技投入相比，我国财政资助项目成果的知识产权保护和应用状况却不如人意。据科技部调查研究显示："我国每年有省部级以上科研成果 3 万多项，但能大面积推广产生规模效益的占 10%~15%；每年专利技术 7 万多项，专利实施率仅为 10% 左右；科技进步对经济增长的贡献率为 39% 左右，高新技术对经济增长的贡献率只有 20%，远远低于发达国家 60% 的贡献率。"[1] 中国科学技术发展战略研究院的统计也显示："目前我国国际科学论文数量已居世界第二位，中国人发明专利申请量和授权量分别居世界首位和第二位，但能'赚钱'的却很少，科技成果转化率仅为 10% 左

---

[1] 邱晨辉. 创新时代来了吗——中国硅谷崛起尚需科技管理实现"第三次飞跃"[N/OL]. 中国青年报,（2015-04-28（T01）)[2022-08-05] http://zqb.cyol.com/html/2015-04/28/nw.D110000zgqnb_20150428_1-T01.htm.

右。"❶ 这一数据反差发人深思，也再次警示我们，我国财政资助项目成果的知识产权受各种因素的影响不能及时有效转化为社会生产力，不能满足经济社会发展的现实需要，已经严重制约了我国创新驱动战略的实施和国家科技竞争力的提升。在这样一个创新和发展的时代，正视我国财政资助项目成果的知识产权保护与应用的现状，找到问题的症结并积极寻找解决的办法是我们无法回避的迫切任务。

（一）财政资助项目成果的知识产权保护方面：保护意识淡薄以及管理制度滞后或缺失使名义上保护力度加大而实际上保护程度不足

1. 知识产权保护意识薄弱，知识产权流失问题突出

整体而言，我国财政资助项目承担单位的负责人、科研人员以及管理工作人员的知识产权意识薄弱已是不争的事实，主要表现为对知识产权、知识产权价值等问题存在认知欠缺甚至认知误区。

（1）将知识产权与科技创新成果相混淆，重科技成果产出，轻知识产权保护。

毋庸置疑，财政资助项目成果的知识产权与财政资助项目科技创新成果密不可分。财政资助项目科技创新成果是财政资助项目成果的知识产权赖以存在和发挥价值的前提和基础。当前，财政资助项目承担单位和科研人员对于科技创新成果产出非常重视，这一方面是因为任何项目结题对科研创新成果都有相关的要求，另一方面出于扩大学术影响力，提升学术地位，或者增强在相关研究领域的竞争力等目的，财政资助项目的承担单位和科研人员对于高质量的科技创新成果产出自然持积极支持的态度。然而，在现行国家知识产权制度框架下，高质量科技成果不等于高质量知识产权。财政资助项目研发首先形成的是科技成果，未必是知识产权。国内强调科技成果管理，只

---

❶ 邱晨辉. 我们为什么不能再等待［N/OL］.中国青年报，（2015-04-28（T01））［2022-08-05］http://zqb.cyol.com/html/2015-04/28/nw.D110000zgqnb_20150428_2-T01.htm.

有出国门，知识产权才是世界公认的。❶当前我国财政资助项目中自主创新成果产出是在全球化背景下进行的，必须依据国际规则来认真对待。在科技全球化时代，随着国家之间的科技交流和科技合作的深入，以"高质量科技成果产出"而不是"高质量知识产权产出"为导向的项目研发将会给我国巨额财政资助投入所形成的自主创新成果走向世界带来很多障碍。

（2）对知识产权的价值及功能定位认知不足。

一些财政资助项目承担单位的主管领导和科研人员的知识产权意识淡漠，对知识产权的价值及功能定位还很模糊。这一现状的背后有历史原因也有现实原因。从历史维度来看，知识产权制度是我国"向西方学习"过程中的舶来品。中华人民共和国成立后的几十年里，长期的计划经济氛围难以为知识产权生存和发挥作用提供良好的外部环境，知识产权的价值和功能也长期未在我国科研实践中得以淋漓尽致的展示。不仅如此，受社会经济发展阶段的影响，我国的知识产权制度以往在很大程度上是国家权威力强制推行的结果，我国一些高校、科研机构和企业对知识产权的价值和功能尚未产生切身的体会和积极的要求。❷从现实维度来看，现行的以"发高水平论文"和"争取高级别项目"为主导的科研评价体系、有待完善的知识产权保护环境，以及不佳的知识产权应用状况等因素也对财政资助项目成果的知识产权的价值认知和保护诉求产生了负面影响。此外，知识产权申请周期过长、知识产权管理事务繁琐、知识产权申请和维持的费用过高以及知识产权中介服务不到位等也是导致财政资助形成科技成果难以及时获得知识产权保护的原因。

另外，科研人员的知识产权保护意识有待提高已在实践中被反复证明。科研人员是各级国家财政资助项目的具体研发人员，是创新性科技成果产出的创造者，也是在关系到重大国家利益和社会公共福祉的关键技术领域实现

---

❶ 为了研究我国财政资助项目成果的知识产权保护和应用中存在的问题，课题组采访了中国科学院大学李顺德教授等国内知识产权领域的知名学者，他们的宝贵意见也被吸收进本书中，在此特致谢意。

❷ 吴汉东. 为什么要加强知识产权保护［J］. 人民论坛，2006（6）：12.

突破的关键人员。尽管随着我国知识产权制度的确立和知识产权教育的推广，科研人员对知识产权有了一些了解，但总体而言，科研人员的知识产权保护意识还远远不能满足科研实践的需要。科研人员对科研成果及时进行知识产权保护的重要性认识不足，尤其是对如何从知识产权国际布局以及推进知识产权转化的高度来进行合理知识产权保护欠缺科学的、全面的认知。❶

在很多财政资助项目承担单位中，其针对科研人员的成果评价机制、绩效考核机制以及职称评定机制多沿袭传统的量化评价指标体系，强调科研论文、科研项目、科研经费、知识产权及社会奖励的数量，尤其是高影响因子的科技论文的产出。在这样一种评价氛围下，科研人员对知识产权的重视不够，再加上很多科研人员对知识产权法律制度了解不多，间接造成一些具有潜在商业价值的科技成果没能及时申请知识产权保护，而是在科研人员发表论文、作学术会议报告等过程中因主要技术信息公开而导致该科技成果丧失新颖性，最终不能依法获得授权，引发财政资助项目成果的知识产权成果的不当流失。❷

在这里，我们要特别指出的是一些财政资助项目承担单位对保护实用新型专利的重视度不够。鉴于在我国现行专利法律制度下，实用新型专利对技术方案的创新性程度要求不及发明专利，且专利申请审查程序也比发明专利要便捷，一些财政资助项目承担单位在其知识产权考核指标体系中"重发明专利，轻实用新型专利"，往往忽视实用新型专利的申请问题的必要性。另外，科研人员在进行知识产权申请布局时，将工作重点聚焦于国内发明专利的申请以及通过 PCT 途径递交国际专利申请，漠视申请实用新型专利，结果造成在财政资助项目研发中，一些非常有价值的新装置的成果信息没能及时得到充分、有效的保护，从而丧失了申请实用新型专利保护的机会。实践中，实用新型专利同样是财政资助项目成果的知识产权的重要组成部分，在财政

---

❶❷ 李慧，崔惠绒，鲍洋，张立佳.国家科技重大专项知识产权管理工作中的若干问题及建议[J].科技与创新，2021（3）：132.

第三章 当前我国财政资助项目成果的知识产权保护与应用的现状、问题及其制度性成因

资助项目成果的知识产权应用中占据重要地位，具有良好的商业应用前景。❶一些单位在财政资助项目实施中，轻视高价值实用新型专利的保护和应用，不能及时对符合实用新型专利申请条件的科技成果申请知识产权保护，是财政资助项目成果的知识产权保护及应用工作的一大失误。

实践证明，知识产权意识薄弱必然带来严重的知识产权流失问题。财政资助项目成果的知识产权流失的方式主要有两种。一是项目研发成果产生后，因科研人员流动、科技合作、科研管理不善、技术秘密的泄露、非法使用等而导致所有权的丧失。现实生活中，导致关键技术秘密流失的因素很多，如科研人员的职务流动、科研人员兼职缺乏必要的权责约束、一些科研人员选择创业，或者一些参与科研活动的研究生毕业后将相关技术信息带走，甚至还有少数科研人员通过不正当手段设法将自己参与本单位研发活动获得的职务发明信息转化为自己非职务发明成果而导致本应属于财政资助项目承担单位的知识产权成果流失。二是项目研发成果产生后，因科研人员知识产权意识缺乏以及知识产权管理制度不健全、知识产权监管不力导致其无法转变为有市场价值的知识产权。其中，常见的情形是科研人员着急发表论文或出版专著而将研发成果公布于众，而没有及时选择申请专利或保护技术秘密。❷

现实生活中，因为知识产权流失而引发的纠纷层出不穷，由此也对财政资助项目承担单位的知识产权管理制度提出更高要求。在这里，我们以"中国科学院工程热物理研究所与北京时代桃源环境科技有限公司专利权属纠纷案"为例来进行分析。

中国科学院工程热物理研究所因与北京时代桃源环境科技有限公司之间的专利权属纠纷，向北京市第一中级人民法院（以下简称北京市一中院）提起诉讼，称名为"低压头组合式填埋气焚烧火炬"（申请号为CN200410096759.0）

---

❶ 李慧，崔惠绒，鲍洋，张立佳.国家科技重大专项知识产权管理工作中的若干问题及建议[J].科技与创新，2021（3）：132.

❷ 刘东民，方曙，马跃.对高校知识产权保护与管理的思考[J].软科学，2003（2）：56.

的发明专利申请应为职务发明,发明人应为研究员马某,申请人应为工程热物理研究所。具体理由是:"(一)工程热物理研究所的研究员马某于1995年开始进行填埋气的消纳和利用研究,于1998年完成该项技术的总体方案,其中包括低压头多管组合式燃烧器的设计方案。工程热物理研究所将这项专有技术作为商业秘密予以保护和利用。2006年初工程热物理研究所发现,时代桃源公司利用该窃取的技术,于2004年12月6日向国家知识产权局申请了发明专利,名称是'低压头组合式填埋气焚烧火炬',申请号是CN200410096759.0,公开日是2006年6月14日。(二)从涉案专利申请案的摘要和主权项描述来看,时代桃源公司产品的外形、内部结构和工作原理与工程热物理研究所的封闭式填埋气焚烧火炬完全相同。(三)时代桃源公司的主要股东之一宋某某于1999年9月至2002年12月在工程热物理研究所读研究生期间跟随其导师马某做填埋气燃烧器实验研究,并参与了马某课题组《玉龙坑填埋场封场工程填埋气体发电成套设备研制方案及成套设备》的火炬项目。宋某某毕业离所后,于2003年8月至2005年1月以流动研究人员的身份参与马某课题组相关技术的研究与应用,在此期间,宋某某全面接触和获取了研究所的全部火炬技术及其他技术。而时代桃源公司用该项技术以其另外三位股东杨某某、宁某某、关某为发明人的名义,于2004年12月申报发明专利。"[1]基于上述理由,工程热物理研究所请求人民法院依法确认涉案专利申请的发明人为研究员马某,申请人为工程热物理研究所。2007年2月1日,北京市一中院受理了该案件,并于2007年4月12日公开开庭审理了该案件。在案件审理中,北京市一中院将工程热物理研究所拥有的技术和涉案专利申请权利要求所载明的技术方案比较,查明:"涉案专利申请与工程热物理研究所拥有的技术均系针对垃圾填埋气设计的焚烧火炬装置,都采用了低压头组合式燃烧器的方案,涉案申请与工程热物理研究所的火炬技术涉及的

---

[1] 中国科学院工程热物理研究所诉北京时代桃源环境科技有限公司确认专利申请权权属纠纷案,北京市第一中级人民法院(2007)一中民初字第1749号判决书。

第三章 当前我国财政资助项目成果的知识产权保护与应用的现状、问题及其制度性成因

是相同技术领域的相同技术问题。且涉案专利申请各项权利要求的技术方案在工程热物理研究所提供的证据中均有所体现。"❶于是，2007年6月26日，北京市一中院作出判决，确认发明名称为"低压头组合式填埋气焚烧火炬"、申请号为CN200410096759.0的发明专利的申请权属于中国科学院工程热物理研究所。由于工程热物理研究所和时代桃源公司均没有上诉，一审判决生效。该案中，决定该案专利权归属的核心问题是时代桃源公司是否构成以不正当手段获取工程热物理研究所技术信息并申请权利。在法院经审查认定"时代桃源公司的涉案专利申请权利要求1-8载明的技术方案在技术上与工程热物理研究所提供的证据反映出来的技术方案具有同一性，且涉案专利申请权利要求9-10的技术方案在工程热物理研究所提供的证据中也有所体现"❷的前提下，工程热物理研究所提供的证据可以证明宋某某在工程热物理研究所火炬项目课题组的学习、工作经历，且相关设计图纸上有设计人宋某某本人以及审核人马某本人的签字，日期均为2001年7月20日。因此，可以认定时代桃源公司的主要股东之一宋某某在学习与工作中直接参与工程热物理研究所焚烧火炬项目的课题研发与设计工作，接触并获取了工程热物理研究所的火炬与单元燃烧器技术，与案件有极密切的关联性。❸在时代桃源公司无法提供有力的证据来推翻这一事实的情况下，法院认定，涉案专利申请应为职务发明，其申请权应属于工程热物理研究所。

该案是一个典型的科研机构财政资助项目成果的知识产权保护的案例，它揭示了当下高校及科研机构在财政资助项目成果的知识产权保护中面临的现实风险，也充分体现了高校及科研机构在科研管理制度上加强技术秘密保护以防止财政资助项目成果的知识产权流失的重要性。该案中，工程热物理研究所及时发现了其技术秘密流失问题并积极采取措施来维权，并能找到充分的证据来证明该技术秘密归属于自己且对方时代桃源公司的主要股东之一

---

❶❷❸ 中国科学院工程热物理研究所诉北京时代桃源环境科技有限公司确认专利申请权权属纠纷案，北京市第一中级人民法院（2007）一中民初字第1749号判决书。

· 37 ·

宋某某有机会接触和掌握该技术秘密等事实。最终，在工程热物理研究所提供的大量证据的支持下，法院最后支持了其诉求，认定涉案专利的权属归于工程热物理研究所。然而，实践中，有更多的高校和科研机构在财政资助项目成果的知识产权保护中，因信息不知晓、证据缺失、维权意识淡漠等主客观因素而面临财政资助项目成果的知识产权流失或被窃取等风险。可见，加强高校及科研机构研究人员、管理人员等的知识产权意识培养，健全高校及科研机构的科研管理制度，尤其是保密制度和知识产权风险防范制度，明确高校及科研机构的研究人员、研究合作者、校内知识产权管理部门教职员工、临时工作人员、合作交流人员等在求学、工作、退休或毕业后都负有技术信息保密义务及其出现技术秘密泄漏时的法律责任，这些对于财政资助项目成果的知识产权保护非常重要。

2. 知识产权申请监管不力，知识产权布局存在严重缺陷

我国很多财政资助项目承担单位并没有为本单位知识产权管理工作设立专门的负责机构，多采用挂靠式管理，即将知识产权管理机构挂靠在科技主管部门内，没有安排专门的知识产权管理办公室或专职知识产权管理人员，由缺乏专业训练的行政管理人员代管知识产权事务。即使一些单位实行知识产权独立管理模式，仍存在管理规章过于粗糙，执行力有限，或者管理机构之间职能条块分割严重，管理工作协调能力欠缺等现实问题，直接导致财政资助项目成果的知识产权管理中缺乏统筹安排，工作效率低下，知识产权产出、保护与应用之间运作不畅。❶ 知识产权管理的滞后直接影响到财政资助项目承担单位知识产权保护及应用的实际效果，而知识产权申请及知识产权布局中暴露出的很多问题就是其典型表征。

（1）缺乏知识产权战略规划，有价值的科研成果没能及时有效地选择恰当的知识产权保护措施。

在知识产权管理滞后、知识产权制度不健全的情况下，一些财政资助项

---

❶ 张小燕. 欧美高等院校知识产权管理模式及其启示 [J]. 电子知识产权，2011（4）：83-86.

第三章 当前我国财政资助项目成果的知识产权保护与应用的现状、问题及其制度性成因

目承担单位对于财政资助项目形成的科技成果是否申请知识产权、何时申请知识产权及如何申请知识产权等问题持放任态度，完全由课题组或科研人员自行决定，使一些有价值的科研成果没有及时有效地获得知识产权保护或者即使申请了知识产权保护却因布局不完善而给后续的应用和维权带来很多障碍。实践中，"单个专利的权利要求是无法覆盖某一技术领域的，即使是核心专利也存在被绕过的法律风险和可能。从产业应用角度分析，现实世界中的物质产品往往包含数个、数十个甚至上百个专利。因此，在高风险的知识产权应用领域，知识产权布局非常重要"。❶另外，尽管保证权利人通过自己的研发创新获利，从而在市场中占据竞争优势地位是知识产权布局的最原始动机，但不断有研究表明❷，申请专利并不总是权利人获取创新利益的最佳选择。鉴于专利保护在维权成本等方面的固有缺陷，如何选择最有效的创新成果保护方式成为财政资助项目承担单位在其知识产权规划中无法回避的一个关键问题。实践也表明，对于某些特殊的行业，如材料领域等，通过商业秘密而不是专利的方式来保护自己创新成果往往更有效。这就需要财政资助项目承担单位从本研究领域的实际出发，科学制定知识产权战略规划，选择最恰当的知识产权方式、知识产权申请时机以及最全面的知识产权保护权利内容对财政资助项目研发中形成的技术成果予以保护。

（2）知识产权申请缺乏监管，所申请知识产权的质量因技术之外的因素影响而贬损。

财政资助项目研发中所产生的一些高质量科技成果尽管申请了知识产权保护，但由于该权利申请本身存在漏洞，严重影响了该项知识产权未来的商

---

❶ 李黎明，刘海波.知识产权运营关键要素分析［J］.科技进步与对策，2014，31（10）：123-130.

❷ 如1993年欧洲大型工业企业调查，1994年美国、日本制造企业调查（Cohen et al，2002）也发现，"易被模仿"是企业不选择将技术申请专利的主要原因，约56%、54%的欧洲、日本受访企业提到此点；"维权成本高"则是另一个重要因素。详见毛昊，刘澄，林瀚.基于调查的中国企业非实施专利申请动机实证研究［J］.科研管理，2014（1）：73-81.

业应用价值，客观上也助长了知识产权申请中以"项目结题"为目标的突击式低质量行为。以专利为例，"高质量专利应当是专利技术水平高，撰写较好，能够经得起审查、无效和诉讼程序的具有较大市场价值的专利"。❶一些专利或技术成果转让或许可的可能性以及创造出的价值固然与其质量有很大的关联性，但同样受到该专利申请文件撰写质量的影响。很多财政资助项目承担单位因各种主客观原因，经常会把专利申请的事务交给代理机构，却对申请材料等相关内容缺乏必要的把关和监控，导致该项技术虽然进行了知识产权申请，但因不符合法定条件而未能被授权，或者被授权后存在明显的权利瑕疵，从而对其后续应用产生较大负面影响。可见，在知识产权管理缺位的情形下，即使在财政资助项目研发中形成高质量的科技成果，也难以形成高质量知识产权，更谈不上后续应用的问题。

（3）知识产权国际布局严重欠缺。

知识产权布局是一个"制"与"反制"的动态过程。伴随着科技全球化的程度加深以及国际领域科技交流、人才交流的日趋频繁，社会各界对知识产权国际布局的要求也越来越高。

财政资助项目研发关系到国家未来科技发展的方向，是提升我国参与国际科技竞争实力的关键，这也决定了我国财政资助项目成果的知识产权战略布局要有国际视野，注重国际布局，重视国家利益的维护。2008年修订的《专利法》改革了我国专利申请的新颖性标准，将专利授权条件中新颖性标准由原来的"混合新颖性"标准转变为"绝对新颖性"标准。❷此次修订提高了我

---

❶ 宋河发，穆荣平，陈芳，等.基于中国发明专利数据的专利质量测度研究[J].科研管理，2014，35（11）：68-76.

❷ 在2008年《专利法》第三次修订之前，对于专利的新颖性要求是指在申请日以前没有同样的发明或者实用新型在国内外出版物上公开发表过、在国内公开使用过或者以其他方式为公众所知也没有同样的发明或者实用新型由他人向专利局提出过申请并且记载在申请日以后（含申请日）公布的专利申请文件中。然而，2008年《专利法》第三次修订后，在《专利法》第二十二条第五款明确规定"现有技术，指申请日以前在国内外为公众所知的技术"该条款取消了对公开使用或者以其他方式为公众所知的公开方式的地域限制，只要是为公众所知，不再区分地域，都属于现有技术。

国专利申请的质量要求，也为我国专利申请走向国际化创造了有利条件。该原则在《专利法》中得以沿袭。然而实践中，一些国家财政资助项目尽管产生了科技成果并申请了专利，形式上符合了课题验收的知识产权指标要求，但在专利申请和布局上存在着严重疏漏，即课题组申请的所有专利仅为中国专利，无一国外专利，造成了我国财政资助项目成果的知识产权国际布局缺失。具体而言：首先，部分财政资助项目承担单位领导及科研人员的知识产权国际布局意识不强，只追求项目结项和高质量论文产出，不重视知识产权保护，更不关注知识产权国际布局；其次，现行科研评价体制存在缺陷，缺乏知识产权国际布局层面的考虑。现行以"知识产权数量"为主导的科研评价体制忽视了知识产权国际布局的重要性，没有将知识产权国际布局纳入科研评价机制中，尤其是未能充分发挥国家重大科技攻关项目等项目研发成果在知识产权国际布局中的重要作用，未明确要求其知识产权国际布局的注意义务，更缺乏通过积极引导实施有效的知识产权国际布局以引领我国未来高新技术产业发展的战略安排。另外，知识产权国际布局面临着费用支出的困境问题。知识产权国际布局涉及国外知识产权申请及维护的费用支出，这是阻碍财政资助项目成果的知识产权国际布局的关键性因素之一。实践中，相当数量的科研项目，其知识产权费用主要支持知识产权检索和国内专利申请，难以支持专利的国外申请及后期的专利维护。

知识产权国际布局缺失的状况不仅阻碍了我国财政资助项目研发中自主创新科技成果走向国外，进而从国外市场中争取利益回报，而且很可能导致我国在科技竞争愈演愈烈的国际环境中错失把握未来高新技术制高点的机会，遏制我国未来高新科技的发展，造成今后我国高新科技发展处处受外国牵制的被动局面。目前，国内外在知识产权国际布局意识及相应投入上的巨大差距显而易见。一些跨国公司在我国国内申请的知识产权短期内难以得到商业回报，几乎看不到其现实的商业价值，但出于知识产权布局的考虑仍付出大量成本进行维持。❶ 由此可见跨国公司对于知识产权国际布局的重视。

3. 知识产权弃权问题突出,知识产权救济制度缺位

随着中央及地方一系列知识产权政策立法的出台,财政资助项目承担单位的知识产权申请积极性有很大提升,知识产权申请量也持续增加。与之相比,财政资助项目承担单位及科研人员的知识产权维护和救济的动力仍然不足。

主要表现为两方面:其一,财政资助项目成果的知识产权弃权问题突出。实践调研显示,曾经有相当长的时间,我国财政资助项目成果的知识产权的平均维持期限较短,一般在5年左右就会大规模出现以放弃缴纳年费的方式来放弃知识产权的行为。知识产权质量不高固然是导致弃权的重要因素,但并非唯一因素。调研显示,被弃权的财政资助项目成果的知识产权未必就是质量低下或没有商业应用价值,其中不乏一些不错的成果。我国财政资助项目成果的知识产权被弃权,除了知识产权维持成本有限之外,更重要的是我国现行知识产权管理制度对相关行为缺乏监管,缺乏明确的弃权程序制度和相应的责任追究机制,客观上纵容了财政资助项目成果的知识产权被恣意弃权的现象。

其二,财政资助项目成果的知识产权救济制度缺位。导致财政资助项目成果的知识产权救济制度缺位的原因有很多:既包括知识产权本身质量水平有限,也包括现行财政资助项目管理及评价机制中知识产权救济内容的缺失,但更多的是知识产权维权能力薄弱和维权成本过高。许多财政资助项目承担单位缺乏完备的知识产权维权机制,维权能力有限,既无法为知识产权侵权风险的事先规避提供必要的指导和帮助,也无法对已经出现的知识产权侵权纠纷进行积极有效的解决,应对策略落后,效果更是难以让人满意。此外,

---

❶ 我们对一些国家重大专项的研发人员、项目承担单位的科研管理人员以及国家重大专项的知识产权专家进行了调研访谈,对他们的宝贵意见进行了整理。因人数众多,在此我们不一一列出,也借此对这些参与我们调研及访谈的专家、学者表示感谢。

维权成本过高,维权结果得不偿失也是影响财政资助项目承担单位有效进行知识产权救济的重要因素。尤其是在目前我国财政资助项目成果的知识产权商业化应用状况整体不佳,市场价值无法充分体现的背景下,面对知识产权纠纷中侵权成本低而诉讼成本高、举证难、索赔难且胜诉可能性不确定等现实因素的影响,一些财政资助项目承担单位及科研人员不愿意浪费时间或人力和物力在知识产权救济维权上。不仅如此,财政资助项目成果的知识产权救济维权也容易引发社会非议。部分来自公众的观点认为,依靠财政资助项目成果形成的知识产权自然应当让作为纳税人的公众免费使用,而不应为财政资助项目承担单位私有,财政资助项目承担单位也无资格对侵权行为展开诉讼维权活动。财政资助项目承担单位及科研人员因此有时遭受较大的舆论压力,严重影响其维权积极性。

(二)财政资助项目成果的知识产权应用方面:知识产权规划的应用导向缺失,高质量知识产权比例低,持续加大的国家科技投入未能及时转化为社会生产力,知识产权应用效率低

1. 知识产权应用意识淡薄,知识产权规划的应用导向缺失

我国财政资助项目成果的知识产权应用是在政府和市场的双重推动下发展起来的。一些科研人员及项目承担单位领导的知识产权应用意识淡漠,知识产权应用动力仍显不足。

就科研人员而言,他们在相对封闭的实验室进行科技研发,更多关注的是如何形成高技术含量的科研成果,而不是知识产权的应用问题,其自觉地将知识产权应用纳入科技研发规划之中的意识还有待提高。就项目承担单位而言,高校和科研机构往往将教学和科研作为自己的主要任务,非常重视科技创新和自主创新知识产权的产出,却对推进财政资助项目成果知识产权应用的重视程度不够,因此缺乏积极有效的知识产权应用措施。不仅如此,我国财政资助项目成果的知识产权应用中普遍存在应用途径狭窄、应用方式单一、应用程序烦琐、应用阻力重重、应用风险大、应用价值不高、应用状况

不佳等问题，这也在很大程度上降低了财政资助项目承担单位及科研人员推进财政资助项目成果的知识产权应用的积极性。

知识产权应用意识淡薄与知识产权战略中应用环节缺失有着密切的关联性。一些财政资助项目承担单位很少从战略的高度考虑知识产权的运营，其知识产权运营管理工作呈现出被动、滞后、无序和低效的状态，表现为知识产权布局规划中缺乏对应用前景的考虑，以及知识产权推广环节缺失等问题。很多项目承担单位未在财政资助项目立项之初引入知识产权应用战略考虑，通常在科研成果产出后才将知识产权应用问题提上工作日程，导致没能及早立足市场需求信息来动态调整研发思路以保证科研成果更符合市场需求。这在一定程度上加大了财政资助项目成果的知识产权市场化应用风险。

另外，实践证明，知识产权信息和市场需求信息呈现不对称分布，两者之间缺乏有效的沟通机制是影响财政资助项目成果的知识产权应用的又一个重要原因。有技术需求的企业不了解高校和科研机构的知识产权状况，高校和科研机构也缺乏有效的知识产权推广机制来宣传和推销自己的知识产权，其结果是企业无法快速找到其想要的科技成果，而高校和科研机构中大量财政资助项目成果的知识产权处于闲置状态，无人问津。另外，一些财政资助项目承担单位缺乏高水平的知识产权应用管理机构及工作人员，无法为财政资助项目成果的知识产权应用提供优质、高效的服务。实践中，有相当一部分走向应用的财政资助项目成果的知识产权，其推广仍然依赖于科研人员在本领域的影响力及科研人员的人脉资源，导致推广范围有限，推广效果不佳，无法满足财政资助项目成果的知识产权应用要求。科研人员作为财政资助项目研发成果的创造者，其积极参与对知识产权应用无疑具有重要作用，但受制于专业分工以及知识产权应用技能等客观因素，其有时难以成为财政资助项目成果的知识产权应用的主导者或组织者。因此，项目承担单位通过专门的知识产权运营机构来负责知识产权应用工作，同时结合科研人员的个人意愿及实际能力，充分发挥科研人员在知识产权应用中的积极性和能动性显然更符合我国实际情况。

2. 知识产权自身存在缺陷，知识产权有效供给严重不足

知识产权质量问题在财政资助项目成果的知识产权应用中至关重要，它不仅关系到知识产权申请最终是否能够获得授权，而且直接影响该项知识产权未来商业化应用的前景，决定了该项知识产权商业化应用时的价值高低。

目前，我国财政资助项目成果的知识产权本身所存在的一些缺陷问题已经对其市场应用带来了严重的负面影响，主要表现如下：

其一，知识产权在技术层面成熟度欠缺，无法直接从技术进入生产和产业化环节，距离市场化要求存在相当大的差距，应用风险高。长期以来，"由于一些大学缺乏与公司的商业联系以及它们在适应现有技术方面的局限性，大学在根据科学成果申请和许可专利方面面临困难。科学产出的增长没有有效地转化为产品和服务的新技术"。❶ "对大学而言，这可能意味着必须重新思考专利在技术转让过程中的作用，例如，增加与公司的合作，让公司支持大学内部的技术研究，而不是远离市场需求。"❷ 另外，我国以往的科研管理体制将科研经费数量、论文数量和级别以及所获国家及部委级别奖励作为评价科技成果价值的主要指标。这种评价体系没有将科研成果放进市场中进行估值，加剧了科研与市场需求相脱节，创新成果难以服务于社会经济发展。于是，我国一些财政资助项目成果的知识产权在应用中往往面临着这样的尴尬处境：大部分为研发中的技术，尚未具备实验的工业化程度；项目研发初期未将商业利用作为考虑；多属单点研发，未能构成线与面；对于未来应用的市场分析及供应链较少涉及等。长此以往，国家大量财政投入所形成的成果难免因"不具有市场领先性，或不具备工业化生产可行性，或作为技术商品缺少必要的服务支持等。市场价值的缺失造成科技成果的有效供给不足，科研的低水

---

❶❷ DALMARCO G, DEWES M F, ZAWISLAK P A, et al. Universities' Intellectual Property: Path for Innovation or Patent Competition? [J]. Journal of technology management & innovation, 2011, 6 (3): 159–170.

平重复"❶等因素而深陷应用难的困境无法自拔。

其二，受功利驱动等因素的影响，一些被授权的知识产权在技术层面质量水平不高，难以在市场中应用。当前我国以"知识产权数量"为指标的评价体系和激励政策的初衷是"以量促质"，希望专利申请中"量"的积累会逐步带动专利申请"质"的提高。这种政策导向在实践中容易被功利性利用，部分申请人出于获取政府的专利资助费或政策优惠，或有利于业绩考核、项目结题等功利性动机而申请知识产权。还有一些申请人甚至为了增加专利申请数量，违背了专利申请的初衷，故意将一项技术分拆成多项专利进行申请。这样一来，专利申请量虽然显著增加了，但专利质量无法保证甚至降低了。一些技术虽然申请了专利，但该技术本身质量不高或者存在技术缺陷，无法真正应用。

当前，在某些地方，快速增长的知识产权数量和有待提高的知识产权质量之间存在不对称关系。随着我国科技创新战略的实施以及国家对自主创新的重视，发明专利数量逐渐进入财政资助项目结题验收的一项考核指标，一些财政资助项目的委托合同中就明确要求项目承担单位在项目实施周期中至少完成一定数目的发明专利申请数量。在课题结题的现实压力下，参与财政资助项目研究的科研人员申请知识产权的积极性有了一定提高，尤其是项目结题前期发明专利的申请数量呈现井喷式增加。然而，在知识产权申请数量急剧攀升的同时，知识产权质量问题，尤其是专利质量参差不齐的问题比较突出。质量不高的知识产权即使申请成功，但其授权后的后续转化应用前景并不乐观，而且鉴于知识产权申请和维护需要一定的经费投入，申请并维持质量不高的知识产权本身就是对科研项目经费的浪费。❷

其三，知识产权资源缺乏有效组合，应用效果大打折扣。知识产权

---

❶ 胡恩华，郭秀丽．我国产学研合作创新中存在的问题及对策研究［J］．科学管理研究，2002（1）：69．

❷ 李慧，崔惠绒，鲍洋，张立佳．国家科技重大专项知识产权管理工作中的若干问题及建议［J］．科技与创新，2021（3）：132．

组合是有效提升知识产权价值的重要途径。以专利为例，美国学者瓦格讷（Wagner）曾坦言："以单项专利为主导的时代已经过去，在新的专利世界中专利组合的价值将远远大于单项专利价值之和。"❶围绕某一特定技术形成的相互联系、相互支持的技术，通过知识产权申请获得授权的知识产权组合毫无疑问更具有商业价值，在该项技术的未来应用中也更容易发挥作用。这也是系统论关于"系统的作用在于整体大于部分之和"在知识产权领域中适用的有效阐释。知识产权组合不仅包括专利组合，还可能涉及专利同商标等其他类别知识产权间的组合。知识产权组合能够有效减少未来知识产权应用中潜在的风险，实现知识产权商业价值的最大化。

"我国现有知识产权研发创造政策缺乏促进科技创新活动形成核心知识产权和知识产权有效组合的政策，知识产权碎片化现象严重，导致知识产权运用困难。"❷实践表明，知识产权资源缺乏统筹整合，是影响我国财政资助项目成果的知识产权应用的重要因素之一。一方面，对部门利益的片面追求损害了财政资助项目成果的知识产权的资源整合效率。长期以来，我国财政资助科技研发中"各类科研计划存在着边界模糊、交叉与重叠，国家与地方、地方与地方条块之间存在着重复立项与投资的现象，导致科技项目低水平重复研究过多"❸的现象为财政资助项目成果的知识产权统筹管理带来很多现实障碍。客观而言，从国家宏观层面对我国财政资助项目成果的知识产权资源进行统筹规划与协调整合的工作还远远不够。地方、部门及项目承担单位各自为政，难以形成知识产权资源管理的合力，加之我国知识产权服务市场不健全、不规范，这严重影响了财政资助项目成果的知识产权的资源整合效率。虽然"各级各类科研管理部门大多已经建立了各自的科研项目信息化

---

❶ 李玉秋. 如何进行专利规划积累高质量的专利资产［C］.2012年中华全国专利代理人协会年会第三届知识产权论坛论文选编（第二部分），2011：338-343.

❷ 宋河发，沙开清，刘峰. 创新驱动发展与知识产权强国建设的知识产权政策体系研究［J］.知识产权，2016（2）：93-98.

❸ 陈强，鲍悦华. 德国重大科技项目管理及其对我国的启示［J］.德国研究，2008（2）：51.

管理系统，对各自主管的科研项目信息进行了较为完善的登记和宣传。但是，各类管理系统之间各成体系，相关数据信息的采集和发布缺乏统一规范，系统之间尚未实现有效整合与共享。这样不利于各级各类科研管理部门之间互通有无，减少重复立项和重复投入，提高科研管理工作效率，也不利于科研人员方便、快捷、全面地获取各类科研项目信息，在高起点上高效率地开展新的研究工作。"❶另一方面，项目承担单位工作人员的知识产权组合意识缺乏、知识产权组合能力低下，阻碍了财政资助项目成果的知识产权资源的有效整合。知识产权组合的核心内容是将分散的知识产权集中起来以实现利益的最大化。知识产权组合不仅涉及专利之间的资源整合，也涉及专利与商标等之间的资源整合；不仅涉及本单位知识产权的资源整合，也涉及本单位与外单位知识产权的资源整合；不仅涉及国内知识产权的资源整合，也涉及国际范围内知识产权的资源整合。它客观上要求同国际接轨，包括从国外购买专利或商标等进行知识产权整合，提升自己知识产权的价值。这些都对项目承担单位的知识产权管理工作提出新的挑战，然而，当前我国很多项目承担单位知识产权管理制度尚不完善，知识产权管理工作过于粗疏，知识产权管理人才严重欠缺的现实也决定了其对于财政资助项目成果的知识产权难以进行有效资源整合。

### 3. 知识产权价值评估缺位，知识产权应用风险大

价值❷本身是个复杂的概念。知识产权价值评估的目标是为知识产权的市场应用提供价格参考，其价值内涵实际上是对知识产权的价值与使用价值相结合的货币表现。❸财政资助项目成果的知识产权的价值评估是其从财产权利转化为现实物质利益的技术前提，无法科学、准确地评估财政资助项目成果的知识产权的价值，将导致财政资助项目成果的知识产权应用难以实现。知识产权的无形性、知识产权价值影响因素的多元性及知识产权价值的多变性，

---

❶ 周和平. 深化科技体制改革迫在眉睫[J]. 科技潮，2012（4）：18.

❷ 根据政治经济学的观点，价值是凝结在商品中的无差别的人类劳动，是体现在商品中的社会必要劳动。不经过人类社会劳动的物品，即使使用价值再高，也不具有价值。

❸ 陈瑜. 知识产权价值评估的困境及对策[J]. 知识经济，2012（18）：128.

客观上增加了知识产权价值评估工作的挑战性。根据2017年修订的《专利资产评估指导意见》(中评协〔2017〕49号)第二十条、第二十一条、第二十二条的规定,影响专利资产价值的法律因素通常包括:专利资产的权利属性及权利限制、专利类别、专利的法律状态、专利剩余法定保护期限、专利的保护范围等;影响专利资产价值的技术因素包括:替代性、先进性、创新性、成熟度、实用性、防御性、垄断性等;影响专利资产价值的经济因素包括:专利资产的取得成本、获利状况、许可费、类似资产的交易价格、市场应用情况、市场规模情况、市场占有率、竞争情况等。不仅如此,该意见还规定,资产评估专业人员应当关注专利所有权与使用权的差异、专利使用权的具体形式、以往许可和转让的情况对专利资产价值的影响。资产评估专业人员应当关注发明、实用新型、外观设计的审批条件、审批程序、保护范围、保护期限、审批阶段的差异对专利资产价值的影响。资产评估专业人员应当关注专利所处审批阶段,专利是否涉及法律诉讼或者处于复审、宣告无效状态,以及专利有效性维持情况对专利资产价值的影响。当专利资产与其他资产共同发挥作用时,资产评估专业人员应当分析专利资产的作用,确定该专利资产的价值。执行专利资产评估业务,应当关注经营条件等对专利资产作用和价值的影响。执行专利资产法律诉讼评估业务,应当关注相关案情基本情况、经过质证的资料以及专利权的历史诉讼情况。另外,"在评估专利资产价值时还必须考虑该项专利技术与其他相关技术的关联性,分析其对专利资产价值的影响;当专利资产与其他资产共同发挥作用时,还应分别分析专利资产与其他资产的作用,并考虑其对专利资产价值的影响,等等"。[1]

实践中,知识产权价值评估是知识产权转让及知识产权质押融资必须要面对的关键问题。财政资助项目成果的知识产权的国有资产性质又使价值评估的重要意义更加突出。我国《事业单位国有资产管理暂行办法》(2019修

---

[1] 周春慧.政府资金引导知识产权质押融资体系的建立与发展[J].电子知识产权,2010(11):47.

正）[1]第三条规定："本法所称的事业单位国有资产，是指事业单位占有、使用的，依法确认为国家所有，能以货币计量的各种经济资源的总称，即事业单位的国有（公共）财产。事业单位国有资产包括国家拨给事业单位的资产，事业单位按照国家规定运用国有资产组织收入形成的资产，以及接受捐赠和其他经法律确认为国家所有的资产，其表现形式为流动资产、固定资产、无形资产和对外投资等。"第五条规定："事业单位国有资产实行国家统一所有，政府分级监管，单位占有、使用的管理体制。"第三十八条第（四）项则明确要求，涉及"资产拍卖、转让、置换"的情形，事业单位应当对相关国有资产进行评估。根据我国《事业单位国有资产管理暂行办法》的规定，对于作为财政资助项目承担单位的高校和科研机构而言，财政资助项目成果的知识产权显然属于国有资产，其转让应当进行评估。然而，实践中，如何来评估面临着一些现实障碍。其一，评估机构资质有限、数量不足：专利价值评估涉及技术、法律和市场等多个维度，评估中必须依赖成熟专业的评估机构才能获得这样高度精细化、专业化的服务。其二，评估价格不精确：评估价格并非成交价格，即便是能够选择到合适的高水平评估机构，其通过全面考察分析所提供的事前评估也不过是竞拍过程的起拍价，专利最终的成交价格还是要通过市场竞价产生，涉及复杂的主客观因素，并不能保证最终的专利成交价格就一定跟起拍价一致。其三，评估成本难以承受：如果找专业机构进行评估，但最后市场竞拍环节该项专利没能成交而是流拍了，则前期的评估投入就浪费了，得不偿失。[2]实践中，科研人员对于其作为发明人的财政资助项目成果的知识产权价值通常缺乏全面客观的认识，在进行知识产权转让转化业务的洽谈时有时要求不相符的转让转化价格，导致知识产权应用谈判无

---

[1] 《事业单位国有资产管理暂行办法》2006年5月30日财政部令第36号公布，根据2017年12月4日财政部令第90号《财政部关于修改〈注册会计师注册办法〉等6部规章的决定》第一次修改，根据2019年3月29日《财政部关于修改〈事业单位国有资产管理暂行办法〉的决定》第二次修改。

[2] 本课题组对中科院计算所进行了财政资助项目成果的知识产权保护与应用的调研。该所知识产权管理人员及科研人员的宝贵建议被直接吸收进本书中，在此特向他们表示感谢。

法进行下去。可见，财政资助项目成果的知识产权价值评估问题已经成为推进我国财政资助项目成果的知识产权应用的重要阻碍因素。当前我国在财政资助项目成果的知识产权的价值评估领域尚存在很多立法及制度空白，如对于评估机制、评估方法、评估资格、评估程序以及相关责任追究机制等都缺乏相对明确的规定，这一现实导致财政资助项目成果的知识产权应用缺乏有力的规范制度保障，也在一定程度上加大了国有资产流失风险。

4. 知识产权应用环境不佳，知识产权服务需求难满足

（1）政策法律不完善，实施状况不理想。

完善的、体系性的政策立法规范是财政资助项目成果的知识产权经营、管理和应用的基本制度保障，也是财政资助项目成果的知识产权走向市场、转化为现实生产力的前提。目前，我国已经建立了相对系统的财政资助项目成果的知识产权管理政策立法体系，但是在财政资助项目成果的知识产权应用方面尚待进一步完善。

我国涉及财政资助项目成果的知识产权应用的相关政策立法目前存在政策立法冲突和政策立法缺失两大问题。就政策立法冲突而言，财政资助项目成果的知识产权应用中的知识产权利益分配、投资入股以及人才流动等诸多方面与我国国有资产管理以及事业单位人事管理制度等的部分条款内容相冲突。以财政资助项目成果的知识产权转让为例，尽管我国现行科技立法都强调了推进财政资助项目成果的知识产权应用的重要性和必要性，然而，财政资助项目承担单位的高校和科研机构所拥有的知识产权本质上属于国有资产。这就决定了该知识产权的转让必须经过严格而复杂的评估、审批程序，否则就可能面临国有资产流失的风险责任。对国有资产流失风险责任的忧虑一定程度上挫伤了高校和科研机构转让和应用财政资助项目成果的知识产权的积极性。另外，在财政资助项目成果的知识产权应用中，接受技术转让的企业往往希望科研人员能够跟随技术一起到企业来协助完成该项知识产权成果的产业化实验，这一要求与部分事业单位人事管理制度存在冲突，科研人员也

往往顾及由此产生的风险问题，不愿积极参与，因此给财政资助项目成果的知识产权的应用带来一些障碍。就政策立法缺失而言，我国虽然已经确立了推进财政资助项目成果的知识产权应用的基本原则，但配套性政策立法严重缺失，如对参与财政资助项目的第三方的权益保障、财政资助项目成果的知识产权应用中的必要经费支持、知识产权人才队伍建设以及知识产权服务行业发展等方面缺乏配套性政策立法规定，而在财政资助项目成果的知识产权价值评估方面的政策立法上更是存在立法空白。

不仅如此，尽管我国为了推进财政资助项目成果的知识产权应用，先后出台了一些政策立法措施，但现行政策立法不配套甚至相互冲突，政策立法实际适用中落实难等一系列问题导致这些政策立法中的一些良好初衷事实上难以实现。

（2）知识产权工作缺乏专业转化团队的支撑，知识产权服务业发展滞后，高质量知识产权服务供给不足。

长期以来，我国科技研发与经济发展严重脱节，国家财政投入所形成的大批知识产权被闲置，高校和科研机构的研发成果转化难的顽疾难以从根本上得以解决。究其原因，除了国家体制方面的因素、高校及科研机构自身科研成果转化能力弱等因素的制约外，财政资助项目的知识产权工作缺乏专业转化团队的支撑，我国知识产权服务业发展滞后，科技研发与社会需求之间缺乏通畅的联系渠道也是一个不容忽视的因素。❶

近年来，我国知识产权中介服务业在某些地域已取得了长足发展，在沟通知识产权利益相关方的联系，加速科技成果向市场转化等方面发挥了重要作用。然而从总体上看，我国知识产权中介服务业还处于不均衡的前期发展阶段，其发展水平与我国科技创新和市场需求之间不相适应，存在较大差距。以专利为代表的知识产权在应用的过程中，经常需要专业化的知识产权转化人员的支持，毕竟"在专利的商业化过程中需要考虑多重因素，如经常需要

---

❶ 张景安.关于我国科技中介组织发展的战略思考[J].中国软科学，2003（4）：3.

第三章 当前我国财政资助项目成果的知识产权保护与应用的现状、问题及其制度性成因

分析行业和技术趋势、技术发展阶段、类似专利的趋势、商业化的可能细分市场（市场），竞争对手的专利、市场和技术的不确定性、可能的风险和收益等"。❶ 而且，在将财政资助项目成果予以商业化应用的实践中，如何选择适当的商业化模式没有固定的答案，需要根据具体情况来综合考虑。这就需要有专业人员利用其专业知识来予以指导和布局。国外高校科研机构和企业大多由专业知识产权转化团队或管理机构来负责知识产权的申请、转化及对外许可等事务。相比较而言，我国很多财政资助项目承担单位缺乏高水平的、专业化的知识产权转化团队或管理机构的支撑，很多专利申请和转化事务都是由课题组的科研人员来推动的，尤其是在知识产权集中管理、知识产权组合以及知识产权对外许可等方面，遭遇了"信息和风险不对称问题"❷，这已严重影响了我国财政资助项目成果的知识产权应用的成效。

实践表明，科技研发是科研人员职责和特长所在。尽管现行政策立法鼓励科研人员对其所承担的财政资助项目成果的知识产权予以转化，但并非所有的科研人员都适合或擅长从事科技成果转化。而且，正如有的学者所言，"当科研人员利用营利性公司参与（研发成果的）商业化应用时，他们的时间和精力就会转移到成果研发之外的地方。这是（高校及科研机构作为）非营利性组织的一种人才外流形式。（它）可能会减少知识积累，并对长期经济增长产生不利影响"。❸ 因此，将财政资助项目成果的知识产权应用的职责强加在科研人员身上是不恰当的。不仅如此，知识产权转化和应用除了要求有高质量的知识产权成果之外，还必须有一定的资本投入、专业人才、知识产权管理等要素的配合，并结合市场的需求将这些要素进行有效组合来实现财政

---

❶ CHIH-HUNG HSIEH. Patent Value Assessment and Commercialization Strategy [J]. Technological Forecasting & Social Change . 2013，80（2）：307-319.

❷ 宋河发，李振兴．影响制约科技成果转化和知识产权运用的问题分析与对策研究[J]．中国科学院院刊，2014，29（5）：548-557.

❸ TOOLE A A, CZARNITZKI D. Commercializing Science：Is There a University "Brain Drain" from Academic Entrepreneurship? [J]．Management science，2010，56（9）：1599-1614.

资助项目成果的知识产权的价值。实践中,"即使科研人员通过研究开发完成了技术,形成了专利等知识产权,但很有可能技术还需要不断集成和熟化,集成与熟化还需要大量的资金,而科研人员很难拥有或者顺利获取大量的资金支持。科研人员很有可能只掌握了科技成果中的一部分知识产权,自行实施、作价出资,或对外转让许可还有可能侵犯他人的知识产权,造成创新中止等风险或收益严重低于预期"。❶

不可否认,政府一直在积极打造产学研合作平台,引导科技研发成果转化为社会现实生产力。然而,政府的作用更多体现为政策引导、宏观调控与利益协调,不可能包揽所有的具体问题。换言之,我国财政资助项目成果的知识产权应用中很多问题的解决更多依赖于专业化社会知识产权服务机构的具体实施与运作。实践也证明,专业化社会知识产权服务机构在知识产权应用中更能有效降低社会成本、规避科研风险与提高社会自主创新能力。然而,当前我国知识产权服务行业虽然数量上增长迅猛,但专业化、规模化和综合化的高质量知识产权服务机构还很缺乏。目前我国很多知识产权服务机构缺乏清晰的业务定位,服务领域狭窄、服务种类单一、服务质量低下、服务方式落后,难以满足现代社会对于全方位、高质量知识产权服务的需求。不仅如此,知识产权服务政策法规不健全,准入门槛低,市场管理不规范,助长了知识产权服务中的无序竞争和不正当竞争,扰乱了市场秩序,损害了知识产权服务行业形象,阻碍了知识产权服务行业的良性发展,也最终影响了包括财政资助项目成果的知识产权在内的各种类型知识产权的商业化应用。

(3)高水平知识产权人才队伍短缺,人才短缺与人才浪费并存。

人才队伍对于财政资助项目成果的知识产权应用至关重要。推进财政资助项目成果的知识产权应用的关键是拥有一大批高素质知识产权服务人才。缺乏高素质的知识产权服务人才作支撑,财政资助项目成果的知识产权应用就难以深入。无可否认,同西方发达国家相比,我国无论是在科研管理还是

---

❶ 宋河发.财政性知识产权国有资产管理与权力下放研究[J].科学学研究,2021(5):819.

知识产权经营方面都存在较大的知识产权专业人才缺口，特别在全球经济一体化以及国际知识产权战略竞争日趋激烈的新形势下，部分财政资助项目承担单位原有的知识产权管理模式相对滞后，对于知识产权专业人才的需求更加迫切。

尽管我国在高层次知识产权人才培养使用、人才激励和人才市场等方面都出台了一些政策立法，但政策立法的零星化和混乱化、专业人才计划的"碎片化"和"非持续化"、人才待遇的整体不高以及人才上升发展空间的有限化等问题也一直阻碍我国高层次知识产权人才队伍的引进和培养。当前我国知识产权专业人才队伍发展面临着人才短缺与人才浪费并存的问题。人才短缺表现为高水平人才总量不足以及人才素质参差不齐。其中，高素质的、能有效组织和开展财政资助项目知识产权管理和推进财政资助项目成果的知识产权应用的复合型人才尤为稀缺。这一点在财政资助项目承担单位的知识产权管理机构设置以及管理人员配备中体现得非常明显。人才浪费主要表现为知识产权人才管理的行政化色彩过于浓厚，有限的知识产权人才没有被放置在合适的工作岗位，没能充分发挥出每个人才在知识产权管理和应用方面的潜力，没有实现人尽其用。在我国很多财政资助项目承担单位，知识产权管理部门是作为一个行政机构来设置，很容易受行政因素的影响而产生频繁的人事调动，导致知识产权管理人员流动性强。在有些单位，一个外行刚刚熟悉知识产权管理工作，很快又被调到另外一个部门，导致有时出现外行来管理内行的问题。不仅如此，一些单位缺乏让人才脱颖而出的环境和机制，严重影响了知识产权人才的能力发挥，甚至导致知识产权人才外流问题。高水平、专业化的知识产权人才队伍的短缺对于识别、培育、保护及应用知识产权带来很多现实障碍和问题。

5. 产学研合作政府依赖强，缺乏足够的风险分担机制，对经济发展的集聚辐射效应尚未充分发挥

产学研合作，是指"为了克服新兴技术研发中投入多、周期长、难度高

和收益不确定问题,有效规避研发风险,缩短产品从研发到应用的周期,政府、高校、科研机构和企业等之间基于合作创新的目的而结成利益共同体进行研发活动"。❶ 产学研合作便于有效整合社会科技资源,发挥不同主体的优势,实现优势互补,不断提高合作方在特定产业领域的竞争力。

我国政府非常重视产学研合作,除了政策立法层面的鼓励和支持之外,还通过一些财政资助的重大国家科技项目和科技规划来引导高校、科研机构和企业的联合参与。实践中,政府以政策立法为引导,以科技投入为手段,引导高校和科研机构的创新成果流向作为技术创新主体的企业,促进高校和科研机构的科研创新与企业的现实需求相结合,调动产学研各方在财政资助项目研发中的积极性,从而推进财政资助项目成果的知识产权产业化应用。在政府的大力推动和产学研各界的积极参与下,我国产学研实践已取得了一定的成就,产学研合作的成绩也获得人们的肯定。

实践中,这种政府主导下的产学研合作也陆续暴露出一些问题,如产学研合作的政府依赖强,尚未根据市场规则建立起风险分担、成果共享和合作互利的合作机制,参与主体缺乏主动学习、利用国家和地方产学研合作政策来积极地开展产学研合作的意识;产学研合作对地方经济发展的辐射效应尚未完全展示,产学研合作的规划引导和地域协作尚需进一步完善;产学研合作模式较为单一,尚未结合实际需求进行模式创新;产学研合作参与主体的利益冲突难以有效解决等。当前,产学研合作中的利益冲突问题已经比较突出。一是因利益诉求差异引发的冲突。在现行评价体系下,不同社会主体的研发成果评价标准存在明显差异:对企业而言,它重视的是研发成果带来的技术改进对于企业产品营销和企业获利的促进作用,一般以产品市场化程度为标准来评价研发成果的价值;而高校和科研机构更重视研发成果在科学领域的开拓性价值或突破作用,其科研成果评价标准一般以高质量论文、申报专利等为取向。在科技研发中,科研成果评价标准的差异性以及由此引发的

---

❶ 赵京波,张屹山.美国产学研合作的经验及启示[J].经济纵横,2011(12):119.

利益诉求偏差直接引发了科研创新成果发表论文与申请知识产权之间的利益冲突和协调问题。该问题如果不能得到及时有效的化解，将阻碍整个产学研合作进程。二是因利益分配不透明或不公平引发的冲突。在产学研合作中，当事人各方在合作之初基于共同合作的利益需求以及合作研发的迫切性，比较容易达成一致意见。然而，随着合作研发的深入，尤其是随着现实利益的逐步逼近时，产学研合作各方的矛盾就会凸显，甚至愈演愈烈。更糟糕的是，在合作之初，各方所签订的合作框架协议往往内容过于原则化，缺乏明确的权利义务界定，尤其是责任追究机制严重缺位。这造成在后期合作中出现利益冲突时，该合作框架协议无法在协调利益关系、解决利益纠纷方面产生约束力。产学研合作中利益冲突导致原本紧密合作的多方或分道扬镳，或另寻合作方。如果各方都存私心，在关键技术的研发和应用中设置制约对方的关卡，会造成辛苦获得的创新科技成果资源因内耗而严重浪费。❶

## 第二节 当前我国财政资助项目成果的知识产权保护与应用困境的制度性成因

财政资助项目研发成果的知识产权只有转化为现实生产力才能充分体现其价值。客观而言，当下影响和制约我国财政资助项目成果知识产权保护和应用实效的因素既存在利益相关方的自身因素，又存在社会因素，既存在市场失灵问题，又存在政府失灵问题。❷ 其中，我国财政资助项目成果的知识产

---

❶ 崔彩周.我国产学研合作现实存在的问题与可行对策初探［J］.特区经济，2005（2）：192.

❷ 宋河发，李振兴.影响制约科技成果转化和知识产权运用的问题分析与对策研究［J］.中国科学院院刊，2014，29（5）：548-557.

权保护与应用困境中暴露出的种种问题从另一个侧面反映出我国科技体制中还存在很多欠缺。因此，找到种种纷繁芜杂问题背后的深层制度根源是我们探讨该问题并进行深入剖析，从而予以解答改进的必然选择。

## 一、科研评价制度方面

### （一）科研评价未考虑到实践的丰富性以及不同科研领域的差异性

科研活动依据其"研发目的、组织方式等标准可以分为基础研究、应用研究和试验性开发三种类型"。[1]其中，基础研究注重的是原始创新和前沿突破，它立足于国家长远发展战略需求开展研究。科学知识传播和科技人才培养是基础研究的核心使命。应用研究是针对技术走向市场展开研究，是对基础研究成果的产业化，它聚焦于社会经济发展中特定的需求而开展创造性研究，服务于社会经济发展，满足社会现实需求是应用研究的核心任务。试验性开发注重的是技术产品化研究，是基础研究、应用研究成果走向产业化的研究，它立足于市场需求，对技术成果产业化中的具体问题展开研究。从技术成果产业化的角度解决生产中的工艺、性价比等问题是试验性开发的核心任务。[2]不同性质的科研项目的价值目标诉求和成果产出形式是有差异的，理应采取不同的科研评价标准。然而，实践中忽视研发领域特点的"大一统""一刀切"的硬性考评指标[3]显然不能科学评价不同科研领域的科技研发活动状况，也无法为国家出台科学、合理的科技发展规划和科研保障政策立法提供有建设性的数据支持。

---

[1][2] 和阳.科研经费分配不改不行——专访中科院院士王志新[J].商务周刊，2010（20）：58-61.

[3] 黄涛.科研评价的异化和对策[J].科技导报，2010，28（10）：118.

## （二）科研评价指标体系存在严重缺陷

科研评价的初衷是全面客观反映科研活动及科研成果的实际状况，从而实现对科研活动的监督，保证科研活动按照预期目标进行，同时有效防范一些科研不端行为。然而，实践中，一些科研评价指标体系却与科研目标出现偏差，导致部分科研评价指标体系在实施中被异化，不仅不能发挥其客观评价科研活动及科研成果的作用，反而助长了科研中的一些不良功利行为。具体表现如下。

一方面，"科研量化管理"为主导的科研评价体系日益成为我国自主创新的障碍。目前我国主要实行的是以"科研量化管理"为主导的科研评价体系，评价指标单一且所设立指标的科学性尚有待考察。这种科研评价模式在体现其低成本、高速及相对客观的优势的同时，也引发了很多问题：单一的量化指标评价体系容易滋生科研腐败，催生大量的低质量科研成果，助长了财政资助项目研发及管理中"重项目申请，轻项目验收""重知识产权数量，轻知识产权质量"等不良倾向。另一方面，科研评价指标体系"重短期成绩，轻长期效应"的现状客观上也"助长了科研工作中的短平快行为和浮躁作风"[1]，使财政资助项目研发中低水平重复研究问题严重，导致国家大量财政经费投入的项目研发中涌现出一批"高数量但低质量"的知识产权。

## 二、科研管理制度方面

### （一）科研成果管理滞后导致知识产权服务缺位和知识产权监管不力

有学者提出，我国一些科研机构的财政资助项目管理中存在"三多三少"现象，"即科研类型多、科研课题来源多、涉及的知识产权形态多，而从事知

---

[1] 王凌峰. 高校科研量化管理存在的问题及其对策 [J]. 广西社会科学, 2012 (10): 172.

识产权成果转移转化的专职人员少、专门经费少、专业知识技能少"。[1]当前一些财政资助项目承担单位的知识产权管理理念和管理制度仍然停留在通常意义的行政监管层面，管理机构设置不合理，人员配置不专业，知识产权管理工作效率低下，无法为科研人员的知识产权实践提供必要的引导、建议和服务，科研人员在科研实践中无法自觉产生知识产权保护和应用的需求，更不可能自觉在科研项目研发过程之中贯彻知识产权保护和应用的目标诉求。

财政资助项目承担单位的知识产权管理机构在设置和运行上带有浓厚的行政化色彩。机构的设置、变动和运用在很大程度上受单位领导知识产权意识以及人事变动的影响，且知识产权管理机构又常常被要求承担一些与知识产权管理或相关或无关的行政管理职能，导致其在工作中产生职能冲突，这些都在一定程度上影响着知识产权管理工作的开展。知识产权管理的滞后直接影响到财政资助项目承担单位知识产权保护及应用的实际效果，导致财政资助项目承担单位无法对财政资助项目研发成果进行有力监管，也无法科学规划知识产权布局，为知识产权应用创造条件。

### （二）与知识产权管理密切相关的配套性制度不健全

#### 1. 科研档案制度不健全

当前我国财政资助项目研发过程中参与主体多元，科研人员来源广泛，流动性强。部分科研人员可能在离开本单位时携带重要的技术信息，并在新的工作单位使用，甚至将其以自己的名义申请专利。科研档案记录是确定相关人员是否构成侵权的重要凭据和证据线索，同时也是确定财政资助项目研发中不同科研人员的贡献大小，分析科研成果的含金量，确定是否应当申请知识产权，进而推进知识产权应用的重要依据。当前我国财政资助项目承担单位普遍建立了科研档案管理制度，一些科研档案材料形式上较为齐备，但

---

[1] 刘海波，李黎明. 面向"创新2020"的知识产权战略布局的分析与建议 [J]. 中国科学院院刊，2013，28（4）：442-449.

在关键技术信息以及关键技术研发环节过程记录上存在缺失，实际上也给财政资助项目成果的知识产权保护和应用带来很多影响。

2. 科研人员人事制度不健全

我国《专利法》及其配套性立法以规范的形式对职务发明与非职务发明的界定及把握标准已予以厘清。如我国现行《专利法》第六条规定："执行本单位的任务或者主要是利用本单位的物质技术条件所完成的发明创造为职务发明创造。职务发明创造申请专利的权利属于该单位，申请被批准后，该单位为专利权人。该单位可以依法处置其职务发明创造申请专利的权利和专利权，促进相关发明创造的实施和运用。"《专利法实施细则》（2010年修订）第十二条规定："专利法第六条所执行本单位的任务所完成的职务发明创造，是指：（一）在本职工作中作出的发明创造；（二）履行本单位交付的本职工作之外的任务所作出的发明创造；（三）退休、调离原单位后或者劳动、人事关系终止后1年内作出的，与其在原单位承担的本职工作或者原单位分配的任务有关的发明创造……本单位的物质技术条件，是指本单位的资金、设备、零部件、原材料或者不对外公开的技术资料等。"第十三条规定："专利法所称发明人或者设计人，是指对发明创造的实质性特点作出创造性贡献的人。在完成发明创造过程中，只负责组织工作的人、为物质技术条件的利用提供方便的人或者从事其他辅助工作的人，不是发明人或者设计人。"然而，实践中围绕着知识产权的权利归属问题引发的法律纠纷仍然层出不穷。

在部分财政资助项目承担单位，职务发明成果被课题组成员以个人名义或假借他人名义申请非职务发明专利，或者成果形成知识产权后被私下转让的案例比比皆是。为了避免因科研人员尤其是参与关键性技术研发人员的流动而泄露财政资助项目研发中的技术秘密或者技术信息，加强科研人员人事管理制度是关键。实践也证明，财政资助项目承担单位中科研人员人事管理制度松懈，就职时的竞业禁止合同条款和保密条款缺失以及离职人员后续研发跟踪制度不健全等共同加剧了财政资助项目成果的知识产权的流失。

## 三、知识产权激励制度方面

### (一) 财政资助制度不完善，资助效果与资助初衷有差异

1. 激励指标体系不健全，影响了激励作用发挥

尽管我国的专利申请数量已位居世界前列，但如果对我国知识产权申请状况进行深入分析就会发现，当前我国知识产权申请领域分布严重不均，表现为：发明专利占全国专利申请比重少；高新技术领域发明少，涉及行业核心技术的发明少。现行财政资助项目成果的知识产权激励制度没有突出对于技术含量高的发明专利的重点倾向性激励。这一现状无法支撑起我国自主创新能力和国际科技竞争力提升的需求。对该问题的忽视会导致我国自主创新能力的降低，造成我国在国际高科技领域和新兴行业领域缺乏必要的技术竞争力。

2. 激励方向存在偏差，缺乏对中试环节的必要支持

为了推进我国财政资助项目成果的知识产权保护和应用，我国持续加大对科研项目的财政激励力度，但目前我国对财政资助项目成果的知识产权的激励方向主要侧重于科技研发激励和科技成果产业化激励，而对于从科研成果向产业化转变的实验阶段的支持激励力度相对薄弱，尤其是对投入风险高，投入要求多，投入渠道少的最关键的中试环节缺乏必要的激励支持。❶

### (二) 税收激励措施存在偏差，优惠政策的实际享受群体有限

税收优惠是激励我国财政资助项目成果的知识产权应用的重要措施之一。

---

❶ 一项成熟的技术成果要应用于社会生产生活，一般需要经过三个环节：理论与实验室研究、中试、产业化。从国际经验来看，科研、中试、产业化三个阶段的资金需求比例是 1∶10∶100。从我国实际情况来看，在科研阶段，主要是政府通过各种科技计划给予支持，较有保障；产业化阶段，企业作为投资主体，只要产品的市场前景良好，商业信贷和资本市场也比较容易进入。中试阶段是最难也是最关键的阶段，这个阶段所需要的投入远大于科研阶段，政府投入渠道少，科研成果完成单位一般也没有能力投入，而且由于存在比较大的技术和市场风险，企业的投入意愿也明显不足。相关内容参见：张杰. 探索利益分配机制 促进科技成果转化 上交大一年内可能造就十几个千万"科技富翁"[N/OL]. 中国青年报，2015-04-28（T04）[2022-08-05] http://zqb.cyol.com/html/2015-04/28/nw.D110000zgqnb_20150428_2-T04.htm.

根据我国《中小企业促进法》《企业所得税法》《高新技术企业认定管理办法》《财政部、税务总局、科技部、教育部关于科技企业孵化器、大学科技园和众创空间税收政策的通知》（财税〔2018〕120号）等的规定：高新技术企业、大学科技园等可依法享受税收优惠。国家陆续出台颁布实施了多项税收优惠政策，种类归纳如下：一是所得税减免，如国家重点扶持的高新技术企业按15%的税率征收企业所得税。二是研发经费加计扣除，如财政部、税务总局发布的《关于延长部分税收优惠政策执行期限的公告》（2021年第6号）规定，延续执行企业研发费用加计扣除75%政策期限延长至2023年12月31日。财政部、税务总局发布的《关于进一步完善研发费用税前加计扣除政策的公告》（财税2021年第13号）规定：制造业企业开展研发活动中实际发生的研发费用，未形成无形资产计入当期损益的，在按规定据实扣除的基础上，自2021年1月1日起，再按照实际发生额的100%在税前加计扣除；形成无形资产的，自2021年1月1日起，按照无形资产成本的200%在税前摊销。可见，为鼓励和支持企业加大科技研发投入，提升自身的科技竞争力，国家采取了一系列的税收优惠政策，将制造业企业的研发费用加计扣除比例由75%提高至100%。三是增值税及关税等优惠。然而，从我国税收优惠政策的实际实施结果来看，"高新技术企业税收优惠额在不同规模企业之间的分布很不平衡。支持中小型科技创新企业发展是国家高新技术企业政策的基本目标，也是高新技术企业政策的重点，而实际政策效果与此有较大距离"。❶

### （三）科研人员收益分配激励措施的兑现难

提高科研人员在财政资助项目成果的知识产权收益分配中所享有的比例份额是我国现行激励制度中非常重要的内容。如国务院《关于深化体制机制改革加快实施创新驱动发展战略的若干意见》明确了"对用于奖励科研负

---

❶ 张玉臣，王兆欢.上海市高新技术企业享受税收优惠状况及趋势［J］.中国科技论坛，2015（3）：99-105.

责人、骨干技术人员等重要贡献人员和团队的收益比例,可以从现行不低于20%提高到不低于50%"。四川大学于2009年1月14日发布的《四川大学科技成果转化管理办法(试行)》第八条规定:"在科技成果作价出资入股形成的股份中(按100%计),科产集团代表学校占45%~55%的股份(课题组所在学院可享有学校所占股份中的20%~40%收益权),科技成果研发课题组原则上占55%~45%股份,并由自然人代表(可根据科技人员在项目中的贡献大小分解到项目的主要承担者,由课题组主要承担者自行协商确定)。公司成立实现分红后,科产集团以按股权比例取得的收益向学校上交目标。"第九条规定:"科技成果实现作价入股后,科产集团与课题组应加强对该成果所形成的股权的监管,确保实现股份收益。"从形式来看,从中央到地方高度关注财政资助项目成果的知识产权推广应用,从收益分配分享比例的角度不断加大对科研人员以及相关重要贡献人员的激励力度。这些措施对于激发科研人员及知识产权转化人员等重要贡献人员的积极性无疑有一定的作用。然而,收益从形式层面向实际层面的转化还受制于诸多现实条件,尤其是受到知识产权实际转化总收益的影响。在当前我国财政资助项目成果的知识产权商业化应用的环境欠佳,效率不高,实际应用收益不大的情况下,我们仅强调收益分配比例的提高是不够的。

不仅如此,一些财政资助项目承担单位的职务发明人奖酬制度不完善也引发了利益纠纷,在一定程度上挫伤了科研人员科研创新和成果转化的积极性。我们以"范某某与辽宁师范大学职务发明创造发明人、设计人奖励、报酬纠纷案"为例进行阐述。2009年9月,范某某因其六项职务发明创造的奖励问题向大连市中级人民法院起诉辽宁师范大学。[1]范某某等"以2005年11月14日《辽宁师范大学报》刊登的《问答》为证,主张奖励标准应为10000元。范某某认为在《辽宁师范大学报》上刊登的《问答》代表了学校

---

[1] (2012)辽民三终字第733号。范某某等与辽宁师范大学职务发明创造发明人奖励纠纷上诉案,(2012)民申字第535号。

第三章　当前我国财政资助项目成果的知识产权保护与应用的现状、问题及其制度性成因

的意见，构成要约，内容具体确定，具有法律效力，由于自己的承诺而形成了合同。辽宁师范大学通过学报发表《问答》的方式公开了发明专利奖励 10 000 元，也符合悬赏广告的条件。自己已完成了特定行为，有权获得报酬"。❶ 辽宁师范大学则主张："1. 由于本案发明专利授予时学校还没有出台关于职务发明奖励的具体规定，故对上述发明人没有进行奖励，而是以项目经费数额的相应比例直接支付给项目负责人，同时在职称评定、特聘教授评聘条件等方面给予政策倾斜。2. 范某某主张职务发明奖励的唯一依据是《辽宁师范大学学报》（校内发行）所登载的《问答》，但该《问答》是针对并未出台的《辽宁师范大学专利管理和奖励办法》而作出，不能等同于辽宁师范大学的正式文件，不具有辽宁师范大学文件的效力。而且，根据我国《专利法实施细则》第七十四条的规定，一项发明专利的奖金最低不少于 2000 元，5000 元的奖励数额已远远超出这一标准。"❷ 该案中，争议的焦点是辽宁师范大学与范某某等人的职务发明的奖励方式及数额问题。鉴于辽宁师范大学与范某某等并未事先就该职务发明的奖励方式及数额问题作出约定，如何科学地选择奖励依据并有效协调双方的利益冲突是该案的核心。首先，对于 2005 年 11 月 14 日刊登于《辽宁师范大学学报》上的《问答》的内容能否作为辽宁师范大学专利管理和奖励工作中具有法律约束力的文件依据这一问题，法院在审理中认为，虽然从内容上看，"2005 年 11 月 14 日刊登于《辽宁师范大学学报》上的《问答》载明：'近日，我校出台了《辽宁师范大学专利管理和奖励办法》，该办法详细规定了我校师生专利申请程序、专利权归属、专利申请费用资助、奖励制度和收益分配等内容。科研处有关同志回答了本报记者的提问'，它是针对《辽宁师范大学专利管理和奖励办法》这一文件而展开的问答采访，但事实上，辽宁师范大学并未发布过名为《辽宁师范大学专利管理和奖励办法》的文件，因此，《问答》所记载的事项内容不能直接用来确定

---

❶❷ （2012）辽民三终字第 733 号。范某某等与辽宁师范大学职务发明创造发明人奖励纠纷上诉案，（2012）民申字第 535 号。

学校与范某某之间的权利义务关系；而且从形式上看，《问答》是刊登于《辽宁师范大学学报》上的一篇新闻稿，不是辽宁师范大学正式出台的学校文件，因而对辽宁师范大学不具有约束力；从时间上看，正式出台的《辽宁师范大学专利管理办法》发布于 2005 年 12 月 13 日，在《问答》的刊登时间之后，因此，即使认为正式出台的《辽宁师范大学专利管理办法》与未出台的《辽宁师范大学专利管理和奖励办法》相比，仅仅在于名称上存在细微差别，也不能用在先的《问答》来解释和限制在后发布的文件。"❶其次，对于奖励数额的确定问题。法院认为，在辽宁师范大学与范某某并未约定职务发明的奖励标准的情形下，"正式发布的《辽宁师范大学专利管理办法》虽然明确了学校应当对职务发明的发明人给予奖励，但并未就具体奖励标准作出规定。故法院参照 2004 年辽宁师范大学正式发布的《辽宁师范大学校内津贴分配方案》，基于发明专利的科研分值为 50 分，科研工作量的奖励标准为每月每分 10 元，学校按 10 个月发放，从而在当时《专利法实施细则》第七十四条所规定的发明专利最少奖励 2000 元的基础之上，确定本案发明专利的奖励标准为 5000 元。"❷

该案是一个典型的财政资助项目职务发明人奖酬分配的案例，它揭示了当下我国高校及科研机构在财政资助项目研发中职务发明人的奖酬激励方面存在的现实利益冲突，也充分体现了高校及科研机构确立并完善其职务发明奖酬管理制度建设的重要性。众所周知，为有效激发高校、科研机构和科研人员创新的积极性，促进高质量知识产权成果产出和应用，我国在政策立法层面确立了职务发明人奖励报酬制度。不仅如此，职务发明人所在单位也纷纷制定内部奖励报酬方面的文件。这些文件是可以作为本单位职工职务发明中奖励报酬分配的依据，也是出现利益纠纷时法院作出奖励报酬分配判决的重要参考。为了尽可能减少认知分歧，厘清奖酬利益分配关系，充分发挥职

---

❶❷（2012）民申字第 535 号。范某某与辽宁师范大学职务发明创造发明人、设计人奖励、报酬纠纷再审案，（2012）民申字第 535 号。

务发明奖酬制度在调动科研人员积极性方面的作用，财政资助项目承担单位应从本单位实际出发，依据国家政策立法的相关原则要求，在充分征求本单位科研人员意见的基础上，制定出科学合理、内容详实、可操作性强的奖酬分配规章制度。当前一些财政资助项目承担单位将股权作为本单位科研人员的职务发明成果奖励报酬。那么，这些单位在职务发明奖酬分配中就应当按照要求分配股权，认定职务发明人依法享有股权的增值收益，切实体现职务发明奖酬制度在激励科技创新和保护职务发明人合法权益上的价值。

## 四、知识产权保障制度方面

为了实现创新驱动发展，我国陆续采取了多重措施，积极营造有利于财政资助项目成果的知识产权保护和应用的良好社会环境。然而，在构建知识产权保障制度方面，我国面临着很多问题和挑战。其中，知识产权人才保障和知识产权金融保障方面的问题最为突出。

### （一）知识产权人才保障严重不足

当前我国知识产权人才培养滞后于我国实践的需要已是不争的事实。"我国已经成为全球知识产权申请量最多的国家，但能提供知识产权服务的专业人才，尤其是高层次知识产权专业人才数量占比较低。自知识产权列入教育部本科专业目录以来，至今已有100所高校设立知识产权本科专业，在本科层面形成了知识产权人才培养的一定规模，但具有硕士和博士学位的高层次知识产权人才仅占5%，这一比例的人才规模难以支撑我国经济社会和高新技术的高质量快速发展。"[1] 实践中，财政资助项目成果的知识产权管理必须重视知识产权的规划和布局，项目承担单位必须从研发之始就引入知识产权管

---

[1] 陈永强. 高层次知识产权人才培养体系亟待完善［EB/OL］.（2021-10-23）［2022-08-05］. https://m.gmw.cn/baijia/2021-10/23/35253907.html.

理，确定自己科技研发的规划，而要服务好这些研发工作，必须由专业化的、懂得谋划知识产权战略布局的知识产权人才作为支撑。尤其是随着当下全球科技领域的竞争和角逐日益激烈，不同国家都在争夺制定国际规则的主导权，以期在国际竞争中获得主动权。而要争取国际知识产权规则的主导权，让国际知识产权规则能为我所用，有效保护财政资助项目成果的知识产权，大力推动财政资助项目成果的知识产权在市场中实现其价值，我国迫切需要培养精通外语、法律、管理和技术的复合型知识产权人才，这也对我国知识产权人才培养提出了更高要求。

### （二）知识产权金融保障步履艰难

知识产权金融制度是推动财政资助项目成果的知识产权走向应用的重要力量，也是财政资助项目承担单位在市场经济条件下抵御知识产权风险的路径之一。确立并优化知识产权金融保险制度，能够发挥保险制度在知识产权领域的独特魅力。通过保险的补偿作用，可以有效防范知识产权运营风险，提升知识产权应用效果，激发项目承担单位的创新积极性，营造更加有利于财政资助项目成果的知识产权应用的社会环境。

中国银保监会、国家知识产权局、国家版权局发布《关于进一步加强知识产权融资质押工作的通知》（银保监发〔2019〕34号）。该通知提出：优化知识产权质押融资服务体系，鼓励商业银行在风险可控的前提下，通过单列信贷计划、专项考核激励等方式支持知识产权质押融资业务发展，力争知识产权质押融资年累放贷款户数、年累放贷款金额逐年合理增长。支持商业银行建立适合知识产权质押融资特点的风险评估、授信审查、授信尽职和奖惩制度，创新信贷审批制度和利率定价机制。鼓励商业银行通过科技支行重点营销知识产权质押贷款等金融产品。鼓励商业银行积极探索知识产权金融业务发展模式，根据自身业务特色和经营优势，重点支持知识产权密集的创新型（科技型）企业的知识产权质押融资需求。目前，"国内有多家商业保险公司正在不同地区开展种类繁多的知识产权保险业务，以降低企业知识产权维权成本，提升企业维权能力，有效维护知识产权市场公平竞争秩序"。❶然而，无论是知识产权确权保险产品，还是知识产权用权保险产品，都面临着风险系数大、保险价值难以确定等问题，这些问题无形中增大了知识产权质押融资的难度，挫伤了金融保险机构的积极性。

总之，当前我国财政资助项目成果的知识产权保护和应用的现状，在一定程度上暴露出我国涉及财政资助项目成果的知识产权管理制度、国家科研评价机制、国家科研保障机制等方面存在的明显短板。为了有效遏制财政资助项目成果的知识产权风险，我们必须及时汇总经验、牢记教训，尽快补短板、查不足，全面提高应对财政资助项目成果的知识产权风险的能力和水平，并以此作为推进国家自主创新和科技现代化的重大任务。

---

❶ 张文婷. 构建知识产权保障体系 知识产权保险进入全面推广阶段［EB/OL］.（2019-04-29）［2022-08-05］. http://ip.people.com.cn/n1/2019/0429/c136655-31058321.html.

第四章

# 我国财政资助项目成果的知识产权保护与应用之政策立法梳理与反思

财政资助项目成果的知识产权保护和应用涉及的利益主体多元，利益关系复杂，需要一套较为完善的政策和法规来规范和协调不同利益主体间的关系，推进财政资助项目成果的知识产权保护和应用的顺利进行。为了加强财政资助项目成果的知识产权的保护和应用，我国已经先后颁布了一系列的政策立法文件❶，它们对我国财政资助项目成果的知识产权的应用发挥了积极作用。

尤其是近三年来，中央对于财政资助形成科研成果使用、处置和收益管理改革的力度不断加大，并以"试点先行"的方式展开实践探索，如《关于开展深化中央级事业单位科技成果使用、处置和收益管理改革试点的通知》《中共中央国务院关于深化体制机制改革加快实施创新驱动发展战略的若干意见》。一系列政策立法文件的出台，一连串改革措施的推行，都无一例外地反映出中央在加强财政资助项目成果的知识产权保护与应用方面，尤其是在推进科技成果转移转化问题上的重视和努力。

## 第一节　现行政策对推进我国财政资助项目成果的知识产权保护和应用的主要机制与措施

为更好实施国家创新驱动战略，我国现行政策立法从财政资助项目成果

---

❶ 如在财政资助项目成果的知识产权权属关系方面，修订后的《科技进步法》明确了"对于财政资助项目成果的知识产权，除涉及国家安全、国家利益和重大社会公共利益的外，授权项目承担者依法取得，国家只保留必要的介入权"的原则；在财政资助项目成果的知识产权管理方面，先后出台了《关于国家科研计划项目研究成果知识产权管理的若干规定》《关于加强国家科技计划知识产权管理工作的规定》《国家科技重大专项知识产权管理暂行规定》等政策立法文件；在促进知识产权应用方面，先后出台了《科技成果转化法》等政策立法文件；不仅如此，我国针对高新技术企业以及科技创新方面的政策立法，如《企业所得税法》等也对我国财政资助项目成果的知识产权保护和应用有一定的促进作用。

的知识产权权利制度、国家科研评价机制、社会保障制度等多个层面积极推进财政资助项目成果的知识产权保护和应用。

## 一、放权让利，调动各方积极性

对于财政资助项目的研发成果，其知识产权归属问题是关系各方利益的重要因素。以往我国以"国家所有"来确定此类知识产权的归属，然而实践中却往往演变为形式上的"国家所有"，实质上的"单位所有"，由此带来了国家、项目承担单位以及发明人之间权利义务关系混乱、权责不清的局面：一方面，国家因条件限制难以对全部财政资助形成科技成果及其知识产权进行有效管理；而另一方面，一些项目承担单位不愿意积极履行财政资助项目成果的知识产权保护和应用义务。为此，以 2007 年《科技进步法》修订为契机，我国先后修订和颁布了一系列政策立法。这些政策立法在借鉴国外成功经验的基础上，以"放权让利"为原则，对国家财政资助项目成果的知识产权归属进行了具体规定，厘清了相关主体的权利义务关系。具体表现为：明确了对于财政资助项目成果的知识产权，除涉及国家安全、国家利益和重大社会公共利益之外，授权项目承担者依法取得，国家只保留必要的介入权。

《中华人民共和国国民经济和社会发展第十三个五年规划纲要》（2016 年发布）❶第八章第一节"深化科技管理体制改革"中规定："尊重科学研究规律，推动政府职能从研发管理向创新服务转变。改革科研经费管理制度，深化中央财政科技计划管理改革，完善计划项目生成机制和实施机制。建立统一的科技管理平台，健全科技报告、创新调查、资源开放共享机制。完善国家科技决策咨询制度，增强企业家在国家创新决策体系中的话语权。市场导向的科技项目主要由企业牵头。扩大高校和科研院所自主权，实行中长期目

---

❶《中华人民共和国国民经济和社会发展第十三个五年规划纲要》经 2016 年 3 月 16 日第十二届全国人民代表大会第四次会议批准，全国人民代表大会于 2016 年 3 月 16 日发布并实施。

标导向的考核评价机制,更加注重研究质量、原创价值和实际贡献。赋予创新领军人才更大人财物支配权、技术路线决策权。支持自主探索,包容非共识创新。深化知识产权领域改革,强化知识产权司法保护。"

《关于加强与科技有关的知识产权保护和管理工作的若干意见》❶在明确了科研开发和成果转化中各方当事人技术、经济利益关系中科技成果的知识产权归属政策的重要杠杆作用之后,率先提出"要逐步调整科技成果的知识产权归属政策,除以保证重大国家利益、国家安全和社会公共利益为目的,并由科技计划项目主管部门与承担单位在合同中明确约定外,执行国家科技计划项目所形成科技成果的知识产权,可以由承担单位所有。"

2007年《科技进步法》将这一精神进一步明确化,该法第二十条规定:"利用财政性资金设立的科学技术基金项目或者科学技术计划项目所形成的发明专利权、计算机软件著作权、集成电路布图设计专有权和植物新品种权,除涉及国家安全、国家利益和重大社会公共利益的外,授权项目承担者依法取得。"2021年《科技进步法》再次延续了这一精神,其第三十二条第一款规定:"利用财政性资金设立的科学技术计划项目所形成的科技成果,在不损害国家安全、国家利益和重大社会公共利益的前提下,授权项目承担者依法取得相关知识产权,项目承担者可以依法自行投资实施转化、向他人转让、联合他人共同实施转化、许可他人使用或者作价投资等。"全国人大常委会于2015年11月4日发布的《中华人民共和国种子法》❷第十三条第一款也规定:"由财政资金支持形成的育种发明专利权和植物新品种权,除涉及国家安全、

---

❶ 《关于加强与科技有关的知识产权保护和管理工作的若干意见》(国科发政字 [2000] 569号),由科学技术部于2000年12月13日颁布并实施。

❷ 《中华人民共和国种子法》(以下简称《种子法》),2000年7月8日第九届全国人民代表大会常务委员会第十六次会议通过;根据2004年8月28日第十届全国人民代表大会常务委员会第十一次会议《关于修改〈中华人民共和国种子法〉的决定》第一次修正;根据2013年6月29日第十二届全国人民代表大会常务委员会第三次会议《关于修改〈中华人民共和国文物保护法〉等十二部法律的决定》第二次修正;2015年11月4日第十二届全国人民代表大会常务委员会第十七次会议修订,全国人大常委会于2015年11月4日发布,于2016年1月1日起实施。

国家利益和重大社会公共利益的外,授权项目承担者依法取得。"

《国务院关于印发2016年推进简政放权放管结合优化服务改革工作要点的通知》❶第一部分规定:"扩大高校和科研院所自主权。凡是束缚教学科研人员积极性创造性发挥的不合理规定,都要取消或修改;凡是高校和科研院所能够自主管理的事项,相关权限都要下放,特别是要扩大高校和科研院所在经费使用、成果处置、职称评审、选人用人、薪酬分配、设备采购、学科专业设置等方面的自主权。落实完善支持教学科研人员创业创新的股权期权激励等相关政策,促进科技成果转化。为教学科研人员从事兼职创业积极创造宽松条件。(教育部、科技部牵头,国务院审改办、财政部、人力资源社会保障部、海关总署、工商总局、税务总局、国家知识产权局、中国科学院、中国社科院、中国工程院等相关部门、单位按职责分工负责)。"《国务院办公厅关于改革完善中央财政科研经费管理的若干意见》❷则更是规定:"下放预算调剂权。设备费预算调剂权全部下放给项目承担单位,不再由项目管理部门审批其预算调增。项目承担单位要统筹考虑现有设备配置情况、科研项目实际需求等,及时办理调剂手续。除设备费外的其他费用调剂权全部由项目承担单位下放给项目负责人,由项目负责人根据科研活动实际需要自主安排(项目管理部门、项目承担单位负责落实)。"

科技部、中国气象局等部门也先后出台了一些规范性文件对相关规定予以具体细化。例如,《关于国际科技合作项目知识产权管理的暂行规定》❸第十五条规定:"国际科技合作项目所产生的研究成果及其形成的知识产权中属于中方的部分,除涉及国家安全、国家利益和重大社会公共利益以及任务

---

❶ 《国务院关于印发2016年推进简政放权放管结合优化服务改革工作要点的通知》(国发〔2016〕30号),国务院于2016年5月23日发布并实施。

❷ 《国务院办公厅关于改革完善中央财政科研经费管理的若干意见》(国办发〔2021〕32号),国务院办公厅于2021年8月5日发布并实施。

❸ 《关于国际科技合作项目知识产权管理的暂行规定》(国科发外字〔2006〕479号),由科学技术部于2006年11月29日颁布并实施。

书、项目合同书或合作协议中另有约定的以外,依照《关于国家科研计划项目研究成果知识产权管理若干规定》(国办发〔2002〕30号)授予项目承担单位。特定情况下,国家根据需要保留无偿使用、开发、使之有效利用和获取收益的权利。"《国家科技重大专项知识产权管理暂行规定》[1]第二十二条规定:"重大专项产生的知识产权,其权利归属按照下列原则分配:(一)涉及国家安全、国家利益和重大社会公共利益的,属于国家,项目(课题)责任单位有免费使用的权利。(二)除第(一)项规定的情况外,授权项目(课题)责任单位依法取得,为了国家安全、国家利益和重大社会公共利益的需要,国家可以无偿实施,也可以许可他人有偿实施或者无偿实施。项目(课题)任务合同书应当根据上述原则对所产生的知识产权归属做出明确约定。属于国家所有的知识产权的管理办法另行规定。牵头组织单位或其指定机构对属于国家所有的知识产权负有保护、管理和运用的义务。"《科技部关于贯彻落实〈法治政府建设实施纲要(2015-2020年)〉情况的报告》规定:"部署开展扩大高校和科研院所自主权,赋予创新领军人才更大人财物支配权、技术路线决策权试点,选择44家中央级高校和科研院所作为试点单位,在落实中央关于科研经费、人事管理、收入分配等改革政策方面开展先行先试,推动集成落实,激发科研单位和人员积极性。"《中国气象局办公室关于推荐"扩大高校和科研院所自主权,赋予创新领军人才更大人财物支配权、技术路线决策权"试点单位的函》[2]也对"扩大高校和科研院所自主权"做了进一步规定。《中国气象局关于印发〈加强气象科技创新工作行动计划(2018—2020年)〉的通知》[3]规定:"推进中国气象科学研究院扩大自主权试点。中国气象科学研

---

[1] 《国家科技重大专项知识产权管理暂行规定》(国科发专〔2010〕264号),由科学技术部、国家发展和改革委员会、财政部、国家知识产权局于2010年7月1日颁布,2010年8月1日起实施。

[2] 《中国气象局办公室关于推荐"扩大高校和科研院所自主权,赋予创新领军人才更大人财物支配权、技术路线决策权"试点单位的函》(气办函〔2017〕83号),中国气象局于2017年3月21日发布并实施。

[3] 《中国气象局关于印发〈加强气象科技创新工作行动计划(2018—2020年)〉的通知》(气发〔2018〕108号),中国气象局于2018年12月18日发布并实施。

究院（以下简称气科院）要面向世界科技前沿，围绕现代气象业务发展亟需解决的重大核心与关键科技问题，加强攻关，在优势领域带动全国科技创新发展。完成扩大高校和科研院所自主权、赋予创新领军人才更大人财物支配权、技术路线决策权国家试点工作，在机构设置、人员聘用、干部考核、职称评聘等方面落实法人自主权。"

除了中央政策立法之外，部分省市也结合修订后的《科技进步法》的要求，纷纷出台了一些具体规定。如广东省人大于2019年9月25日发布的《广东省自主创新促进条例》第三十三条规定："高等学校、科学技术研究开发机构和企业利用本省财政性资金设立的科研项目所形成的职务创新成果，在不影响国家安全、国家利益、重大社会公共利益的前提下，可以由项目承担单位与科学技术人员依法约定成果使用、处置、收益分配等事项。"

不仅如此，为了进一步推动财政资助项目成果的知识产权应用，我国开始改变以往将一些财政资助项目成果的知识产权纳入国有资产管理，处置收入上缴国库的做法，以中央级事业单位等为试点，尝试财政资助项目成果的知识产权收益处置改革，即将财政资助项目成果的知识产权转移转化收益全部留归单位。例如，《关于开展深化中央级事业单位科技成果使用、处置和收益管理改革试点的通知》❶第三条规定："试点单位科技成果转移转化所获得的收入全部留归单位，纳入单位预算，实行统一管理，处置收入不上缴国库。"2020年5月9日，科技部等九部门印发《赋予科研人员职务科技成果所有权或长期使用权试点实施方案》（国科发区〔2020〕128号）。❷该实施方案规定："国家设立的高等院校、科研机构科研人员完成的职务科技成果所有权属于单位。试点单位可以结合本单位实际，将本单位利用财政性资金形成或

---

❶ 《关于开展深化中央级事业单位科技成果使用、处置和收益管理改革试点的通知》（财教〔2014〕233号），由财政部，科学技术部，国家知识产权局于2014年9月26日颁布，2014年10月1日起实施。

❷ 科技部等9部门印发《赋予科研人员职务科技成果所有权或长期使用权试点实施方案》的通知［EB/OL］．（2021-04-02）［2022-01-09］．http：//kjt.henan.gov.cn/2021/04-02/2120270.html．

接受企业、其他社会组织委托形成的归单位所有的职务科技成果所有权赋予成果完成人（团队），试点单位与成果完成人（团队）成为共同所有权人。赋权的成果应具备权属清晰、应用前景明朗、承接对象明确、科研人员转化意愿强烈等条件。成果类型包括专利权、计算机软件著作权、集成电路布图设计专有权、植物新品种权，以及生物医药新品种和技术秘密等。对可能影响国家安全、国防安全、公共安全、经济安全、社会稳定等事关国家利益和重大社会公共利益的成果暂不纳入赋权范围，加快推动建立赋权成果的负面清单制度。"2021年10月《国务院关于印发"十四五"国家知识产权保护和运用规划的通知》❶规定："推进国有知识产权权益分配改革。强化国家战略科技力量，深化科技成果使用权、处置权、收益权改革，开展赋予科研人员职务科技成果所有权或长期使用权试点。充分赋予高校和科研院所知识产权处置自主权，推动建立权利义务对等的知识产权转化收益分配机制。有效落实国有企业知识产权转化奖励和报酬制度。完善国有企事业单位知识产权转移转化决策机制。（国家发展改革委、教育部、科技部、财政部、人力资源社会保障部、国务院国资委、中科院、国家国防科工局、国家知识产权局等按职责分工负责。）"《农业部深入实施〈中华人民共和国促进科技成果转化法〉若干细则》❷强调"科研院所可自主通过转让、许可或作价投资等方式，向企业或者其他组织转化科技成果。涉及国家秘密、国家安全、国家重大公共利益的，按国家有关法律法规要求的程序处置。不涉及国家秘密、国家安全、国家重大公共利益的，不需审批或者备案"。2018年1月《国家发展改革委办公厅、教育部办公厅、科技部办公厅等关于支持中央单位深入参与所在区域全面创

---

❶ 《国务院关于印发"十四五"国家知识产权保护和运用规划的通知》（国发〔2021〕20号），国务院于2021年10月9日发布并实施。

❷ 《农业部深入实施〈中华人民共和国促进科技成果转化法〉若干细则》（农科教发〔2016〕7号），于2016年12月12日发布并实施。

新改革试验的通知》❶规定:"健全科技成果转化机制。中央部门所属高等学校和科研院所要深化和落实科技成果使用权、处置权和收益权改革。中央单位的科技成果在境内使用、转让、许可或作价投资,除涉及国家秘密和国家安全外,可不在主管部门和财政部审批或备案,转化收入不上缴国库,纳入单位统一预算。允许中央部门所属高等学校和科研院所通过协议定价、技术市场挂牌交易、拍卖等方式确定科技成果价格;实行协议定价的,应当在本单位提前公示科技成果名称和交易价格。允许中央企业所属单位在完善国有技术类无形资产转让制度的情况下,以技术类无形资产作价出资、转让、置换、吸收增量投资入股等形式转化科技成果。"

## 二、确立国家科研计划的知识产权管理导向,明确各类主体的知识产权保护与应用职责

### (一)将知识产权纳入科技计划项目遴选、项目立项评审及验收的评价指标体系

为更好督促财政资助项目承担单位重视知识产权,加强本单位的知识产权管理工作,国家相关部门在其规范性文件中明确将知识产权纳入科技计划项目遴选、项目立项评审及验收的评价指标体系。如科学技术部于2006年11月29日颁布的《关于国际科技合作项目知识产权管理的暂行规定》❷第十条规定:"项目管理部门应当将知识产权管理制度建立、知识产权工作机构设置、知识产权工作经费配备等情况作为遴选和确定国际科技合作项目及项目承担单位的重要指标之一,并在与项目承担单位签署的任务书或项目合同书

---

❶ 《国家发展改革委办公厅、教育部办公厅、科技部办公厅等关于支持中央单位深入参与所在区域全面创新改革试验的通知》(发改办高技〔2018〕29号),国家发展改革委办公厅、教育部办公厅、科技部办公厅、财政部办公厅、国资委办公厅、中科院办公厅、国防科工局综合司于2018年1月8日发布并实施。

❷ 《关于国际科技合作项目知识产权管理的暂行规定》(国科发外字〔2006〕479号),由科学技术部于2006年11月29日颁布并实施。

中明确约定该项目的知识产权具体目标、保护方式、中方与外国合作方的权利归属与分享以及项目承担单位的管理职责等事项。"科学技术部、国家发展和改革委员会、财政部、国家知识产权局于 2010 年 7 月 1 日颁布的《国家科技重大专项知识产权管理暂行规定》❶第十二条规定："牵头组织单位应把知识产权作为立项评审的独立评价指标，合理确定其在整个评价指标体系中的权重。牵头组织单位应聘请知识产权专家参加评审，并根据需要委托知识产权服务机构对同一项目（课题）申请者的知识产权目标及其可行性进行汇总和评估，评估结果作为项目评审的重要依据。"2015 年《促进科技成果转化法》第十条规定："利用财政资金设立应用类科技项目和其他相关科技项目，有关行政部门、管理机构应当改进和完善科研组织管理方式，在制定相关科技规划、计划和编制项目指南时应当听取相关行业、企业的意见；在组织实施应用类科技项目时，应当明确项目承担者的科技成果转化义务，加强知识产权管理，并将科技成果转化和知识产权创造、运用作为立项和验收的重要内容和依据。"《财政部、科学技术部、国家知识产权局关于开展深化中央级事业单位科技成果使用、处置和收益管理改革试点的通知》规定："科技计划（专项、基金）管理机构要改进完善科研组织管理方式，明确应用类科研项目承担单位的科技成果转移转化义务，并将科技成果转移转化和知识产权创造、运用作为科研项目立项和验收的重要内容和依据。"

## （二）明确了项目承担单位对财政资助项目成果的知识产权保护及应用义务

### 1. 明确了项目承担单位对财政资助项目成果的知识产权保护义务

《国务院关于印发实施〈国家中长期科学和技术发展规划纲要（2006—

---

❶ 《国家科技重大专项知识产权管理暂行规定》（国科发专〔2010〕264 号），由科学技术部、国家发展和改革委员会、财政部、国家知识产权局于 2010 年 7 月 1 日颁布，2010 年 8 月 1 日起实施。

2020年)》若干配套政策的通知》❶第三十五条规定："切实保护知识产权。建立健全知识产权保护体系，加大保护知识产权的执法力度，营造尊重和保护知识产权的法治环境。科研机构、高等学校和政府有关部门要加强从事知识产权保护和管理工作的力量。"《国务院办公厅关于进一步做好知识产权保护工作的通知》❷第一条规定："各地区、各部门要从建立社会主义市场经济和健全社会主义法制的要求出发，把加强知识产权保护提到科技、经济、文化工作的重要议事日程，认真贯彻落实国务院关于加强知识产权保护的各项决定，充分发挥各知识产权管理机构和有关部门的职能作用，按照统筹协调、分工协作的原则，切实加强知识产权的法律实施和监督。要引导企业、科研院所和高等学校采取有效措施，切实保护自己的知识产权，充分尊重他人的知识产权，为推动科技进步、经济发展和文化繁荣创造良好环境。"《中国人民解放军军事科学研究条例》❸第二十三条规定："各级领导和军事科学研究管理部门，应当依法维护军事科学研究人员对研究成果所享有的合法权益，保护知识产权。"《交通部关于发布〈交通行业知识产权管理办法（试行）〉的通知》❹规定："科研项目的承担单位应对其所有的科技计划项目研究成果采取必要措施，依法申请相关知识产权并加以管理和保护，对侵犯其知识产权的违法行为，有责任寻求法律手段予以制止。"

2. 明确项目承担单位对财政资助项目成果的知识产权应用义务

《关于加强与科技有关的知识产权保护和管理工作的若干意见》❺规定：

---

❶《国务院关于印发实施〈国家中长期科学和技术发展规划纲要（2006—2020年）〉若干配套政策的通知》（国发〔2006〕6号），国务院于2006年2月7日发布并实施。

❷《国务院办公厅关于进一步做好知识产权保护工作的通知》（国办发明电〔1995〕7号），国务院办公厅于1995年3月5日发布并实施。

❸《中国人民解放军军事科学研究条例》，中央军委于2001年3月25日发布并实施。

❹《交通部关于发布〈交通行业知识产权管理办法（试行）〉的通知》（交科教发〔2003〕496号），交通部于2003年11月18日发布并实施。

❺《关于加强与科技有关的知识产权保护和管理工作的若干意见》（国科发政字〔2000〕569号），由科学技术部于2000年12月13日发布并实施。

"对于承担单位无正当理由不采取或者不适当采取知识产权保护措施,以及无正当理由在一定期限内确能转化而不转化应用科技计划项目研究成果的,科技计划项目的行政主管部门可以依法另行决定相关研究成果的知识产权归属,并以完成成果的科技人员为优先受让人。"2016年12月《农业部深入实施〈中华人民共和国促进科技成果转化法〉若干细则》提出:"科研院所应切实加强对科技成果转化工作的组织领导,明确专门的机构或岗位,负责组织协调成果转化和知识产权保护工作,建立健全运行机制,完善管理制度,争取资金支持,建设专业化成果转化队伍。科研院所应加强科技成果转化管理,建立成果转化对上报告、对下考核制度。应将科技成果转化工作作为年度工作主要述职内容,对下属单位或科研团队进行分类评价,并加大成果转化奖励力度。科研院所应加强与其他单位联合协作,发挥各自成果特色和单位特长,协同转化科技成果,提高科技成果转化效率和使用范围。科研院所应及时发现成果转化工作中的新情况、新问题,总结推广经验做法。应加强知识产权管理,建立健全相关制度,既要提高科技人员保护自身成果的产权意识,更要提高科技人员转化应用成果的市场开拓意识。不断探索有效、科学的科技成果保护及转移方法,特别是难以用技术手段保护的科技成果,不断提升科技成果转化的质量和效率。"四川省科学技术厅于2018年12月24日发布的《四川省重大科技专项管理暂行办法》第二十九条规定:"各重大专项项目(课题)承担单位要按照促进科技成果转化的相关法规条例要求,采取切实措施促进科技成果的转化和产业化,完善以科技成果为纽带的产学研深度融合机制,推进科研机构和企业等各方参与的创新合作。"

## 三、重视项目承担单位的知识产权管理机构设置及人才建设

### (一)知识产权管理机构设置

《国务院关于印发国家知识产权战略纲要的通知》规定:"充实知识产权管理队伍,加强业务培训,提高人员素质。根据经济社会发展需要,县级以

上人民政府可设立相应的知识产权管理机构。"教育部于 1999 年 4 月 8 日发布的《高等学校知识产权保护管理规定》第十六条规定："高等学校应建立知识产权办公会议制度，逐步建立健全知识产权工作机构。有条件的高等学校，可实行知识产权登记管理制度；设立知识产权保护与管理工作机构，归口管理本单位知识产权保护工作。暂未设立知识产权保护与管理机构的高等学校，应指定科研管理机构或其他机构担负相关职责。"教育部、国家知识产权局于 2004 年 11 月 8 日发布的《教育部、国家知识产权局关于进一步加强高等学校知识产权工作的若干意见》规定："健全知识产权组织机构，完善知识产权管理制度。高等学校要设立专门的知识产权管理机构，形成人员、场所、经费三落实和管理人员专业化的知识产权管理体系。建立完善知识产权管理的各项规章制度，包括组织机构、技术秘密审查、专利申请及保护、产权归属、档案管理、人员流动、奖励、人员培训等。"

（二）知识产权培训及人才培养

《教育部、国家知识产权局关于进一步加强高等学校知识产权工作的若干意见》规定："加强知识产权人才培养和专业人才培训，为国家提供急需的涉外知识产权人才。有条件的高等学校要开展知识产权人才培养和专业人才的培训，积极为企业和中介机构培养一大批基层知识产权专业工作者。通过多渠道，多途径，包括开展中外合作办学，努力建设一支精通国内外知识产权规则的高级专业人才队伍，将知识产权作为优先考虑的公派留学专业领域，尽快为国家输送一批涉外知识产权人才。设立知识产权专业研究生学位授予点。鼓励有相应条件的高等学校整合教学资源，设立知识产权法学或知识产权管理学相关硕士点、博士点，提升知识产权的学科地位。加强知识产权师资和科研人才的培养。"《国务院关于印发国家知识产权战略纲要的通知》规定："建立部门协调机制，统筹规划知识产权人才队伍建设。加快建设国家和省级知识产权人才库和专业人才信息网络平台。建设若干国家知识产权人才培养基地。加快建设高水平的知识产权师资队伍。设立知识产权二级学科，支持有条件的高等学校设立知识产权硕士、博士学位授予点。大规模培养各级各类知识产权专业人才，重点培养企业急需的知识产权管理和中介服务人才。制定培训规划，广泛开展对党政领导干部、公务员、企事业单位管理人员、专业技术人员、文学艺术创作人员、教师等的知识产权培训。完善吸引、使用和管理知识产权专业人才相关制度，优化人才结构，促进人才合理流动。"《国家知识产权局关于加快建设知识产权强市的指导意见》提出："健全城市知识产权人才支撑体系。以促进知识产权服务业'智力集聚'为重点，加快构建以高层次知识产权人才、高水平管理人才和高素质实务人才为主体的知识产权人才队伍。统筹推进知识产权行政管理和执法人才、企业、服务业、高校和科研机构知识产权人才等各级各类专业人才队伍全面发展。加强对领导干部、企业家和各类创新人才的知识产权培训，加大知识产权管理、运营等重点领域急需人才的培养力度。建立人才引进使用中的知识产权鉴定机制，有效利用知识产权信息发现人才，积极探索产学研用相结合的知识产权人才引进培养模式。强化知识产权实务人才培养平台建设，支持企业与服务机构、高校等共同打造专利导航实训基地。"《国务院关于印发"十四五"国家知识产权保护和运用规划的通知》规定："提升知识产权人才能力水平。完善知识产权人才分类培训体系，健全人才保障机制。加强知识产权理论研究，完善知识产权研究管理机制，强化智库建设，鼓励地方开展政策研究。加强知识产权行政管理、行政执法、行政裁决人员培养，分层次分区域持续开展轮训。加强企事业单位知识产权人才培养，建设理论与实务联训基地。建立知识产权服务业人才培训体系，提高服务业人才专业能力。大力培养知识产权国际化人才。（国家知识产权局牵头，中央宣传部、市场监管总局等按职责分工负责）优化知识产权人才发展环境。推进知识产权学科建设，支持学位授权自主审核单位依程序设置知识产权一级学科点，支持有关单位依程序设置知识产权二级学科点，研究设置知识产权硕士专业学位。推动知识产权相关专业升级和数字化改造，开发一批知识产权精品课程。鼓励支持有条件的理工科高校开设知识产权相关专业和课程。设立一批国家知识产权人才培养基地。做好知识产权职称制度改革实施工作，完善知识产权人才评价体系（教育部、人力资源社会保障部、国家知识产权局等按职责分工负责）"。

## 四、规范并加强财政资助项目成果的知识产权管理制度建设

### （一）防止知识产权流失的机制

1. 防止知识产权流失的审查和监督

《国务院关于印发实施〈国家中长期科学和技术发展规划纲要（2006—2020年）〉若干配套政策的通知》第三十五条规定："建立重大经济活动的知识产权特别审查机制。有关部门组织建立专门委员会，对涉及国家利益并具有重要自主知识产权的企业并购、技术出口等活动进行监督或调查，避免自主知识产权流失和危害国家安全。同时，也要注意防止滥用知识产权制约创新。"科学技术部《关于加快发展技术市场的意见》规定："规范技术交易行为，加强技术市场运行中的知识产权保护，建立对技术交易等重大经济活动知识产权特别审查机制，避免自主知识产权流失。维护国家技术安全和技术交易当事人的合法权益。"

2. 知识产权流失的追责及担责

《国家科技重大专项知识产权管理暂行规定》规定："各项目（课题）知识产权工作实行项目（课题）责任单位法定代表人和项目（课题）组长负责制。因未履行本规定提出的义务，造成知识产权流失或其他损失的，由重大专项领导小组、牵头组织单位根据本规定追究法定代表人和项目（课题）组长的相应责任。"《国家能源局综合司关于印发〈大型先进压水堆及高温气冷堆核电站重大专项知识产权管理办法（试行）〉的通知》规定："因未履行《国家科技重大专项知识产权管理暂行规定》和本办法，造成预期目标无法实现、知识产权流失或其他损失的，由过失单位承担法律责任和经济赔偿责任。课题责任单位未尽到管理职责，参与课题实施及管理的人员因违反相关规

定造成损失的，应承担相应的责任。"

### （二）规范财政资助项目成果的知识产权应用管理制度

#### 1. 建立科技成果转移转化年度报告制度和绩效评价机制

《关于加强高等学校科技成果转移转化工作的若干意见》明确提出"建立科技成果转移转化年度报告制度和绩效评价机制"的主张，即"按照国家科技成果年度报告制度的要求，高校要按期以规定格式向主管部门报送年度科技成果许可、转让、作价投资以及推进产学研合作、科技成果转移转化绩效和奖励等情况，并对全年科技成果转移转化取得的总体成效、面临的问题进行总结。高校要建立科技成果转移转化绩效评价机制，对科技成果转移转化业绩突出的机构和人员给予奖励。高校主管部门要根据高校科技成果转移转化年度报告情况，对高校科技成果转移转化绩效进行评价，并将评价结果作为对高校给予支持的重要依据之一。高校科技成果转移转化绩效纳入世界一流大学和一流学科建设考核评价体系"。《国务院办公厅关于改革完善中央财政科研经费管理的若干意见》[1]提出要"改进科研绩效管理和监督检查"，规定："健全科研绩效管理机制。项目管理部门要进一步强化绩效导向，从重过程向重结果转变，加强分类绩效评价，对自由探索型、任务导向型等不同类型科研项目，健全差异化的绩效评价指标体系；强化绩效评价结果运用，将绩效评价结果作为项目调整、后续支持的重要依据。项目承担单位要切实加强绩效管理，引导科研资源向优秀人才和团队倾斜，提高科研经费使用效益。（项目管理部门、项目承担单位负责落实）。"

四川省科学技术厅于2018年12月24日发布的《四川省重大科技专项管理暂行办法》第二十二条规定："建立中期评估与绩效评估制度：1.中期评估。科技厅组织专家在项目（课题）执行到中期阶段，根据项目（课题）任务合同书进行阶段性评估，针对存在的困难和问题提出对策措施和意见建议。

---

[1] 《国务院办公厅关于改革完善中央财政科研经费管理的若干意见》（国办发〔2021〕32号），国务院办公厅于2021年8月5日发布并实施。

2. 绩效评估。以创新质量和贡献为导向开展绩效评价，严格按照任务书的约定逐项考核任务指标完成情况，准确评价重大科技专项（课题）成果的价值，对绩效目标实现情况作出明确结论，突出代表性成果和项目实施效果评价。项目（课题）承担单位按照相关要求，提交项目（课题）实施绩效情况报告。"《四川省科学技术进步条例》（2016年修订）第六十二条规定："省科学技术行政部门应当建立科学技术报告制度，建立健全科学技术计划项目申报、评审、立项、执行、验收等监督管理制度和财政性科学技术资金绩效评价制度。"

2. 搭建科技成果交流平台，推进财政资助项目成果的知识产权应用

《中华人民共和国国民经济和社会发展第十四个五年规划和2035年远景目标纲要》提出要"构建国家科研论文和科技信息高端交流平台"。《教育部、国家知识产权局关于进一步加强高等学校知识产权工作的若干意见》规定："加强专利的信息交流，保护专利技术。支持高等学校充分利用各方面的力量，建立知识产权维权监督网络和专利信息交流网络体系，维护知识产权公平交易和实现产业化的信用环境。"《四川省科学技术进步条例》第四十三条、第四十七条分别规定："县级以上地方人民政府鼓励和支持开展国内外科学技术合作与交流，吸引技术、人才、资金、信息等创新要素，建立科学技术联合研究中心、联合实验室、研究开发基地或者产业化示范基地。""省、市（州）人民政府根据需要建立军民融合公共服务平台，完善国防科学技术市场需求信息发布，逐步实现军工科学技术资源向社会开放以及与民用科学技术资源的互通，促进军用和民用科学技术在基础研究、应用研究开发、创新成果转化与产业化等方面的衔接与协调。"

## 五、实施多元化激励保障措施，不断加大国家财政、金融支持力度

合理的激励机制能够引导财政资助项目研发中的科研人员产出高质量的

科研成果，也能够促进科研成果的有效转化，充分发挥各方社会主体的积极性。为了更好发挥各方主体的潜能，推动我国财政资助项目成果的知识产权的保护和应用，我国现行政策立法确立了多元化激励保障措施，不断加大国家财政、金融支持力度，具体如下。

### （一）建立了职务发明人及其他贡献人的知识产权利益分享机制

在财政资助项目成果的知识产权利益分享机制问题上，现行政策立法在近年来呈现出两种趋势，即奖励对象范围扩大和奖励方式走向多元化。

1. 奖励对象范围扩大

为了更好调动各方主体的积极性和能动性，我国政策立法逐步扩大了能够享受财政资助项目成果的知识产权成果转化收益及相应奖励的主体范围，不仅明确了职务发明人的合法权益，还强调了其他贡献人的合法权益。

其一，以职务发明制度为依托，明确了财政资助项目中职务发明人的知识产权权益保障。

《专利法》第六条专门就职务发明问题进行了规定，明确了"执行本单位的任务或者主要是利用本单位的物质技术条件所完成的发明创造为职务发明创造。职务发明创造申请专利的权利属于该单位；申请被批准后，该单位为专利权人。利用本单位的物质技术条件所完成的发明创造，单位与发明人或者设计人订有合同，对申请专利的权利和专利权的归属作出约定的，从其约定"。《国家知识产权战略纲要》中也特别强调，要"完善职务发明制度，建立既有利于激发职务发明人创新积极性，又有利于促进专利技术实施的利益分配机制"。《关于加强与科技有关的知识产权保护和管理工作的若干意见》中对此进行了更加细化的规定，要求"执行国家科技计划项目所产生的发明权、发现权及其他科技成果权等精神权利，属于对项目单独或者共同作出创造性贡献的科技人员。承担单位应当依法落实并保障科技成果完成人员取得相应的经济利益"。《关于深化科技体制改革加快国家创新体系建设的意见》❶也明确规定:"扩大用人单位自主权。探索有利于创新人才发挥作用的多种分配方式,完善科技人员收入分配政策,健全与岗位职责、工作业绩、实际贡献紧密联系和鼓励创新创造的分配激励机制。"

《国务院关于新形势下加快知识产权强国建设的若干意见》第十四条规定:"完善职务发明制度。鼓励和引导企事业单位依法建立健全发明报告、权属划分、奖励报酬、纠纷解决等职务发明管理制度。探索完善创新成果收益分配制度,提高骨干团队、主要发明人收益比重,保障职务发明人的合法权益。按照相关政策规定,鼓励国有企业赋予下属科研院所知识产权处置和收益分配权。"《国务院办公厅印发〈国务院关于新形势下加快知识产权强国建设的若干意见〉重点任务分工方案的通知》第四十六条规定:"探索完善创新成果收益分配制度,提高骨干团队、主要发明人收益比重,保障职务发明人的合法权益。按照相关政策规定,鼓励国有企业赋予下属科研院所知识产权处置和收益分配权。"《四川省激励科技人员创新创业十六条政策》❷第九条规定:"允许单位与职务发明人约定职务科技成果权属,高等学校、科研院所、医疗卫生机构、国有科技型企业等企事业单位,应当深化科技成果产权制度改革,积极推进职务科技成果权属混合所有制试点,单位依照科技成果转化有关法律法规及各项政策规定对科技人员(团队)实施奖励的,可与科技人员(团队)事前约定权属比例。鼓励单位与发明人约定发明创造的知识产权归属,除法律法规另有规定的外,单位可以与发明人约定由双方共同申请和享有专利或相关知识产权。"

其二,明确了财政资助项目成果的知识产权保护及应用中其他贡献人的知识产权权益保障。

---

❶ 《中共中央国务院关于深化科技体制改革加快国家创新体系建设的意见》(中发〔2012〕6号),中共中央、国务院于2012年9月23日发布并实施。

❷ 《四川省激励科技人员创新创业十六条政策》(川委办〔2016〕47号),中共四川省委办公厅四川省人民政府办公厅于2016年11月16日发布并实施。

《实施〈国家中长期科学和技术发展规划纲要（2006—2020年）〉的若干配套政策》第三十五条规定："切实保障科技人员的知识产权权益，职务技术成果完成单位应对职务技术成果完成人和在科技成果转化中作出突出贡献人员依法给予报酬。"《关于进一步加强高等学校知识产权工作的若干意见》第十条规定："对在专利自己实施，以及专利许可、专利申请权和专利权转让、专利技术的折价入股中做出贡献的发明人、设计人和其他有关人员，应根据国家相关政策给予奖励。"《国家科技重大专项知识产权管理暂行规定》❶第四十条规定："项目（课题）责任单位应当依法奖励为完成该项科技成果及转化做出重要贡献的人员。"中国证券监督管理委员会，科学技术部于2012年11月15日发布的《关于支持科技成果出资入股确认股权的指导意见》中也规定："鼓励企业明确科技人员在科技成果中享有的权益，依法确认股权。支持企业根据《科学技术进步法》《促进科技成果转化法》《专利法》和《专利法实施细则》等相关法律法规的规定，在相关的职务发明合同中约定科技人员在职务发明中享有的权益，并依法确认科技人员在企业中的股权。落实北京中关村等园区先行先试政策，采取多种方式合理确认股权。支持北京中关村、上海张江、武汉东湖国家自主创新示范区和安徽合芜蚌自主创新综合试验区内的企业、高等院校及科研院所按照依据国家法律法规制定的先行先试政策进行股权和分红权激励，对做出突出贡献的科技人员和经营管理人员所实施的技术入股、股权奖励、分红权等，以合理的方式确认其在企业中的股权。"《广东省自主创新促进条例》第三十条也规定："高等学校、科学技术研究开发机构将其职务创新成果转让给他人的，应当从技术转让所得的净收入中提取不低于百分之三十的比例，奖励完成该项创新成果及其转化做出重要贡献的人员。高等学校、科学技术研究开发机构采用技术作价入股方式实施转化的，应当从职务创新成果作价所得股份中提取不低于百分之三十的份额，奖

---

❶ 《国家科技重大专项知识产权管理暂行规定》（国科发专〔2010〕264号），由科学技术部、国家发展和改革委员会、财政部、国家知识产权局于2010年7月1日发布，2010年8月1日起实施。

励完成该项创新成果及其转化做出重要贡献的人员。高等学校、科学技术研究开发机构可以与完成该项创新成果及其转化做出重要贡献的人员约定高于前两款规定比例的奖励。"从这些规定中，我们可以得知依法享有财政资助形成创新成果转化收益和奖励的主体不局限于发明人，还包括为成果转化做出重要贡献的其他人员等。

2. 奖励方式走向多元化

随着社会的发展，我国对财政资助项目成果的知识产权产出、保护和应用中做出贡献的当事人的奖励方式也不再拘泥于以往的奖酬激励，而是从单一化走向多元化，既有现金奖励，也有股权奖励等其他奖励方式。

针对我国职务发明奖酬制度备受批评，科研机构及高校的职务发明转化困难等问题，《促进科技成果转化法》第四十五条规定："科技成果完成单位未规定、也未与科技人员约定奖励和报酬的方式和数额的，按照下列标准对完成、转化职务科技成果做出重要贡献的人员给予奖励和报酬：（一）将该项职务科技成果转让、许可给他人实施的，从该项科技成果转让净收入或者许可净收入中提取不低于百分之五十的比例；（二）利用该项职务科技成果作价投资的，从该项科技成果形成的股份或者出资比例中提取不低于百分之五十的比例；（三）将该项职务科技成果自行实施或者与他人合作实施的，应当在实施转化成功投产后连续三至五年，每年从实施该项科技成果的营业利润中提取不低于百分之五的比例。国家设立的研究开发机构、高等院校规定或者与科技人员约定奖励和报酬的方式和数额应当符合前款第一项至第三项规定的标准。国有企业、事业单位依照本法规定对完成、转化职务科技成果做出重要贡献的人员给予奖励和报酬的支出计入当年本单位工资总额，但不受当年本单位工资总额限制、不纳入本单位工资总额基数。"《实施〈中华人民共和国促进科技成果转化法〉若干规定》规定："国家设立的研究开发机构、高等院校制定转化科技成果收益分配制度时，要按照规定充分听取本单位科技人员的意见，并在本单位公开相关制度。依法对职务科技成果完成人和为成果转化作出重要贡献的其他人员给予奖励时，按照以下规定执行：1. 以技术转让或者许可方式转化职务科技成果的，应当从技术转让或者许可所取得的净收入中提取不低于50%的比例用于奖励。2. 以科技成果作价投资实施转化的，应当从作价投资取得的股份或者出资比例中提取不低于50%的比例用于奖励。3. 在研究开发和科技成果转化中作出主要贡献的人员，获得奖励的份额不低于奖励总额的50%。4. 对科技人员在科技成果转化工作中开展技术开发、技术咨询、技术服务等活动给予的奖励，可按照促进科技成果转化法和本规定执行。"

《关于加强高等学校科技成果转移转化工作的若干意见》专门就"健全以增加知识价值为导向的收益分配政策"进行了规定，要求"高校要根据国家规定和学校实际，制定科技成果转移转化奖励和收益分配办法，并在校内公开。在制定科技成果转移转化奖励和收益分配办法时，要充分听取学校科技人员的意见，兼顾学校、院系、成果完成人和专业技术转移转化机构等参与科技成果转化的各方利益。高校依法对职务科技成果完成人和为成果转化作出重要贡献的其他人员给予奖励时，按照以下规定执行：以技术转让或者许可方式转化职务科技成果的，应当从技术转让或者许可所取得的净收入中提取不低于50%的比例用于奖励；以科技成果作价投资实施转化的，应当从作价投资取得的股份或者出资比例中提取不低于50%的比例用于奖励；在研究开发和科技成果转化中作出主要贡献的人员，获得奖励的份额不低于总额的50%。成果转移转化收益扣除对上述人员的奖励和报酬后，应当主要用于科学技术研发与成果转移转化等相关工作，并支持技术转移机构的运行和发展。""担任高校正职领导以及高校所属具有独立法人资格单位的正职领导，是科技成果的主要完成人或者为成果转移转化作出重要贡献的，可以按照学校制定的成果转移转化奖励和收益分配办法给予现金奖励，原则上不得给予股权激励；其他担任领导职务的科技人员，是科技成果的主要完成人或者为成果转移转化作出重要贡献的，可以按照学校制定的成果转化奖励和收益分配办法给予现金、股份或出资比例等奖励和报酬。对担任领导职务的科技人员的科技成果转化收益分配实行公示和报告制度，明确公示其在成果完成或成果转化过程中的贡献情况及拟分配的奖励、占比情况等。""高校科技人员面向企业开展技术开发、技术咨询、技术服务、技术培训等横向合作活动，是高校科技成果转化的重要形式，其管理应依据合同法和科技成果转化法；高校应与合作单位依法签订合同或协议，约定任务分工、资金投入和使用、知识产权归属、权益分配等事项，经费支出按照合同或协议约定执行，净收入可按照学校制定的科技成果转移转化奖励和收益分配办法对完成项目的科技人员给予奖励和报酬。……科技成果转移转化的奖励和报酬的支出，计入单位当年工资总额，不受单位当年工资总额限制，不纳入单位工资总额基数。"

《四川省激励科技人员创新创业十六条政策》第七条规定："提高科技人员成果转化收益比例高等学校、科研院所、医疗卫生机构等事业单位科技成果转移转化所获收益，按不同方式对完成和转化科技成果作出重要贡献的人员给予奖励。通过转让或许可取得的净收入，以及作价投资获得的股份或出资比例，允许提取不低于70%的比例用于奖励。通过单位自行实施或与他人合作实施的，从开始盈利的年度起连续5年，每年可从实施该项科技成果的营业利润中提取不低于5%的比例用于奖励。在研究开发和科技成果转移转化中作出主要贡献的人员，获得奖励的份额不低于奖励总额的50%。"

其中，为充分调动科研人员的积极性和创造性，我国先后出台了一系列股权激励政策，鼓励在财政资助项目成果的知识产权的产出、保护和应用中作出贡献的当事人自己持有股权，享受相应的股权收益。例如，《关于实行以增加知识价值为导向分配政策的若干意见》《关于完善股权激励和技术入股有关所得税政策的通知》《国有科技型企业股权和分红激励暂行办法》《国务院关于优化科研管理提升科研绩效若干措施的通知》❶等。这些政策的出台，在

---

❶《国务院关于优化科研管理提升科研绩效若干措施的通知》（国发〔2018〕25号），国务院于2018年7月18日发布并实施。

汇聚、激励和保留优秀科技人才方面发挥了重要作用。

《农业部深入实施〈中华人民共和国促进科技成果转化法〉若干细则》提出"强化科研院所履行科技成果转化长期激励的法人责任",要求"科研院所应加大在专利权、著作权、植物新品种权等知识产权及科技成果转化形成的股权、岗位分红权等方面的激励力度。建立健全科技成果转化内部管理与奖励制度,自主决定科技成果转化收益分配和奖励方案。以科技成果作价入股作为对科技人员的奖励涉及股权注册登记及变更的,无需报主管部门审批"。为了解决领导人员作为科技成果主要完成人或者科技成果转化主要贡献人的现实问题,该细则还规定"科研院所正职和领导班子成员中属中央管理的干部,所属单位中担任法人代表的正职领导,是科技成果的主要完成人或者对科技成果转化作出重要贡献的,可以依法获得现金奖励,原则上不得获取股权激励。在担任现职前因科技成果转化获得的股权,应在任现职后及时予以转让,原则上不超过3个月。股权不得转让其配偶、子女及其配偶,股权转让对象和价格应在科研院所官网上公示5个工作日以上。逾期未转让的,任期内限制交易,并不得利用职权为所持股权的企业谋取利益。限制股权交易的,在本人不担任上述职务1年后解除限制。其他担任领导职务的科技人员和没有领导职务的科技人员,作为成果完成人,可依法获得现金奖励或股权激励,无需审批,但必须在科研院所官网上公示5个工作日以上。如有异议,由科研院所的成果转化部门负责协调解决。获得股权激励的领导人员不得利用职权为所持股权的企业谋取利益。"《四川省激励科技人员创新创业十六条政策》第十四条规定:"支持未上市国有科技型企业开展股权和分红激励满足财政部、科技部、国务院国资委印发的《国有科技型企业股权和分红激励暂行办法》(财资〔2016〕4号)中关于采用股权出售或股权奖励方式开展股权激励相关条件的企业,可按不超过近3年税后利润累计形成的净资产增值额的15%,以股权奖励方式奖励在本企业连续工作3年以上的重要技术人员。单个获得股权奖励的激励对象,必须以不低于1:1的比例购买企业股权,且获得的股权奖励按激励实施时的评估价值折算，累计不超过 300 万元。推动未上市国有科技型企业采取股权奖励、股权出售、股权期权等方式对重要技术人员和经营管理人员实施股权激励，在不改变国有控股地位情况下，持股比例上限按大型、中型和小微型企业分别放宽至 5%、10% 和 30%，且单个激励对象获得的激励股权不得超过企业总股本的 3%。支持国有企业提高职务科技成果转化或转让收益分红比例，试行奖励支出和学科带头人、核心研发人员薪酬在企业工资总额外单列。"《四川省科学技术进步条例》第三十九条规定："鼓励科学技术人员依法领办、创办科技型企业，并取得相应合法股权或者薪资。"

### （二）支持科研人员等参与知识产权转化的保障机制

财政资助项目成果的知识产权保护和应用需要社会各界的大力支持和广大科研人员的积极参与。针对科研人员等在参与财政资助项目成果的知识产权转化问题上顾虑重重，参与的积极性不高的现状，我国先后颁布了相应的政策立法来支持科研人员等参与知识产权转化工作。

首先，为了给科技成果的研发人员和转化人员等提供更好的支持和保障，中央和地方出台的政策立法从科研项目验收、财务报销管理、科技成果转化过程的风险免责等多方面规定了一系列的保障措施。《国务院办公厅关于改革完善中央财政科研经费管理的若干意见》，提出要"减轻科研人员事务性负担（包括全面落实科研财务助理制度、改进财务报销管理方式、简化科研项目验收结题财务管理、优化科研仪器设备采购等），要扩大科研项目经费管理自主权（包括简化预算编制、下放预算调剂权、扩大经费包干制实施范围等），以及完善科研项目经费拨付机制（包括合理确定经费拨付计划、加快经费拨付进度、改进结余资金管理等）"。

不仅如此，为了打消财政资助项目承担单位在推进本单位科技成果转化过程的风险责任顾虑，中央和地方的一些政策立法中还明确了"科技成果转化风险免责"条款。例如，《赋予科研人员职务科技成果所有权或长期使用权试点实施方案》(国科发区〔2020〕128号)。该规范文件还提出要"建立尽职免责机制",即"试点单位领导人员履行勤勉尽职义务,严格执行决策、公示等管理制度,在没有牟取非法利益的前提下,可以免除追究其在科技成果定价、自主决定资产评估以及成果赋权中的相关决策失误责任。各地方、各主管部门要建立相应容错和纠错机制,探索通过负面清单等方式,制定勤勉尽责的规范和细则,激发试点单位的转化积极性和科研人员干事创业的主动性、创造性。完善纪检监察、审计、财政等部门监督检查机制,以是否符合中央精神和改革方向、是否有利于科技成果转化作为对科技成果转化活动的定性判断标准,实行审慎包容监管"。《四川省激励科技人员创新创业十六条政策》第十条规定:"高等学校、科研院所、医疗卫生机构等事业单位自主决定科技成果的转移转化事项。在科技成果转化过程中,通过技术交易市场挂牌交易、拍卖等方式确定价格或通过协议定价并按规定在本单位公示的,单位领导在履行勤勉尽责义务、没有牟取非法利益的前提下,依法免除其在科技成果定价中因科技成果转化后续价值变化产生的决策责任。采取投资方式转化科技成果发生投资亏损的,单位主管部门及财政、科技等相关部门在科技成果转化绩效评价中,经依法认定其已经履行了勤勉尽责义务的,不纳入单位对投资保值增值考核范围。"

其次,为了鼓励科研人员等积极参与财政资助项目形成科技成果的转移转化,中央和地方还积极推出鼓励兼职的举措。例如,《关于加强高等学校科技成果转移转化工作的若干意见》专门就"完善有利于科技成果转移转化的人事管理制度"进行了规定,提出"高校科技人员在履行岗位职责、完成本职工作的前提下,征得学校同意,可以到企业兼职从事科技成果转化,或者离岗创业在不超过三年时间内保留人事关系。离岗创业期间,科技人员所承担的国家科技计划和基金项目原则上不得中止,确需中止的应当按照有关管理办法办理手续。高校要建立和完善科技人员在岗兼职、离岗创业和返岗任职制度,对在岗兼职的兼职时间和取酬方式、离岗创业期间和期满后的权利和义务及返岗条件作出规定并在校内公示。担任领导职务的科技人员的兼职管理,按中央有关规定执行。鼓励高校设立专门的科技成果转化岗位并建立相应的评聘制度。鼓励高校设立一定比例的流动岗位,聘请有创新实践经验的企业家和企业科技人才兼职从事教学和科研工作"。《农业部深入实施〈中华人民共和国促进科技成果转化法〉若干细则》强调"科研院所内设机构领导人员,经批准可在企业或民办非企业单位兼职,个人按照有关规定在兼职单位获得的报酬,应全额上缴本单位,由单位根据实际情况给予适当奖励。可兼职的科研院所领导人员应按照干部管理权限进行审批,任期届满继续兼职应重新履行审批手续,兼职不得超过2届,所兼职务未实行任期制的,兼职时间最长不得超过10年"。"没有领导职务的科技人员在履行好岗位职责、完成本职工作的前提下,经所在单位同意,可以到企业和其他科研机构、高校、社会组织等兼职并取得合法报酬。鼓励科技人员公益性兼职,积极参与决策咨询、扶贫救困、科学普及、法律援助和学术交流等活动。实行科技人员兼职公示制度,批准兼职的须在本单位官网公示5个工作日以上。""到企业兼职的人员与其他在岗人员同等享有参加职称评聘、报奖评优、岗位等级晋升和社会保险等方面权利,可按规定参加成果权益分配。科技人员在相应人事、组织部门审批同意的情况下可离岗从事科技成果转化等创新创业活动,原则上不超过三年。离岗创业人员须与所在单位签订协议,明确双方权利义务、离岗期限、保险接续等事宜。"《四川省激励科技人员创新创业十六条政策》第六条规定:"鼓励科技人员离岗创新创业高等学校、科研院所、医疗卫生机构等事业单位(不含内设机构)科技人员(含担任非正职领导的科技人员)依法经所在单位同意,可在科技型企业兼职从事科技成果转化活动,并按规定获得报酬或奖励。支持高等学校、科研院所、医疗卫生机构等事业单位科技人员离岗领办创办科技型企业,……科技人员离岗期内保留原单位人事关系,岗位等级聘用时间和工作年限连续计算,薪级工资、专业技术职务评聘和岗位等级晋升与原单位其他人员享有同等机会。离岗创业科技人员年度和聘期考核，以创新创业情况为主。科技人员离岗领办创办科技型企业期间，根据本人自愿，可选择在原单位继续参加各项社会保险或将参保关系转移至新单位参加相应的社会保险，不重复参保。对选择在原单位参保的，单位缴纳部分由原单位继续为其缴纳，个人缴费部分由本人承担。原单位及新单位均应依法为其参加工伤保险，期间发生职业伤害经认定为工伤的，按规定享受工伤保险待遇。财政部门不核减离岗创业科技人员正常经费，可由原单位自主统筹安排使用。科技人员在离岗期间或离岗期满后要求回原单位工作的，由原单位按不低于原聘用岗位等级聘用，超岗聘用的逐步消化。"《四川省科学技术进步条例》第三十五条、第三十六条分别规定："科学技术人员利用业余时间从事技术服务取得的合法收入，按照国家和省的有关规定执行。财政资金设立的科学技术研究开发机构、高等学校的科学技术人员在完成本职工作并且不损害所在单位利益的前提下，可以兼职从事技术开发、产品开发、技术咨询、技术服务、科学技术成果转化等活动，并取得报酬。""对经所在单位批准到企业开展创新工作或者创办企业的科学技术研究开发机构、高等学校的科学技术人员，以及到科学技术研究开发机构、高等学校兼职的企业科学技术人员，符合职称申报条件的，可以在现工作单位申报参与专业相关的系列（专业）职称评审。"

### （三）对知识产权申请、保护与应用提供财政经费支持

为了更好督促财政资助项目承担单位积极开展知识产权申请、保护和应用工作，我国制定出台的政策立法中明确了相应的财政经费支持举措。例如，《关于国家科研计划项目研究成果知识产权管理的若干规定》明确指出："科研项目研究成果取得相关知识产权的申请费用、维持费用等知识产权事务费用，一般由项目承担单位负担。经财政部门批准，在国家有关科研计划经费中可以开支知识产权事务费，用于补助负担上述费用确有困难的项目承担单位。"《关于进一步加强高等学校知识产权工作的若干意见》中规定："设立知识产权专项资金，促进专利等知识产权的申请与保护。高等学校每年要

拿出一定数额的补助经费,设立知识产权专项资金,作为专利等知识产权申请和维持的费用,特别是应用于鼓励一些重要发明成果在境外申请专利,以及对境外重要专利的保护。"《实施〈国家中长期科学和技术发展规划纲要（2006—2020 年）〉的若干配套政策》第三十五条规定:"国家科技计划和各类创新基金对所支持项目在国外取得自主知识产权的相关费用,按规定经批准后给予适当补助。"《国家科技重大专项知识产权管理暂行规定》第二十九条也强调:"项目（课题）责任单位可以在项目（课题）知识产权事务经费中列支知识产权保护、维护、维权、评估等事务费。项目（课题）验收结题后,项目（课题）责任单位应当根据需要对重大专项产生的知识产权的申请、维持等给予必要的经费支持。"《关于加强国家科技计划知识产权管理工作的规定》也规定:"科研项目研究成果取得相关知识产权的申请费用、维持费用等知识产权事务费用,一般由项目承担单位负担。国家科技计划项目经费中可以列支知识产权事务经费,用于专利申请和维持等费用。经财政部门批准,在国家有关科研计划经费中可以开支知识产权事务费,用于补助负担上述费用确有困难的项目承担单位,和具有抢占国际专利竞争制高点意义的重大专利的国外专利申请和维持费。"科学技术部于 2006 年 11 月 29 日颁布的《关于国际科技合作项目知识产权管理的暂行规定》第十六条规定:"国际科技合作项目的承担单位可在课题经费预算中申请列支相关知识产权事务费,用于课题研究开发过程中中方需要支付的专利申请及其他知识产权事务等费用。"

（四）改革国有资产管理制度,推进财政资助项目成果的知识产权应用

针对饱受社会各界争议的"部分不合理的国有资产管理制度在一定程度上掣肘了财政资助项目成果的知识产权应用"等问题,中央和地方已经积极开展相应的改革尝试。如财政部于 2019 年 9 月 23 日发布的《财政部关于进一步加大授权力度促进科技成果转化的通知》（财资〔2019〕57 号）第九条规定:"地方财政部门要将支持科技成果转移转化、推动科技创新作为重要职责,根据本通知精神,结合本地区经济发展、产业转型、科技创新等实际需

要，制定具体规定，进一步完善科技成果国有资产管理制度。"我国《事业单位国有资产管理暂行办法》第三十九条第三项规定："国家设立的研究开发机构、高等院校将其持有的科技成果转让、许可或者作价投资给国有全资企业的，可以不进行资产评估。"该规范文件的第四十条规定："国家设立的研究开发机构、高等院校将其持有的科技成果转让、许可或者作价投资给非国有全资企业的，由单位自主决定是否进行资产评估。"第四十一条规定："事业单位国有资产评估工作应当委托具有资产评估资质的评估机构进行。事业单位应当如实向资产评估机构提供有关情况和资料，并对所提供的情况和资料的客观性、真实性和合法性负责。"

### （五）对高新技术企业、国家大学科技园等提供税收优惠待遇

高新技术企业是推进财政资助项目成果的知识产权应用的关键力量，国家规定其可依法享受在一定期限内减征、免征所得税的税收优惠待遇。如全国人大常委会于2017年9月1日发布的《中华人民共和国中小企业促进法》第二十六条规定："国家采取措施支持社会资金参与投资中小企业。创业投资企业和个人投资者投资初创期科技创新企业的，按照国家规定享受税收优惠。"全国人大常委会于2018年12月29日发布的《中华人民共和国企业所得税法》第二十七条规定："企业的下列所得，可以免征、减征企业所得税：（四）符合条件的技术转让所得。"第三十条规定："企业的开发新技术、新产品、新工艺发生的研究开发费用支出，可以在计算应纳税所得额时加计扣除。"第五十七条第二款、第三款规定："法律设置的发展对外经济合作和技术交流的特定地区内，以及国务院已规定执行上述地区特殊政策的地区内新设立的国家需要重点扶持的高新技术企业，可以享受过渡性税收优惠，具体办法由国务院规定。国家已确定的其他鼓励类企业，可以按照国务院规定享受减免税优惠。"

一些地方也纷纷出台了相应的税收优惠措施，如北京市财政局、北京市国家税务局、北京市地方税务局、北京市科学技术委员会、中关村科技园区

管理委员会于 2010 年 12 月 31 日发布的《关于贯彻落实国家支持中关村科技园区建设国家自主创新示范区试点税收政策的通知》中关于企业所得税试点政策明确提出："为方便企业享受优惠政策，对于符合条件的中关村示范区科技创新创业企业，可在规定期限内向主管税务机关申请一次性备案，享受示范区试点税收政策。企业所得税归属国家税务局管理的，应按照市国税局有关减免税管理工作的规定执行，企业所得税归属地方税务局管理的，应按照《北京市地方税务局关于印发〈企业所得税减免税备案管理工作规程（试行）〉的通知》（京地税企〔2010〕39 号）的有关规定执行。"上海市政府于 2011 年 6 月 22 日发布的《上海市人民政府关于批转市发展改革委、市国资委制定的〈张江国家自主创新示范区企业股权和分红激励试行办法〉的通知》，第三十九条规定："高等院校和科研院所转化职务科技成果以股份或出资比例等股权形式给予个人奖励，不列入该单位当年度人员经费预算额度与绩效工资总额，获奖人在取得股份、出资比例时，暂不缴纳个人所得税。示范区内科技创新创业企业以股权奖励方式实施激励的，激励对象取得股权奖励时，符合要求的可按照国家有关规定，享受个人所得税优惠。"江苏省科学技术厅，江苏省教育厅，中共南京市委，南京市政府于 2012 年 1 月 19 日发布的《深化南京国家科技体制综合改革试点城市建设打造中国人才与创业创新名城的若干政策措施》❶ 中规定："新创业的科技创业型企业所缴纳企业所得税新增部分的地方留成部分，3 年内由财政扶持该企业专项用于加大研发投入。经认定的高新技术产品或通过省级以上鉴定的新产品，从认定之日起，3 年内由财政按所上缴一般预算收入的相应额度扶持该企业专项用于加大研发投入。"《四川省科学技术进步条例》第二十九条规定："社会力量依法设立的非营利性科学技术研究开发机构和科学技术服务机构，依法享受税收优惠。"

---

❶ 《深化南京国家科技体制综合改革试点城市建设打造中国人才与创业创新名城的若干政策措施》（宁委发〔2012〕9 号），江苏省科学技术厅，江苏省教育厅，中共南京市委，南京市政府于 2012 年 1 月 19 日发布并实施。

### （六）推进财政资助项目成果的知识产权应用的投融资激励政策

创新型科技企业是推进财政资助项目成果的知识产权应用的中坚力量。创新型科技企业的知识产权质押融资需求非常强，资金是否充足直接关系到其生存及发展壮大，也是决定其能否顺利熬过创业艰难时期的关键因素。为了更好地实现技术创新和金融资本的有效结合，推进财政资助项目成果的知识产权应用，中央和地方陆续出台了一些政策立法，采取了一系列服务措施，为知识产权质押融资创造更好的政策环境。如《科技进步法》第九十二条规定："国家鼓励金融机构开展知识产权质押融资业务，鼓励和引导金融机构在信贷、投资等方面支持科学技术应用和高新技术产业发展，鼓励保险机构根据高新技术产业发展的需要开发保险品种，促进新技术应用。"《国务院关于印发"十四五"国家知识产权保护和运用规划的通知》规定："积极稳妥发展知识产权金融。优化知识产权质押融资体系，健全知识产权质押融资风险管理机制，完善质物处置机制，建设知识产权质押信息平台。支持银行……在风险可控的前提下扩大知识产权质押贷款规模。鼓励知识产权保险、信用担保等金融产品创新，充分发挥金融支持知识产权转化的作用。在自由贸易试验区和自由贸易港推进知识产权金融服务创新。健全知识产权价值评估体系，鼓励开发智能化知识产权评估工具。"

北京等地已经就建立和发展知识产权质押融资体系进行了一些尝试，通过公共服务和资金支持进一步完善知识产权质押贷款的培育引导机制、信用激励机制，推动知识产权质押融资体系的健康良性发展。在北京市知识产权局的支持下，作为北京市高新技术企业最为集中的区域，北京市海淀区人民政府于2009年4月发布《海淀区知识产权质押贷款贴息管理办法》，每年约有1000万的贴息资金，用于支持海淀区中获得知识产权质押贷款并按期正常还贷的中小型高新技术企业的贷款利息补贴。该办法为海淀区域内拥有知识产权的中小型高新技术企业解决融资难问题提供了强有力的资金支持，在一定程度上促进了该区内高新技术企业的知识产权质押贷款工作。《知识产权质押贷款贴息管理办法》具体内容包括两方面：一是贷款对象范围中增加"科技创新企业"；二是质物品种中增加"著作权"，从而满足了海淀区大量从事软件研发生产企业资金短缺的实际需求。2008 年 7 月，为进一步推动首都科技型中小企业的创新发展，促进科技成果产业化，北京市科委与北京银行签订了"全面战略合作暨推动知识产权质押贷款协议"❶，正式推出科技型中小企业知识产权质押贷款产品，北京银行承诺在未来三年内发放知识产权质押贷款 3 亿元，而北京市科委则对获得北京银行知识产权质押贷款的科技企业给予贴息支持。北京市朝阳区人民政府于 2010 年 6 月颁布的《朝阳区知识产权促进与保护的若干措施》等办法，规定今后凡符合条件的中小型科技企业以专利权、商标权和版权等知识产权质押获得贷款，并按期正常还贷的，其所支付的贷款利息以及评估、担保等费用均可申请一定限额内的贷款成本补贴。北京市中关村科技园区管理委员会于 2010 年 8 月发布的《关于加快推进中关村国家自主创新示范区知识产权质押贷款工作的意见》，是目前北京市内最为详细和全面的促进知识产权质押贷款工作的文件。该意见明确了中关村知识产权质押贷款工作的实施原则，即"政府引导、市场运作；财政扶持、风险分担；信用激励、组合推动；资源聚集、风险补偿，提出建立中关村知识产权质押贷款工作联席会议制度，实施中关村企业信用星级评定计划，根据企业星级不同，政府部门将对其实施 20%~40% 的差别化贷款贴息政策支持等等"。❷《四川省科学技术进步条例》第五十二条、第五十三条、第五十四条分别规定："县级以上地方人民政府可以建立科技金融融资担保和风险补偿机制，鼓励和支持金融机构对科技型企业进行融资担保。县级以上科学技术、财政等行政部门应当根据国家有关规定，支持科技型中小企业融资服务平台

---

❶ 2008 年 7 月 22 日，北京市科委与北京银行签订《全面战略合作暨推动知识产权质押贷款协议》。北京银行承诺在未来三年内发放知识产权质押贷款 3 亿元，而北京市科委则对获得北京银行知识产权质押贷款的科技企业给予贴息支持。

❷ 周春慧.北京：政府资金引导知识产权质押融资体系的建立与发展 [J].电子知识产权，2010（11）：45-46.

建设。""鼓励金融机构开展知识产权质押融资业务等创新业务,鼓励保险机构根据高新技术产业发展的需要开发保险品种,支持科学技术应用和高新技术产业发展。政策性金融机构应当在其业务范围内,为科学技术应用和高新技术产业发展优先提供金融服务。金融机构应当支持科学技术研究开发、成果推广,拓宽科学技术贷款领域,按照国家有关规定给予优惠利率。"

### (七)为财政资助项目成果的知识产权应用提供中试和孵化保障

财政资助项目成果的知识产权从研发到应用,离不开中试和孵化环节。只有通过中试环节,科研成果才可能真正走向市场应用,发挥其价值。通过企业的中试孵化平台可以在一定程度上解决目前我国财政资助项目研发中存在的研发与应用相互脱节的难题。为了更好推进财政资助项目成果的知识产权应用,我国现行政策立法从中试和孵化的视角确立了一系列保障性制度。《促进科技成果转化法》第三十二条规定:"国家支持科技企业孵化器、大学科技园等科技企业孵化机构发展,为初创期科技型中小企业提供孵化场地、创业辅导、研究开发与管理咨询等服务。"科技部、教育部于2019年3月29日发布的《关于促进国家大学科技园创新发展的指导意见》第七条规定:"促进科技成果工程化和成熟化。发挥国家技术创新中心、国家工程(技术)研究中心、国家制造业创新中心等科技服务机构作用,整合高校科技创新资源,构建从研究开发、中试熟化到工业化试生产的全链条服务平台,面向产业发展需求开展工程化与产业化开发,推动科技成果知识产权化,促进具有应用前景的技术成果转移转化。"科技部、教育部于2019年4月3日发布的《国家大学科技园管理办法》第五条规定:"能够整合高校和社会化服务资源,依托高校向大学科技园入驻企业提供研发中试、检验检测、信息数据、专业咨询和培训等资源和服务,具有技术转移、知识产权和科技中介等功能或与相关机构建有实质性合作关系。"国家知识产权局于2015年4月24日发布的《产业知识产权联盟建设指南》规定:"搭建知识产权产业化孵化体系。通过自建或者与孵化器合作的方式,创新知识产权孵化模式,为成员单位的专利技术二次开发和产业化,提供创业辅导、融资服务、试验平台、标准厂房及所需的知识产权运营和其它创新服务等。"国务院于 2020 年 7 月 3 日发布的《国务院关于促进国家高新技术产业开发区高质量发展的若干意见》规定:"加强对科技创新创业的服务支持。强化科技资源开放和共享,鼓励园区内各类主体加强开放式创新,围绕优势专业领域建设专业化众创空间和科技企业孵化器。发展研究开发、技术转移、检验检测认证、创业孵化、知识产权、科技咨询等科技服务机构,提升专业化服务能力。"国务院于 2020 年 7 月 23 日发布的《国务院办公厅关于提升大众创业万众创新示范基地带动作用进一步促改革稳就业强动能的实施意见》第十条规定:"构筑产学研融通创新创业体系。加强双创示范基地'校+园+企'创新创业合作,建设专业化的科技成果转化服务平台,增强中试服务和产业孵化能力。(地方各级人民政府负责)鼓励企业示范基地牵头构建以市场为导向、产学研深度融合的创新联合体。(国家发展改革委、科技部、工业和信息化部、国务院国资委按职责分工负责)不断优化科技企业孵化器、大学科技园和众创空间及其在孵企业的认定或备案条件,加大对具备条件的创业服务机构的支持力度。"

### (八)将知识产权应用状况纳入国家科技奖励评奖的指标体系

为了推动财政资助项目成果的知识产权应用,我国中央和地方的部分政策立法中将知识产权应用状况纳入国家科技奖励评奖的指标体系。如国务院于 2020 年 10 月 7 日发布的《国家科学技术奖励条例》第二章(国家科学技术奖的设置)第八条第一款第二项规定了"在科学技术创新、科学技术成果转化和高技术产业化中,创造巨大经济效益、社会效益、生态环境效益或者对维护国家安全做出巨大贡献的"的中国公民可以被授予国家最高科学技术奖。该条例第十一条第一款规定:"国家科学技术进步奖授予完成和应用推广创新性科学技术成果,为推动科学技术进步和经济社会发展做出突出贡献的个人、组织。"

## 第二节 我国财政资助项目成果知识产权保护与应用之相关政策立法反思

以国家财政投入和产权激励机制为基础的我国财政资助科研成果项目改革中所产生的知识产权相关政策立法作为中国科研体制改革的一个重要举措，在经历了数十年的风雨后，已初步奠定了其在我国科技创新进程中的重要地位。我国近期出台的一系列涉及财政资助项目成果的知识产权保护和应用的政策立法，正是向财政资助项目知识产权管理混乱的状况说"不"。长期以来受制于财政资助项目成果的知识产权管理不完善而引发的风险隐患和利益纠葛问题，终于找到了从制度层面纾解的突破口。然而，我国财政资助项目成果知识产权管理制度起步较晚，基础相对薄弱，要全面推进财政资助项目成果知识产权工作，促进财政资助项目成果的知识产权保护和利用，需要在加强财政资助项目成果知识产权服务体系建设的同时，不断完善相关政策立法制度，为财政资助项目成果知识产权管理提供制度保障。近年来，我国科技创新和经济社会发展所取得的成就，为全面推进财政资助项目成果知识产权管理打下了坚实的基础，也为进一步完善涉及财政资助项目成果的知识产权政策立法制度创造了条件。实践表明，这些政策立法对财政资助项目成果的知识产权保护和应用虽然产生了良好的促进作用，但仍不能满足财政资助项目成果知识产权实践工作对政策立法的需求，相关政策立法尚不够完善。具体表现为以下几个方面。

## 一、在立法体系方面

### （一）立法主体多元，立法分散，缺乏系统性

在财政资助项目成果的知识产权问题上，我国立法主体多元、立法形式多样的现象非常明显。就立法主体而言，在纵向层面，既有中央层面的政策立法，也有地方层面的立法；在横向层面，中央有全国人大及其常委会颁布的法律，也有国务院制定的行政法规，还有科技部、财政部等各部委制定的行政规章；地方有地方人大及其常委会出台的地方性法规，也有地方政府制定的地方政府规章等。不仅如此，随着我国跨地域经济联系的日益密切，一些共同经济区域针对多个行政区域内的共同问题也制定、颁布了一些立法，进一步加剧了立法主体多元化。

另外，尽管我国在财政资助项目成果的知识产权问题上制定和颁布了一些专门性政策立法，但绝大多数规范内容仍是零散地分布于涉及技术创新和科研管理的政策立法之中，这些政策立法规定对于财政资助项目成果知识产权工作中涉及的关键概念的界定不够严密，对于财政资助项目成果知识产权保护和应用中风险防范的操作缺乏指导和规范，且规范内容之间缺乏必要衔接，系统性不强，如现行政策立法都强调了要大力推进财政资助项目成果的知识产权的应用，实现其应用形式的多元化，包括以知识产权投资入股等。然而，实践中，我们在落实这些政策立法时却又面临着种种其他规范制度上的限制，如知识产权的价值评估以及国有资产管理等，导致实际实施中困难重重。

### （二）政策立法原则性强，配套性立法缺位

我国《科技进步法》《专利法》和《促进科技成果转化法》等规范性文件确立了中国财政资助项目成果的知识产权管理、保护及应用的基本框架，具有重要的意义。但是，受种种因素的制约，这些立法在实现多元主体间利益平衡以及推进财政资助项目成果的知识产权保护和应用方面还存在有待完善

的地方。尤其是诸多规范条款的内容表征为原则性强的宣示，在实践中其可操作性有待提高，难以体现其强制约束力，更难以形成事实上的强大震慑力。

以财政性资助项目成果中国家介入权为例，我国现行政策立法明确了国家在必要时对该类知识产权享有介入权。然而，现行立法规范对于介入权的规定过于抽象和原则，缺乏必要的配套性立法予以细化和具体化，导致了实践中可操作性不强的现实困境。具体而言，在介入权的行使问题上，什么政府机关有权代表国家行使介入权？行使介入权应当符合哪些程序要求？对于国家介入权行使不当的情况，项目承担单位能否寻求救济以及如何寻求救济？这些问题都在现行政策立法中无法找到答案，自然也就导致了实践中的无所适从。各地在贯彻落实《科技进步法》时所出台的规范性文件中对国家介入权行使主体的规定也是众说纷纭。一些地方立法中将国家介入权行使主体界定为"项目管理机构"。如《湖北省科学技术进步条例》第十四条规定："主要利用财政性资金资助的科学技术项目所形成的发明专利权、计算机软件著作权、集成电路布图设计权和植物新品种权，项目承担者应当依法实施，并就实施和保护情况向项目管理机构提交年度报告；具备实施条件且在一年内无正当理由没有实施的，项目管理机构可以依法无偿实施，也可以许可他人有偿实施或者无偿实施。"《云南省科学技术进步条例》第十二条第二款规定："主要利用财政性资金资助的科学技术项目所形成的发明专利权、计算机软件著作权、集成电路布图设计专有权和植物新品种权，项目承担者应当依法实施，并就实施和保护情况向项目管理机构提交年度报告；具备实施条件且在1年内无正当理由没有实施的，项目管理机构可以依法组织无偿实施，也可以许可他人有偿实施或者无偿实施。"《贵州省科学技术进步条例》则将国家介入权行使主体界定为"政府"，其第十五条规定："利用财政性资金资助的科学技术基金项目或者科学技术计划项目，除法律、行政法规另有规定外，所形成的知识产权由项目承担者依法取得。项目承担者因实施前款规定的知识产权所产生的利益分配，依照有关法律、法规规定执行；法律、法规没有规定的，按照约定执行。项目承担者通过财政性资金实施科学技术项目取得的科学技术成果和知识产权，应当依法实施转化。3年内没有实施转化的，政府可以无偿实施转化，也可以许可他人有偿或者无偿实施转化。成果完成人在同等条件下有优先实施转化权。"《广东省促进科技成果转化条例》将本省财政资助项目成果的国家介入权行使主体界定为"省人民政府"，其第四十五条规定："利用本省财政性资金资助的项目形成的科技成果，省人民政府为了国家安全、国家利益和重大社会公共利益的需要，可以无偿实施，也可以许可他人有偿实施或者无偿实施。利用本省财政性资金资助的应用类科技项目，项目立项单位与项目承担者在签订项目合同时，应当约定成果转化期限，明确未在约定期限内实施转化的，可以由成果研发团队或者完成人实施成果转化。"由此可知，为发挥政府介入权的效能，保障财政资助科技成果转化符合公共利益目标，亟待对政府介入权主体予以明确规定。❶不仅如此，从立法宗旨来看，国家介入权的引入是为了矫正项目承担单位怠于推进财政资助项目成果知识产权的商业化应用而引发的风险，充分体现出国家利益和社会公共利益诉求。这里就涉及国家或政府与财政资助项目承担单位在财政资助项目成果知识产权上的权益冲突与协调问题。国家介入怎样才能真正推进研发成果的商业化应用？国家介入权的行使会引发哪些风险？如何来科学界定国家介入权行使的合法性和规范性？如何有效规避因国家介入权行使不当所带来的负面效应？这些问题均有待通过配套性立法予以具体化、可操作化。

从更深层面来分析，一些现行政策立法存在原则性规定多，缺乏可操作性等立法技术的问题，造成这种现象可能是因为立法制定过程中不同部门之间意见分歧大，或者社会群体之间利益冲突等原因，为了平衡各方利益关系，在立法制定中不得不对一些条款内容进行模糊处理，结果因缺乏可操作性而影响了实施效果。不仅如此，相关政策立法质量不高的更深层次原因是，财

---

❶ 李石勇.财政资助科技成果政府介入权法律制度探究[J].政法论丛，2018（4）：87.

政资助项目成果的知识产权保护和应用本身不是一个孤立的问题，而是关系到社会多元主体的利益。在相关的科技管理体制机制问题没有解决的情形下，仅从某一个方面或者仅从财政资助项目成果承担单位的视角来努力解决当前我国财政资助项目成果的知识产权保护和应用的困境，注定是很难成功的。实践证明，只有在坚持科技创新的基本原则下，立足我国实际，从根本上解决阻碍我国财政资助项目成果的知识产权保护和应用的体制机制问题，相关政策立法才能真正充分发挥其作用，才能将政策立法方面的制度优势转化为促进科技成果转化的实际效能。

如前所述，立法本身的不完善未必都可归因于不成熟的立法技术，反而更多折射出人们经过长期社会争议后所作出的政策选择。如果我们期待在短期内从根本上扭转现行立法原则性强的现状则往往面临着很多现实障碍。如果我们期待现有政策立法能够得以实施，就需要在现有政策立法所确立的基本制度框架下，通过加强配套性立法建设以增强现行政策立法的可操作性。目前，我国在这方面已经开展了一些尝试，并取得了一定的积极效果。然而，当下我国财政资助项目成果的知识产权保护和应用所面临的问题层出不穷，所面对的挑战也日新月异，迫切需要更多的配套性立法以切实保障现有政策立法的有效实施，切实推进我国财政资助项目成果的知识产权的保护和应用。[1]

## （三）政策立法实施后评估机制缺失

对涉及财政资助项目成果的知识产权政策立法进行实施后评估，目的在于通过"对其主要制度设计的科学性、合理性和可操作性进行评价，为考量是否需要修改完善提供依据。同时，通过对相关政策立法在实践中的实施效果的定量、定性分析，发现政策立法本身存在的缺陷，对完善相关政策立法

---

[1] 王先林.《反垄断法》：解决配套立法 完善执法体制［N］.中国社会科学报，2010-02-23（010）.

提出有针对性的建议"[1]，努力营造与我国科技发展状况相适应、有利于财政资助项目成果的知识产权保护和应用的良好环境，落实我国新时期科技创新战略的要求，推动我国财政资助项目研发的顺利开展。众所周知，纯粹形式意义上的财政资助项目成果的知识产权政策立法体系并不能全面、真实地体现出这一政策立法体系的完善程度。鉴于衡量政策立法体系的实质成熟程度的有效标准，是在特定国情下该政策立法体系对推进财政资助项目成果的知识产权创造、保护及应用的实际效果，这就需要我们从政策立法的形式与实质相结合的视角去评价特定政策立法的实施效果，并以此为基础完善我国财政资助项目成果的知识产权政策立法体系，即要在总结相关政策立法试点经验的基础上，积极开展政策立法实施后评估工作，通过多种途径，对财政资助项目成果的知识产权政策立法体系的科学性、规范内容的可操作性、实施的有效性等进行客观评价，为修改完善政策立法内容、推进我国相关政策立法的科学化、体系化提供重要依据。

二十多年来，尤其是自从科技进步和创新载入《国家中长期科学和技术发展规划纲要》（2006—2020年）以来，我国科技政策立法和修订工作从中央到地方如火如荼地开展起来。然而，长期以来，我国相关部门高度重视财政资助项目成果的知识产权政策立法的制定，但对政策立法颁布后的实效关注得不够，除了各级人大常委会的例行监督之外，对出台的政策立法是否达到制定时的预期，缺乏其他更多的监督方式。政策立法评价制度的缺失造成一些好的政策立法规范没能得到及时推广，而一些实施效果不佳，或者实施结果根本违背制定初衷的政策立法无法得到及时纠正，这些显然不利于我国财政资助项目成果的知识产权保护和应用。

另外，近年来在科技全球化和科技竞争日趋激烈的强烈冲击下，加快推进财政资助项目成果的知识产权应用成为我国必须面对的一项重大而紧迫的

---

[1] 全国人民代表大会内务司法委员会关于《中华人民共和国残疾人保障法》立法后评估的报告［EB/OL］.（2012-11-12）http：//www.npc.gov.cn/wxzl/gongbao/2012-11/12/content_1745510.htm.

课题。为此，从中央到地方先后出台了若干政策立法，进行了一些改革试点。从目前情况来看，少数政策措施难免存在一些盲目性、机械性、片面性和功利性的因素，由此又会造成新的社会问题。通过完善我国政策立法评价制度来及时解决这些问题势在必行。然而，在当前我国政策立法实施后评估机制缺位的情形下，涉及财政资助项目成果知识产权管理的相关政策立法的立法意图是否明确，立法的逻辑结构是否清晰，立法语言是否准确，立法的内容设计是否必要、合理及可行，以及这些政策立法在财政资助项目实施和管理过程中是否在高质量科技成果产出，提升项目承担单位的知识产权管理水平，营造良好的鼓励创新的社会氛围，促进知识产权应用等方面起到了积极的作用等问题缺乏中肯评价，自然也无法为后续的修法完善提供科学的依据，这无疑阻碍了我国现行政策立法的未来发展。

## 二、在政策立法内容方面

### （一）关键术语或表述的内涵尚未明晰，实施效果受影响

在财政资助项目成果的知识产权的权属问题上，《科技进步法》第三十二条明确将"不损害国家安全、国家利益和重大社会公共利益"作为财政资助项目成果的知识产权下放给项目承担单位所有的前提条件要求。该规定是甄别财政资助项目成果的知识产权权利归属必须把握的标准。然而，"国家安全""国家利益""重大社会公共利益"作为基本概念，其边界本身模糊不清，实践中如何来把握就成为一个现实难题。如谁有权来认定某项财政资助项目成果的知识产权是否涉及国家安全、国家利益和重大社会公共利益？"国家安全""国家利益""重大社会公共利益"的具体内涵随着社会形势发展而变化，那么其认定标准是什么？再如，某一项财政资助项目成果的知识产权在其完成之日时，相关部门没有意识到该权力下放给项目承担单位未来可能损害到重大社会公共利益，而在几年后却发现其损害到重大社会公共利益，这种情况应当如何处理？这些问题如果不解决，那么，财政资助项目成果的知识产

权的权利归属就处于一种不确定状态，而项目承担者也无法对其承担的财政资助项目成果的知识产权具有一种相对稳定的权利预期。这无疑会对后续的财政资助项目成果的知识产权保护和应用产生直接的影响。对此，有学者提出要通过"法律、法规规定"的形式来明确"国家安全""国家利益""重大社会公共利益"的概念范畴和认定标准，从而有效规制政府权力，为财政资助项目成果的知识产权应用提供相对稳定的制度支持。❶

## （二）利益关系未厘清，利益平衡难实现

同一般形式的知识产权相比，财政资助项目成果的知识产权的特性决定了其利益关系的复杂性和特殊性。财政资助项目成果知识产权的现行政策立法在实施中面临着如何有效维护国家利益和社会公共利益的问题，以及第三方主体权利义务的合理界定问题。

一是我国现行政策立法在为保障国家利益和社会公共利益提供可操作性规范依据方面存在欠缺。为了协调财政资助项目成果的知识产权中所涉及国家利益、社会公共利益以及项目承担者私利益之间的关系，现行《科技进步法》借鉴了美国《拜杜法案》的相关规定，确立了国家权利保留制度和介入权制度。❷《科技进步法》第三十二条规定："利用财政性资金设立的科学技术计划项目所形成的科技成果，在不损害国家安全、国家利益和重大社会公共利益的前提下，授权项目承担者依法取得相关知识产权，项目承担者可以依法自行投资实施转化、向他人转让、联合他人共同实施转化、许可他人使用或者作价投资等。项目承担者应当依法实施前款规定的知识产权，同时采取保护措施，并就实施和保护情况向项目管理机构提交年度报告；在合理期限

---

❶ 马波，何迎春. 国家财政资助项目科技成果权属的历史沿革、制度障碍和解决方案［J］. 中国科技论坛，2020（11）：53.

❷ 政府介入权（march-in-rights）是国家机关在一定条件下得依请求或自行决定介入国家资助科技项目研发成果的知识产权之归属与运用及其利益分配的权力。概念界定参见：胡朝阳，张雨青，赵亚鲁. 国家资助科技项目成果转化的法律规范缺失分析［J］. 科技与法律，2011（3）：7.

内没有实施且无正当理由的，国家可以无偿实施，也可以许可他人有偿实施或者无偿实施。项目承担者依法取得的本条第一款规定的知识产权，为了国家安全、国家利益和重大社会公共利益的需要，国家可以无偿实施，也可以许可他人有偿实施或者无偿实施。项目承担者因实施本条第一款规定的知识产权所产生的利益分配，依照有关法律法规规定执行；法律法规没有规定的，按照约定执行。"国家有权在以下两种情形下，对于财政资助项目承担者依法取得的知识产权行使介入权：其一，在合理期限内没有实施且无正当理由的，国家可以无偿实施，也可以许可他人有偿实施或者无偿实施；其二，为了国家安全、国家利益和重大社会公共利益的需要，国家可以无偿实施，也可以许可他人有偿实施或者无偿实施。这些规定的出台显然非常有必要。然而，立法内容的原则性、模糊性以及立法解释的缺失导致国家对财政资助项目成果的知识产权行使保留权与介入权的实施主体、实施条件以及责任追究机制等都存在明显的规范缺失：（1）对于"国家安全、国家利益和重大社会公共利益的"的概念范围界定不明，对于范围认定标准到底是从严把握还是从宽把握还存在认知分歧。（2）对"介入权行使的主体"仅表述为"国家"，缺乏明确性，在理解中既可能是财政资助项目的管理机构，也可能是财政资助项目的资助机构，抑或是中央或地方各级政府科技管理部门。（3）对"介入权的行使条件"仅表述为在合理期限内没有实施的，那么合理期限如何来界定？没有实施的含义是否涵盖不适当实施或不以合理条件实施？[1]对"介入权的行使方式"仅表述为国家可以无偿实施，也可以许可他人有偿实施或无偿实施，缺乏明确的程序制度安排，如没有具体的条款来明确国家如何启动行使介入权，国家启动行使介入权时应当履行哪些程序性义务，有无程序期限要求以及相对人的权利救济途径等。另外，既然国家在行使介入权时，可以许可他人有偿实施或无偿实施，那么对于许可他人有偿实施与许可他人无偿实施的标准

---

[1] 胡朝阳，张雨青，赵亚鲁.国家资助科技项目成果转化的法律规范缺失分析[J].科技与法律，2011（3）：7-8.

第四章　我国财政资助项目成果的知识产权保护与应用之政策立法梳理与反思

谁来把握，如何来把握，等等。这些都无法从现行规范条款中得到明确答案。

二是在项目参与主体多元化趋势下，我国现行政策立法明显欠缺对第三方主体权利义务的规范。目前，传统的财政资助项目中的二元主体格局已经被打破，财政资助项目所涉及利益主体的多元化趋势越来越明显。在很多情形下，第三方主体（社会组织或企业，甚至一些外国科研机构、高校及企业等）通过科研资助或共同研发等方式在不同程度上参与了财政资助项目的研发过程，由此产生了第三方主体权益保障与义务履行问题。然而，从现行政策立法来看，对财政资助项目中第三方主体的权利义务缺乏国家立法层面的强制性规定。实践中，财政资助项目研发中第三方主体的权利义务界定一般适用我国《民法典》关于合同的相关要求以及缔约方意思自治的原则予以处理。客观而言，基于意识自治的原则赋予参与项目资助或研发的第三方主体相关知识产权权益，在某种程度上可以激发其参与财政资助项目的积极性，有利于实现社会科技资源的有效整合，从而有力推动社会自主创新。然而，在当事人之间信息资源掌控能力不同、谈判地位不平等客观因素制约下，完全适用意识自治原则来界定财政资助项目研发中第三方主体的权利义务也暴露出很多弊端。实践中，我们还需"充分考虑多元利益主体参与资助（或研发）给国家利益与社会公共利益维护乃至本国产业发展带来的影响"。❶因此，有必要立足当前我国财政资助项目参与主体多元化的现实，对涉及财政资助项目的科技合作合同中约定不当行为以及因约定不当而产生的法律归责问题予以明确。

## （三）政策立法内容冲突与内容缺失并存

在我国财政资助项目成果的知识产权政策立法方面，立法冲突与立法空白问题并存。

---

❶ 朱雪忠，乔永忠.国家资助发明创造专利权归属研究［M］.北京：法律出版社，2009：139-143.

1. 政策立法冲突问题严重

如前所述，我国涉及财政资助项目成果的知识产权政策立法主体多元。不同立法主体间立法意识的不平衡、立法技术水平参差不齐以及掺杂于其中的部门利益和区域利益等因素导致不同的规范文件之间相互冲突的情况日益凸显。而跨区域的资源交流与人员流动进一步加剧了这一问题。以科研人员职务科技成果权益分配为例，《实施〈中华人民共和国促进科技成果转化法〉若干规定》规定："国家设立的研究开发机构、高等院校制定转化科技成果收益分配制度时，要按照规定充分听取本单位科技人员的意见，并在本单位公开相关制度。依法对职务科技成果完成人和为成果转化作出重要贡献的其他人员给予奖励时，按照以下规定执行：1. 以技术转让或者许可方式转化职务科技成果的，应当从技术转让或者许可所取得的净收入中提取不低于50%的比例用于奖励。2. 以科技成果作价投资实施转化的，应当从作价投资取得的股份或者出资比例中提取不低于50%的比例用于奖励。3. 在研究开发和科技成果转化中作出主要贡献的人员，获得奖励的份额不低于奖励总额的50%。4. 对科技人员在科技成果转化工作中开展技术开发、技术咨询、技术服务等活动给予的奖励，可按照促进科技成果转化法和本规定执行。"《四川省激励科技人员创新创业十六条政策》在其第五部分提出"扩大企事业单位薪酬分配自主权"的要求，明确规定"高等学校、科研院所、医疗卫生机构等事业单位从科技成果转化、技术开发、技术咨询、技术服务等活动和专利奖励、政府及社会组织科技进步奖励等所获得的经费中，给予科技人员的报酬、奖励等支出，由主管部门专项据实核增计入当年单位绩效工资总额，不作为绩效工资总额基数，核增情况抄报同级人力资源社会保障部门和财政部门。国有企业以上费用支出计入工资总额，不受个人年薪限制。各单位在主管部门核定的绩效工资总额范围内，按照自行制定的分配办法进行分配。"根据该规定，四川省将财政资助项目成果的知识产权转化收益的分配权完全下放给项目承担单位，没有设立分配比例要求。可见，同为财政资助项目成果的知识产权，项目承担单位不同，项目承担单位所在地不同，在不同的规范性文件作为实施依据的情况下，职务发明人可享有的成果所有权权属比例在具体落实过程中存在显著差异。

现实表明，这种规范层面的冲突违背了我国的法制统一原则，种种立法冲突现象直接贬损了立法的权威性，我们必须尽快采取积极措施，有效消解各地政府及部门基于政策立法冲突影响而出现的懈怠和不作为以及由此带给现行政策立法实施效果的损耗。为了平衡在该问题上不同政策立法的差异性，《科技进步法》第三十三条规定："国家实行以增加知识价值为导向的分配政策，按照国家有关规定推进知识产权归属和权益分配机制改革，探索赋予科学技术人员职务科技成果所有权或者长期使用权制度。"这些修改后的条款从法律规范层面确认了赋予科技人员职务科技成果所有权或长期使用权制度的合法性，但对如何来落实，并没有给出具体性的规定。

2. 政策立法缺失问题突出

首先，知识产权管理责任追究机制存在立法缺失。众所周知，知识产权报告制度是对项目承担单位知识产权工作的有效监督。然而，我国的财政资助项目知识产权报告制度不完善。现行政策立法中零星规定了科研成果报告制度、知识产权保护状况报告制度，但是对相关主体如何来履行报告义务等没有明确规定；尤其是缺少对报告人不履行或怠于履行其报告义务的法律责任作出强制性规定，且缺乏对报告人必须报告的内容的明确规定。再如，我国现行政策立法对于国家科技重大专项以及国际科技合作中的知识产权管理问题有较为充分的规定，而对其他类型财政资助项目的知识产权管理问题的规定较为粗略，存在很多立法空白，如项目承担单位不申请知识产权保护或者不采取其他保护措施时的救济措施，对财政资助项目中知识产权弃权的评估制度及备案制度等。其次，产学研合作机制严重缺失。产学研合作是快速提升我国自主创新能力，实现科技进步与市场需求有效结合的重要途径。然而，当前我国产学研合作涉及利益主体多，且分属不同领域，利益协调难，而相关政策立法却又十分零散，立法层级低，对产学研合作中的一些关键性问题，如风险承担、企业参与产学研合作的激励措施等都缺乏可操作性规定。最后，知识产权中介服务立法严重缺失。知识产权中介服务是财政资助项目成果的知识产权获得有效保护，进而走向推广应用的有力支持。但是，当前我国政策立法对于知识产权中介组织的定位、知识产权中介服务的准入资格等规定存在明显缺失，这就导致我国知识产权中介服务陷入混乱无序的发展状态。

总之，鉴于当前我国现实国情的复杂性与特殊性，财政资助项目成果的知识产权保护和应用中政策立法供给与政策立法需求的冲突不断凸显。面对日趋复杂的科技创新形势，面对传统政策立法所难以有效应付的难题和挑战，确立科学、合理基础上的政策立法建设思维，在制度框架内寻求更加灵活、更加公平、更具有针对性的治理方案，积极推进现行政策立法的修订和完善，应当是避免政策立法失灵的必要补充。

第五章

# 美国和日本在财政资助项目成果的知识产权保护与应用领域的政策立法与实践探索

## 第一节 美国在财政资助项目成果的知识产权保护与应用领域之政策立法与实践探索

### 一、美国涉及财政资助项目成果的知识产权的相关政策立法及其主要条款内容

20世纪50年代起,美国加大科技研发的政府财政投入,尤其是高度重视基础研究以抢占高科技制高点。然而,"到了20世纪70年代末,其高科技优势并未转化为产业优势"❶。国际竞争力落后的事实使美国认识到:"政府财政在科技创新上的高投入未必能提升科技成果转化率,必须在财政资助项目成果的知识产权管理制度上加以创新。政府投入研究活动的资金虽然来自于社会公众,但传统的研究成果为公共所有的产权制度安排因缺乏效率而阻碍了财政资助项目成果的知识产权应用。相反,权利下放能激励大学、非营利性研究机构和中小企业进行研发活动,促进研发成果的商业化运用,进而使社会从研发成果转化为产品带来的经济发展之中受益。"❷ 因此,美国从20世纪80年代开始,率先在政策立法、机构设置以及推进产学研合作等方面进行改革性尝试,逐步建立起以《拜杜法案》《史蒂文森——怀德勒技术创新法案》《联邦技术转让法》《国家竞争力技术转让法案》《技术转让商业化法》等为核

---

❶ 胡朝阳. 试论政府资助科技项目成果转化中的权力干预机制[J]. 中国科技论坛, 2010(11): 12.

❷ 彭学龙, 赵小东. 政府资助研发成果商业化运用的制度激励——美国《拜杜法案》对我国的启示[J]. 电子知识产权, 2005 (7): 43-44; 肖茂严, 万青云. 在高等学校中组建技术转移中心势在必行[J]. 科技进步与对策, 2001 (9): 23-24.

心的新型财政资助项目成果的知识产权管理制度。

## (一)《拜杜法案》

《拜杜法案》(Bayh-Dole University and Small Business Patent Act)是美国于1980年颁布的《大学和小企业专利程序法案》(University and Small Business Patent Procedures Act)的简称。《拜杜法案》的核心内容包括:(1)允许大学和小企业对其所承担的联邦政府资助科研项目所产出的成果保留知识产权,允许其对这些科研成果进行专利申请并在授权后进行许可或转让;规定大学应将技术转移所得的全部专利许可收入返还到其教育和研究中去,明确发明人有权分享专利许可收益;(2)小企业有优先获得许可的权利,大型企业、外国人及管理经营的合约人(MEO contractors)等在联邦政府资助科研项目专利的对外许可上不享有优先权;如果被许可方在美国获得独占许可使用权,必须在美国境内"大量生产"许可产品;(3)联邦政府拥有全球性的、非独占的、不得转让、不得取消和不必支付权利金的使用权,且联邦政府保留对其资助科研项目形成专利的介入权(March-in rights),即高校等取得研发成果的非营利研发机构如果未能积极推动该项研发成果的商业化,联邦政府将保留一定条件下将该研发成果所有权收回并授权他人继续商业化的权利;(4)有关发明的信息,发明人有权不向公众公开,专利申请期间也不适用《资讯自由法案》。[1]

有关大学(技术转让)许可的数据表明,《拜杜法案》的颁布实施在美国产生了巨大的社会效应[2],并掀起了激烈的讨论。"设有技术转让办公室的美国大学数量从1980年的25所增加到2004年的230多所。通过对119名美国非

---

[1] Bayh-Dole Act [EB/OL]. (1980-12-12) [2022-01-03]. https://www.congress.gov/bill/96th-congress/house-bill/6933?s=3&r=1523; Bayh-Dole Act [EB/OL]. (1980-12-12) [2022-01-03]. https://law.onecle.com/uscode/35/chapter-30-19.html.

[2] National Research Council, Merrill S A, Mazza A M. Managing university intellectual property in the public interest [R]. Washington, D.C.: National Academies Press, 2011.

营利性机构的受访者进行调研，大学技术管理者协会年度调查（AUTM，各年份）表明，自1996年至2007年，大学教职工披露的发明数量❶几乎翻了一番，从每所机构平均67.1项增加到131.1项。美国大学的专利申请量和技术转让数量也大幅增加。新专利申请从每个机构平均23.2件增加到77.6件（增长334%）。执行的（技术转让）许可和期权协议的平均许可收入增长了80.1%，按当前美元计算，从5.507亿美元增至17.156亿美元，增长了三倍多。许可费的收入占科研经费总额的百分比从2.25%上升到4.31%。"❷2002年美国《经济学家》杂志发表评论认为："过去一个多世纪以来，美国制定的最振奋人心的一部法典，或许就是1980年的《拜杜法案》。"❸

然而，质疑的声音也客观存在。如"一些科学家和法律专家表示，1980年的《拜杜法案》（*Bayh-Dole Act*）允许美国大学和研究机构对由美国联邦财政资金资助的发现进行专利申请和商业化，这可能会无意中阻碍科学研究和创新。一些法律专家认为，当机构声称对新的DNA序列、蛋白质结构和疾病途径等基本发现和过程拥有所有权时，《拜杜法案》实际上阻碍了科学研究。杜克大学（Duke University）法学教授阿蒂·K．雷（Arti K.Rai）说，特别是在生物制药研究方面，《拜杜法案》阻止了美国联邦资助研究成果的科学传播，并允许专利制度侵犯以前属于开放学术交流领域的基础研究。在研究生命科学专利时，雷伊和同事、密歇根大学法学教授丽贝卡·S．艾森伯格（Rebecca S.Eisenberg）发现，《拜杜法案》没有区分直接导致商业产品的发明和能够为促进科学研究深入开展而提供基础性支持的发明。这就导致一些财政资助研究机构出于盈利目的而决定为研究工具申请专利。从长远来看，《拜

---

❶ 发明披露是指教职工向其所在高校提交的关于其研发成果的报告，这份研发成果在该教职工看来具有商业化可能性。

❷ Thursby J G, Thursby M C. Has the Bayh-Dole act compromised basic research? [J]. Research Policy, 2011, 40（8）: 1077-1083. Mowery D C, Nelson R R, Sampat B N, et al. The growth of patenting and licensing by US universities: an assessment of the effects of the Bayh-Dole act of 1980 [J]. Research policy, 2001, 30（1）: 99-119.

❸ Rae-Dupree J. When academia puts profit ahead of wonder [J]. New York Times, 2008, 7.

杜法案》可能阻碍而不是加速生物医学研究。"❶ 也有人提出,《拜杜法案》将"利润动机直接放在学术生活的核心",使教师远离好奇心驱动的基础研究。❷ 另有专家声称,该法案会可能"导致人们更好地理解世界如何运作的基本实验……在很大程度上被搁置起来,转而支持被认为具有更直接市场潜力的项目"。❸

尽管饱受争议,但《拜杜法案》因其对政府资助项目科研成果知识产权归属制度的创新改革举措而受到世界各国广泛关注是无可否认的事实。不仅如此,《拜杜法案》还对亚洲、欧洲和拉丁美洲等各洲诸多国家的科技立法均产生了不同程度的影响,推动了这些国家科技成果所有制度的变革进程。

### (二)《史蒂文森——怀德勒技术创新法案》

《史蒂文森——怀德勒技术创新法案》(以下简称《技术创新法》)(The Stevenson-Wydler Technology Innovation Act,1980)的要点包括:(1)确立支持产学合作的原则及要求联邦实验室将联邦政府拥有及开发的技术向州或地方政府以及私营部门转移的政策目标;(2)在各实验室设立研究及技术应用办公室(office of research and technology applications),要求联邦政府机构从其研发预算中提取一定比例经费用于技术转移;(3)明确表明政府投资的研发成果应服务于公众福祉,除公布技术成果外,更应推进其市场化。❹

### (三)《国家合作研究法案》

美国里根政府时期,美国国会于1984年通过《国家合作研究法案》

---

❶ Agres T. The costs of commercializing academic research: does university licensing impede life science research and development? [J]. The Scientist, 2003, 17 (16): 58-60.

❷ Washburn J. University, Inc.: The corporate corruption of higher education [M]. Nen York: basic books, 2006: 137-170.

❸ Rae-Dupree J. When academia puts profit ahead of wonder [J]. New York Times, 2008, 7.

❹ Stevenson-Wydler Technology Innovation Act [EB/OL]. (1980-10-21) [2022-01-03]. https: //law.onecle.com/uscode/35/chapter-30-19.html.

（National Cooperative Research Act），1993年其修正案《国家合作生产修正案》获得通过，现称为1993年《国家合作研究与生产法》。《国家合作研究与生产法》是一部专门促进美国产学研合作的立法，它鼓励"合作研究和组建产业技术创新联盟"，其核心内容在于允许两家以上的公司共同参与同一研究开发项目，而不受反托拉斯法（Anti-trust Law）的限制，从而最大限度鼓励产业界形成研发联盟，减少垄断法的使用。❶根据《国家合作研究与生产法》规定，政府不仅积极鼓励美国高校同产业界密切合作，共同组建产业技术创新联盟，而且还会采用提供预算补贴的方式进行积极引导和支持。于是，联合研究迅速在美国成为技术研发领域的新趋势，不仅有同行业公司之间共同出资成立合作研究机构，而且美国企业与美国高校间的合作更加密切。这一点在高新技术行业更为突出，也在很大程度上引发了美国高新技术领域产业技术创新联盟的热潮。

### （四）《联邦技术转让法》

《联邦技术转让法》❷（Federal Technology Transfer Act，1986）对1980年的《技术创新法案》做了更进一步的加强和修正，其要点如下：（1）明确技术移转工作是所有联邦实验室工作人员的职责，将技术移转的成果纳入人事考核的范畴；（2）规定了联邦实验室和其它联邦政府机构、州和地方政府、大学、其他非营利组织以及企业之间的合作研究开发协定（cooperative research and development agreement，CRADA）。该合作研究开发协定适用于政府拥有和经营的（government-owned，government-operated，GOGO）机构，但不适用于政府拥有而由合作人经营的（government-owned，contractor-operated，GOCO）机构；

---

❶ National Cooperative Research Act［EB/OL］.［2022-01-03］. https：//uscode.house.gov/view.xhtml?path=/prelim@title15/chapter69&edition=prelim.

❷ Federal Technology Transfer Act of 1986［EB/OL］.（1986-10-20）［2022-01-03］. https：//www.govinfo.gov/content/pkg/STATUTE-100/pdf/STATUTE-100-Pg1785.pdf.；Federal Technology Transfer Act［EB/OL］.［2022-01-03］. https：//law.onecle.com/uscode/15/chapter-63-87.html.

由合作人经营的实验室不适用此法案；（3）设立联邦实验室联合中心（federal laboratory consortium），提供发明和技术移转奖金，允许联邦研发机构的科研项目参与人员分享项目成果转移转化收益，其中发明人享有的权利金分配比例不少于15%；（4）如果联邦政府机构不对联邦资助研发的科研成果申请专利，则科研成果的完成人可以申请并拥有基于该科研成果而被授予的专利权。

### （五）《国家技术转让与进步法案》

美国国会于1996年3月7日通过了《国家技术转让与进步法案》（*National Technology Transfer and Advancement Act of* 1995），对《技术创新法》（*The Stevenson-Wydler Technology Innovation Act*）及《联邦技术转让法》的内容进行了部分修正。

本法案的主要内容如下：（1）保证参与共同合作研发（CRADA）的公司可获得充分的知识产权，为推动研发成果的商业化应用奠定基础；（2）保证厂商起码获得独占许可的优先选择权，有权拥有在共同合作研发（CRADA）中产生的研发成果；（3）对《联邦技术转让法》中许多模糊规定予以阐释。本法案明确规定联邦机构可以使用研发成果转移转化收入雇用临时人员，支付相关研究费用、行政费用及法律费用；（4）加大对项目研发人员及发明人的奖励力度，规定先支付发明人2000美元，此后至少还可获得15%的成果转化收益；奖励经费的上限由原来的每年10万美元提高至15万美元，同时扩大对研发有贡献的人员的奖励范围；准许联邦科研人员从事自己研发成果的商业化应用，并规定在联邦政府放弃专利权时发明人有权取得该项专利权。❶

---

❶ National Technology Transfer and Advancement Act of 1995［EB/OL］（1996-03-07）.［2022-01-03］. https://www.govinfo.gov/content/pkg/PLAW-104publ113/pdf/PLAW-104publ113.pdf; National Technology Transfer and Advancement Act［EB/OL］.（1996-03-07）［2022-01-03］. https://law.onecle.com/uscode/15/chapter-7-13.html.

### （六）《技术转让商业化法》

美国国会于 2000 年 10 月 17 日通过《技术转让商业化法》（*Technology Transfer Commercialization Act of* 2000），对现行联邦政府研发成果之移转与授权程序予以简化，进一步减少研发成果应用的阻碍因素。本法案主要内容[1]如下：（1）扩大联邦实验室签订共同合作研发合同（CRADA）时的权限范围，强调联邦实验室在签订共同合作研发合同时，依法对归属于联邦政府的研发成果享有权利，且其所享有的权利不仅仅局限于该共同合作研发计划可能产生的专利权。（2）修订联邦政府研发成果走向应用的规定。首先，修正独占许可授权前的公告程序。本法案进一步细化独占许可授权前的公告程序，要求联邦机构至少于独占许可或部分独占许可授权前 15 日，以适当方式将联邦政府机构科研成果转移情况向公众公开。其次，增加独占许可被授权人之承诺义务。本法案要求独占许可或部分独占许可被授权人需作出承诺（make a commitment），于合理期间内实现研发成果的实际应用；如果被授权人在承诺期间内没有实现研发成果之实际应用，必须向相关联邦机构请求延长期间。另外，增加联邦机构之终止协议事由。本法案补充规定如果经管辖法院（competent jurisdiction）认定，被授权人执行授权协议或其相关行为有违反反托拉斯法之规定者，联邦机构有权终止双方协议。（3）特别赋予白宫科技政策办公室（OSTP）审查技术转让程序的权限，同时简化属于联邦政府所有的科研成果的转化程序。[2]

另外，美国积极在前沿科技领域展开战略部署，积极抢夺全球科技创新制高点，以便在全球新技术领域中占据主导地位，为此，美国近期非常注重以立法规范形式来积极推进其科技战略。2022 年 3 月 28 日，美国参议院通过

---

[1] 整理汇总本部分内容时，除了研究美国相关立法的具体条款内容，还参考了其他学者们的研究，如《科技与法律》编辑部. 美国国会通过技术移转商业化法案[J]. 科技与法律，2001（1）：35-35.

[2] Technology Transfer Commercializa-tion Act of 2000 [EB/OL]. (2000-11-01)[2022-01-03]. https://www.govinfo.gov/content/pkg/PLAW-106publ404/pdf/PLAW-106publ404.pdf.

了《2022美国竞争法案》（America Competes Act of 2022，H.R.4521）。这是在美国众议院于1月25日提出《2022美国竞争法案》并于2月4日投票通过该法案的基础上，该法案的重要进展。目前，由于参众两院各自通过的两部法案版本在具体的条款和表述上存在不少差异，参众两院正在积极协商以解决分歧后确定最终版本，交由总统拜登签字生效。尽管在具体条款内容上存在分歧，两院法案在有些问题上立场却基本一致，如支持芯片法案。美国参众"两院法案均提出将在五年内提供520亿美元用于实施美国芯片法案，该法案是作为2021财年国防授权法案的一部分而颁布的。这笔资金包括：390亿美元用于由商务部管理的制造业补贴，110亿美元用于扩大国家标准技术研究院（NIST）的微电子研发项目并建立国家半导体技术中心，20亿美元用于国防部建立国家微电子研发网络，以及为国务院和相关机构提供5亿美元，用于资助电信和半导体行业的多边供应链安全计划"。❶再如提高科技创新的广泛参与性。"两院法案都包含了各种条款和大量的资金，以扩大社会对科学的参与，改进和扩大STEM（科学、技术、工程、数学）教育。同时，两者都要求白宫科技政策办公室（OSTP）为联邦科研机构制定指导方针，在科研项目申报启动时为申报的科研人员履行关切责任。"❷除此之外，美国参众两院的法案都提出旨在防止外国政府利用美国研究系统、支持生物经济研究与发展、支持区域创新转型、遏制中国发展等条款内容。虽然该部法案的未来进展还有待关注，但这部法案真实反映了近年来美国科技产业政策立法的变革趋势，其内容涉及产业发展、科技创新、国家安全、外交策略、社会教育等多方面，尤其是旨在加大对美国科学研究与技术创新领域的投资和补贴，维护美国的国家安全和利益。

表5-1详细列举美国现行政策立法中涉及财政资助项目成果的知识产权相关条款内容。

---

❶❷ 张华，应媚，康争光. 从《2022美国竞争法案》看美国创新政策取向[J]. 科技中国，2022（4）：97-100.

表 5-1 美国现行政策立法中涉及财政资助项目成果的知识产权相关条款内容

| 年份 | 法规名称 | 主要条款 |
| --- | --- | --- |
| 1980 年 | 《技术创新法》 | SEC. 3.15 U.S.C.3702 刺激州或地方政府及私营部门将联邦政府拥有的以及开发的技术予以转化 ① |
| | | SEC. 11（b）.15 U.S.C. 3710 建立研究与技术应用办公室 ② |
| | | 要求联邦政府机构从其研发预算中提取一定比例用于技术转移（不低于 0.5%）③ |
| | | SEC. 11. 15 U.S.C. 3710（d）(1) 在商业部成立联邦技术应用中心 ④ |
| | | SEC. 2.（3）15 U.S.C. 3701 明确表明政府投资的研发成果应服务于公众福祉，除公布技术成果外，更应推进其市场化。许多诞生于大学和联邦实验室的新发现和科学进步，在很大程度上有赖于企业界的推动才能进行商业化应用或公益性应用。应加强学术界、联邦实验室、劳工及产业界之间在技术转移、人员培训、合作研究等方面的多形式合作交流关系 ⑤ |

注：① （3）stimulating improved utilization of federally funded technology developments by State and local governments and the private sector.

② （b）ESTABLISHMENT OF RESEARCH AND TECHNOLOGY APPLICATIONS OFFICES.—Each Federal laboratory shall establish an Office of Research and Technology Applications. Laboratories having existing organizational structures which perform the functions of this section may elect to combine the Office of Research and Technology Applications within the existing organization.

③ （2）After September 30, 1981, each Federal agency which operates or directs one or more Federal laboratories shall make available not less than 0.5 percent of the agency's research and development budget to support the technology transfer function at the agency and at its laboratories, including support of the Offices of Research and Technology Applications.

④ （d）CENTER FOR THE UTIUZATION OF FEDERAL TECHNOLOGY.—There is hereby established in the Department of Commerce a Center for the Utilization of Federal Technology.

⑤ Many new discoveries and advances in science occur in universities and Federal laboratories, while the application of this new knowledge to commercial and useful public purposes depends largely upon actions by business and labor. Cooperation among academia, Federal laboratories, labor, and industry, in such forms as technology transfer, personnel exchange, joint research projects, and others, should be renewed, expanded, and strengthened.

# 第五章　美国和日本在财政资助项目成果的知识产权保护与应用领域的政策立法与实践探索

续表

| 年份 | 法规名称 | 主要条款 |
| --- | --- | --- |
| 1980 年 | 《拜杜法案》 | 35 USC 202.（a）允许大学等非营利组织① 和小企业保留其承担的联邦政府资助的科研项目成果的知识产权② |
| | | 35 USC 202.（c）（7）（D）规定大学应将技术转移所得全部专利许可收入返还到教育和研究中去，规定发明人应分享专利许可收入③ |
| | | 35 USC 203.联邦政府保留对其资助的科研项目成果的专利的介入权，即大学如果未能通过专利许可方式使某项发明商业化，联邦政府将保留决定该项发明由谁来继续商业化的权利④ |
| | | 35 USC 202.（c）（4）联邦政府拥有全球性的、非独占的、不得转让、不得取消和不必支付权利金的使用权⑤ |

**注：** ① 这个法案里，"非营利组织"是指大学和其他高等教育机构或 1954 年《国内税收法》（26 USC 501（c））第 501（c）（3）节所述类型的组织，以及根据《国内税收法》（26 USC 501(a)）第 501（a）节或根据州非营利组织法规定有资格的任何非营利性科学或教育组织。

② （a）Each nonprofit organization or small business firm may, within a reasonable time after disclosure as required by paragraph（c）（1）of this section, elect to retain title to any subject invention.

③ （D）a requirement that the balance of any royalties or income earned by the contractor with respect to subject inventions, after payment of expenses（including payments to inventors）incidental to the administration of subject inventions, be utilized for the support of scientific research or education.

④ With respect to any subject invention in which a small business firm or nonprofit organization has acquired title under this chapter, the Federal agency under whose funding agreement the subject invention was made shall have the right, in accordance with such procedures as are provided in regulations promulgated hereunder to require the contractor, an assignee or exclusive licensee of a subject invention to grant a nonexclusive, partially exclusive, or exclusive license in any field of use to a responsible applicant or applicants, upon terms that are reasonable under the circumstances, and if the contractor, assignee, or exclusive licensee refuses such request, to grant such a license itself, if the Federal agency determines that such—"（a）action is necessary because the contractor or assignee has not taken, or is not expected to take within a reasonable time, effective steps to achieve practical application of the subject invention in such field of use.

⑤ （4）With respect to any invention in which the contractor elects rights, the Federal agency shall have a nonexclusive, nontransferable, irrevocable, paid-up license to practice or have practiced for or on behalf of the United States any subject invention throughout the world, and may, if provided in the funding agreement, have additional rights to sublicense any foreign government or international organization pursuant to any existing or future treaty or agreement.

续表

| 年份 | 法规名称 | 主要条款 |
| --- | --- | --- |
| 1980 年 | 《拜杜法案》 | 35 USC 204. 如果被许可方在美国获得独占许可，必须在美国境内"大量生产"该专利产品① <br><br> 35 USC 209.（c）（3）小企业有优先获得许可的权利② |
| 1984 年 | 《国家合作研究法案》 | SEC. 3 允许两家以上的公司共同参与同一研究开发项目，而不受反托拉斯法（Anti-trust Law）的限制。<br>在反托拉斯法或任何与反托拉斯法相似的州法律所辖的任何案件中，任何人以创建联合研发公司为目的制定或执行合同的行为本身不得被视为违法；对此类行为应基于其合理性并考虑所有影响竞争的有关因素作出裁决，这些因素包括但不限于该行为对合理定义的相关研发市场竞争性的影响③ |

注：① Preference for United States industryNotwithstanding any other provision of this chapter, no small business firm or nonprofit organization which receives title to any subject invention and no assignee of any such small business firm or nonprofit organization shall grant to any person the exclusive right to use or sell any subject invention in the United States unless such person agrees that any products embodying the subject invention or produced through the use of the subject invention will be manufactured substantially in the United States. However, in individual cases, the requirement for such an agreement may be waived by the Federal agency under whose funding agreement the invention was made upon a showing by the small business firm, nonprofit organization, or assignee that reasonable but unsuccessful efforts have been made to grant licenses on similar terms to potential licensees that would be likely to manufacture substantially in the United States or that under the circumstances domestic manufacture is not commercially feasible.

② (3) First preference in the exclusive or partially exclusive licensing of federally owned inventions shall go to small business firms submitting plans that are determined by the agency to be within the capabilities of the firms and equally likely, if executed, to bring the invention to practical application as any plans submitted by applicants that are not small business firms.

③ In any action under the antitrust laws, or under any State law similar to the antitrust laws, the conduct of any person in making or performing a contract to carry out a joint research and development venture shall not be deemed illegal per se; such conduct shall be judged on the basis of its reasonableness, taking into account all relevant factors affecting competition, including, but not limited to, effects on competition in properly defined, relevant research and development markets.

续表

| 年份 | 法规名称 | 主要条款 |
| --- | --- | --- |
| 1986年 | 《联邦技术转移法》 | SEC 3（Section 11 15 U.S.C.3710）正式建立联邦实验室技术转移联盟（FLC），并为该组织的技术转移活动提供资助① |
| | | SEC 3（inserting Section 11（e）(I) 15 U.S.C.3710）技术转移为所有联邦实验室科学家及工程师的一项责任，并将其纳入绩效评定（projections and productivity assessments）的范畴② |
| | | SEC 7（inserting SEC 14（a）(A)(i) 15 U.S.C.3710）规定联邦研发机构的发明人可以享受不低于15%的特许费，科研项目参与人员可以分享项目成果转移转化所获取的收入③ |
| | | SEC 2（Inserting SEC 12. 15 U.S.C.3710）确立联邦实验室和其他联邦政府机构、州和地方政府、公共和私人基金会、大学等非营利组织以及企业等之间的合作研究开发协定（CRADA）④ |

注：① （e）ESTABLISHMENT OF FEDERAL LABORATORY CONSORTIUM FOR TECHNOLOGY TRANSFER.—（1）There is hereby established the Federal Laboratory Consortium for Technology Transfer（hereinafter referred to as the 'Consortium'）which, in cooperation with Federal Laboratories and the private sector.（7）(A) Subject to subparagraph（B）, an amount equal to 0.005 percent of that portion of the research and development budget of each Federal agency that is to be utilized by the laboratories of such agency for a fiscal year referred to in subparagraph（B）(ii) shall be transferred by such agency to the National Bureau of Standards at the beginning of the fiscal year involved. Amounts so transferred shall be provided by the Bureau to the Consortium for the purpose of carrying out activities of the Consortium under this subsection.

② （3）Each laboratory director shall ensure that efforts to transfer technology are considered positively in laboratory job descriptions, employee promotion policies, and evaluation of the job performance of scientists and engineers in the laboratory.

③ （III）provide that total payments to all such inventors shall exceed 15 percent of total agency royalties in any given fiscal year.

④ （a）GENERAL AUTHORITY.—Each Federal agency may permit the director of any of its Government-operated Federal laboratories—"（1）to enter into cooperative research and development agreements on behalf of such agency（subject to subsection（c）of this section）with other Federal agencies; units of State or local government; industrial organizations（including corporations, partnerships, and limited partnerships, and industrial development organizations）; public and private foundations; nonprofit organizations（including universities）; or other persons（including licensees of inventions owned by the Federal agency）.

续表

| 年份 | 法规名称 | 主要条款 |
| --- | --- | --- |
| 1986年 | 《联邦技术转移法》 | SEC 2（Inserting SEC 12（b）（3）.15 U.S.C.3710）联邦实验室可以提前与其他合作方确定对发明的处理方式：政府在保留非独占的、不可撤销的、不再支付费用的实施发明或使发明由政府/以政府名义在全球实施的许可权利的前提下，可以提前、整体或部分地放弃联邦政府对合作方或合作方员工基于协议而取得的任何主题发明的任何所有权① <br> SEC. 8.（inserting SEC. 15（a）.15 U.S.C.3710）如果联邦政府机构不对联邦科研成果申请专利，则科研成果的完成人可以申请并拥有科研成果的专利权。<br>如果根据该法案取得一项发明所有权的联邦政府机构无意提出专利申请或者对该发明进行商业化应用，当发明人是政府员工或是在供职于政府期间取得该发明的前政府员工时，该机构应（在政府保留非独占的、不可撤销的、不再支付费用的实施发明或使发明由政府/以政府名义在全球实施许可的前提下）允许发明人保留就该发明申请专利的权利② |
| 1988年 | 《综合贸易与竞争力法》 | 15 USE 278n. 建立先进技术计划（ATP），旨在帮助美国企业增加和应用产业共性技术和研究成果，以推动重大的新的科学发现和技术迅速商业化和完善制造技术③ |

注：① waive, subject to reservation by the Government of a nonexclusive, irrevocable, paid-up license to practice the invention or have the invention practiced throughout the world by or on behalf of the Government, in advance, in whole or in part, any right of ownership which the Federal Government may have to any subject invention made under the agreement by a collaborating party or employee of a collaborating party.

② If a Federal agency which has the right of ownership to an invention under this Act does not intend to file for a patent application or otherwise to promote commercialization of such invention, the agency shall allow the inventor, if the inventor is a Government employee or former employee who made the invention during the course of employment with the Government, to retain title to the invention (subject to reservation by the Government of a nonexclusive, nontransferrable, revocable, paid-up license to practice the invention or have the invention practiced throughout the world by or on behalf of the Government).

③ SEC. 28.（a）There is established in the Institute an Advanced Technology Program (hereafter in this Act referred to as the 'Program') for the purpose of assisting United States businesses increating and applying the generic technology and research results necessary to—（1）commercialize significant new scientific discoveries and technologies rapidly; and（2）refine manufacturing technologies.

续表

| 年份 | 法规名称 | 主要条款 |
| --- | --- | --- |
| 1988 年 | 《综合贸易与竞争力法》 | 20 use 1145f. 成立区域制造技术转移中心（MEP），授权为 1988 财政年度拨款 15 000 000 美元，以及为开发、建设和运营区域技术转让中心而在随后的 3 个财政年度中每年拨款所需的款项① |
| 1996 年 | 《国家技术转让与进步法案》 | SEC. 4. 保证参与共同合作研发（CRADA）的公司基于协议可以获得充分的专利许可授权② |
| | | SEC.4.（section 12a（b）.15 U.S.C.3710 is amended）保证合作方至少取得独占许可的优先选择权，有权拥有在共同合作研发（CRADA）中产生的研发成果。<br>实验室应通过该协议确保合作方能够选择是否享有将该协议涵盖的任何发明用于事先商定的领域的独占许可权利，或者在存在多个合作方时，各个合作方能够选择保留各自的许可权利，所有合作方的许可权利共同构成只有一个合作方情形时的独占许可③ |

注：① SEC. 1211.（a）(1)(A) Except as provided in subparagraph (B), there are authorized to be appropriated $15,000,000 for fiscal year 1988 and such sums as may be necessary for each of the 3 succeeding fiscal years to develop, construct, and operate regional technology transfer centers.

② (b) E NUMERATED AUTHORITY .—（1）Under an agreement entered into pursuant to subsection (a)(1), the laboratory may grant, or agree to grant in advance, to a collaborating party patent licenses or assignments, or options thereto, in any invention made in whole or in part by a laboratory employee under the agreement, for reasonable compensation when appropriate.

③ The laboratory shall ensure, through such agreement, that the collaborating party has the option to choose an exclusive license for a pre-negotiated field of use for any such invention under the agreement or, if there is more than one collaborating party, that the collaborating parties are offered the option to hold licensing rights that collectively encompass the rights that would be held under such an exclusive license by one party.

续表

| 年份 | 法规名称 | 主要条款 |
|---|---|---|
| 1996年 | 《国家技术转让与进步法案》 | SEC.4.（Section 14a（b）（3）（B）.15 U.S.C. 3710is amended）联邦机构可以使用研发成果转移转化收入雇用临时人员，（B）使用按照（A）项规定从合作方收取的资金来雇佣人员以执行协议的，受雇人员不受该机构的全职工作条款限制。① <br> SEC.5.（Section 14（a）（1）（B）（iv）（v）.15 U.S.C.3710c is amended）支付相关研究、行政及法律费用。<br>（iv）用来支付该机构或实验室（就该实验室取得的发明）的知识产权管理和许可的附加费用，这些附加费用包括其他机构、个人或组织在提供知识产权管理和许可服务时的服务费用及其他成本；或者用来：（v）支付符合该实验室科研任务和目标科学研发成本② |
| | | SEC.5.（Section 14（a）（1）（A）（i）.15 U.S.C.3710c is amended）先支付发明人2000美金，此后发明人至少还可获得15%的成果转化收益③ |

注：① （B） use funds received from a collaborating party in accordance with subparagraph（A）to hire personnel to carry out the agreement who will not be subject to full-time-equivalent restrictions of the agency;

② （iv） for payment of expenses incidental to the administration and licensing of intellectual property by the agency or laboratory with respect to inventions made at that laboratory, including the fees or other costs for the services of other agencies, persons, or organizations for intellectualproperty management and licensing services; or（v）for scientific research and development consistent with the research and development missions and objectives of the laboratory.

③ （A）(i) The head of the agency or laboratory, or such individual's designee, shall pay each year the first $2,000, and thereafter at least 15 percent, of the royalties or other payments to the inventor or coinventors.

续表

| 年份 | 法规名称 | 主要条款 |
| --- | --- | --- |
| 1996年 | 《国家技术转让与进步法案》 | SEC. 5.Section 14（a）（3）.15U.S.C.3710c is amended）奖励经费的上限由原来的每年10万美金提高至15万美金①，扩大对研发有贡献的人员的奖励范围，即（A）(ii) 对于非发明人但大幅增加了此类发明的技术价值的实验室员工，机构或实验室可以从许可使用费或其他款项中提供适当的奖励。(B)(i) 奖励实验室的科学、工程和技术员工，包括敏感或机密技术的开发人员，无论该技术是否能商业应用②。<br>（15 U.S.C. 3710d（a）is amended）明确规定在联邦政府放弃专利权时发明人有权取得该项专利权。如果对一项联邦雇员作出的发明取得所有权的联邦政府机构无意提出专利申请或者对该发明进行商业化应用，当发明人是政府员工或是在供职于政府期间取得该发明的前政府员工时，该机构应（在政府保留非独占的、不可撤销的、不用再支付费用的实施发明或使发明由政府/以政府名义在全球实施许可的前提下）允许发明人取得或保留就该发明申请专利的权利③ |
| 2000年 | 《技术转移商业化法》 | SEC. 4.（Section 209 of title 35, United States Code, is amended）规定联邦政府机构在一定条件下可就其拥有的发明进行独占或部分独占的许可。<br>(a)政府机构——联邦机构可以对根据207（a）（2）节规定由联邦所有的发明发放独占的或部分独占的许可…④ |

注：① （3）in subsection（a）（3），by striking '$100, 000' both places it appears and inserting '$150, 000'.

② （A）(ii) An agency or laboratory may provide appropriate incentives, from royalties, or other payments, to laboratory employees who are not an inventor of such inventions but who substantially increased the technical value of such inventions. (B)(i) to reward scientific, engineering, and technical employees of the laboratory, including developers of sensitive or classified technology, regardless of whether the technology has commercial applications.

③ If a Federal agency which has the ownership of or the right of ownership to an invention made by a Federal employee does not intend to file for a patent application or otherwise to promote commercialization of such invention the agency shall allow the inventor if the inventor is a Government employee or former employee who made the invention during the course of employment with the Government, to obtain or retain title to the invention (subject to reservation by the Government of a nonexclusive, nontransferrable, irrevocable, paid-up license to practice the invention or have the invention practiced throughout the world by or on behalf of the Government).

④ (a) AUTHORITY. —A Federal agency may grant an exclusive or partially exclusive license on a federally owned invention under section 207（a）（2）…

续表

| 年份 | 法规名称 | 主要条款 |
| --- | --- | --- |
| 2000 年 | 《国家技术转让与进步法案》 | SEC. 4.（Section 209 of title 35, United States Code, is amended）优先将联邦政府机构的科研成果许可给小企业。<br>（c）小企业优先原则。优先向（与其他申请者相比拥有同等或更大可能性在合理时限内将发明应用于实践的）小企业发放 207（a）（2）节中规定的任何独占或部分独占许可 ① |
| | | SEC. 4.（Section 209 of title 35, United States Code, is amended）增加独占许可被授权人之承诺义务。<br>（3）申请者承诺在合理时限内将发明应用于实践，该时限可以由联邦机构在申请人提出申请后进行延长，申请人必须证明延长期限的合理性。②<br>（d）（3）授权联邦机构在以下情形整体或部分终止许可：当联邦机构认为—（A）被许可人没有履行其实践发明的承诺（包括出现在任何支持许可申请的计划书上的承诺），并且被许可人也无法切实向联邦机构证明自己已经或将在合理时限内采取有效措施将其发明应用于实践③ |

注：① （c）SMALL BUSINESS. —First preference for the granting of any exclusive or partially exclusive licenses under section 207（a）（2）shall be given to small business firms having equal or greater likelihood as other applicants to bring the invention to practical application within a reasonable time.

② （3）the applicant makes a commitment to achieve practical application of the invention within a reasonable time, which time may be extended by the agency upon the applicant's request and the applicant's demonstration that the refusal of such extension would be unreasonable.

③ （d）（3）empowering the Federal agency to terminate the license in whole or in part if the agency determines that—（A）the licensee is not executing its commitment to achieve practical application of the invention, including commitments contained in any plan submitted in support of its request for a license, and the licensee cannot otherwise demonstrate to the satisfaction of the Federal agency that it has taken, or can be expected to take within a reasonable time, effective steps to achieve practical applica-tion of the invention.

续表

| 年份 | 法规名称 | 主要条款 |
| --- | --- | --- |
| 2000年 | 《国家技术转让与进步法案》 | SEC.8.（c）限制－根据1980年《史蒂文森·怀德勒技术创新法案》（15 U.S.C.3710a）第12节，本法案或本节规定的任何程序均不得向科学技术政策办公室、国家科学技术委员会或任何联邦机构授予否决另外一个联邦机构的合作研发协议或联合工作声明的权力① |
| | | SEC.8.（b）（2）（B）简化归属联邦政府的科研成果的转化程序。本小节规定的转化程序应围绕以下原则设计：尽可能使用或修正现有程序实现联邦机构负担最小化，鼓励与国家实验室建立产业合作伙伴关系，最小化达成或否决联合工作报告及合作研发协议的时滞② |
| | | SEC.10.（inserting Section 11. 15 U.S.C.3710）向有关政府机构报告联邦政府机构科研成果转移情况，报告内容应包括：（A）对该机构上一财年的技术转让计划以及该机构开展技术转让职能的计划的解释，包括其在具有商业前景的实验室创新中确保知识产权的计划，以及管理其知识产权的计划，以推进该机构的使命，并有利于美国产业的竞争力；和（B）上一财政年度技术转让活动的信息，包括：提交的专利申请数量；收到的专利数量；在上一个财政年度收到特许权使用费收入的完全执行的许可证的数量，根据其是独占的、部分独占的还是非独占的进行分类，以及从被许可人书面请求许可证之日起到许可证执行之日止的时间；特许权使用费总收入，包括特许权使用费总收入、许可证前1%、5%和20%的特许权使用费总收入、特许权使用费收入范围和中位数等统计信息，除非披露此类信息会揭示与个人许可证或被许可人相关的特许权使用费收入金额；对前项所述的收入作出了何种处置；因故终止的许可证数量 |

注：① （c）LIMITATION —Nothing in this Act, nor any procedures established under this section shall provide to the Office of Science and Technology Policy, the National Science and Technology Council, or any Federal agency the authority to disapprove a cooperative research and development agreement or joint work statement, under section 12 of the Stevenson-Wydler Technology Innovation Act of 1980（15 U.S.C. 3710a）, of another Federal agency.
② Procedures established under this subsection shall be designed to the extent possible to use or modify existing procedures, to minimize burdens on Federal agencies, to encourage industrial partnerships with national laboratories, and to minimize delay in the approval or disapproval of joint work statements and cooperative research and development agreements.

续表

| 年份 | 法规名称 | 主要条款 |
| --- | --- | --- |
| 2000 年 | 《国家技术转让与进步法案》 | 以及原子能机构认为与其技术转让实践相关的或具有独特性的任何其他参数或讨论。① 向公众公开相关信息，即鼓励根据本部分要求进行报告的各联邦机构通过互联网网站或其他电子方式向公众提供此类报告中包含的信息② |

注：① （1）IN GENERAL—Each Federal agency which operates or directs one or more Federal laboratories or which conducts activities under sections 207 and 209 of title 35, United States Code, shall report annually to the Office of Management and Budget, as part of the agency's annual budget submission, on the activities performed by that agency and its Federal laboratories under the provisions of this section and of sections 207 and 209 of title 35, United States Code. （2）CONTENTS —The report shall include— （A）an explanation of the agency's technology transfer program for the preceding fiscal year and the agency's plans for conducting its technology transfer function, including its plans for securing intellectual property rights in laboratory innovations with commercial promise and plans for managing its intellectual property so as to advance the agency's mission and benefit the competitiveness of United States industry; and （B）information on technology transfer activities for the preceding fiscal year, including— （i）the number of patent applications filed; （ii）the number of patents received; （iii）the number of fully-executed licenses which received royalty income in the preceding fiscal year, categorized by whether they are exclusive, partially-exclusive, or non-exclusive, and the time elapsed from the date on which the license was requested by the licensee in writing to the date the license was executed; （iv）the total earned royalty income including such statistical information as the total earned royalty income, of the top 1 percent, 5 percent, and 20 percent of the licenses, the range of royalty income, and the median, except where disclosure of such information would reveal the amount of royalty income associated with an individual license or licensee; （v）what disposition was made of the income described in clause（iv）; （vi）the number of licenses terminated for cause; and （vii）any other parameters or discussion that the agency deems relevant or unique to its practice of technology transfer.

② （4）PUBLIC AVAILABILITY —Each Federal agency reporting under this subsection is also strongly encouraged to make the information contained in such report available to the public through Internet sites or other electronic means.

## 二、美国典型高校及科研机构在财政资助项目成果的知识产权保护、应用等方面的实践探索❶

### （一）斯坦福大学

1. 斯坦福大学简介

斯坦福大学（Stanford University）坐落于美国加利福尼亚州旧金山湾区南部，于1885年建立，1891年开始正式招生。作为世界上首屈一指的私立科研型高校，斯坦福大学培养了一大批著名的学者与科研工作者，涌现出数十位诺贝尔奖得主，并诞生了功能性抗体、调频声音合成技术和基因重组技术等举世闻名的重大发明（见表5-2）。

表 5-2 斯坦福大学重大发明一览表

| 年份 | 发明及累计权利金收入 |
| --- | --- |
| 1971年 | 调频声音合成技术（2290万美元） |
| 1974年 | 基因重组技术（2.55亿美元） |
| 1981年 | 光纤放大器（4840万美元），MINOS系统（440万美元） |
| 1984年 | 功能性抗体（6.32亿美元） |
| 1990—1992年 | DSL的离散多音技术（2960万美元） |
| 1996年 | 超文本检索技术–GoogleTM（3.44亿美元） |
| 2001—2003年 | 数据可视化软件（1480亿美元） |
| 2002年 | 误码检测软件（1180万美元） |
| 2005—2008年 | 无创产前DNA检测（2150万美元） |
| 2011年 | 癌症检测（370万美元） |

资料来源：Life of a Stanford Invention［EB/OL］.［2022-02-06］. https：//otl.stanford.edu/sites/g/files/sbiybj10286/f/otl_overview_fy18_1.59.44_pm_1.pdf.

---

❶ 此部分的阐述中，我们借鉴和参考了这些高校及科研机构在其官网发布的一些文件资料，详见"参考文献"部分。

斯坦福大学得以为世人贡献如此多的重大发明，在很大程度上归功于其对人才的高度重视。自建校之初，斯坦福大学就将"培养高层次实用型人才"作为其培养目标。除此之外，斯坦福大学还借助系统、高效的知识产权管理制度，在推动学校科研成果真正走向社会，实现其技术价值的同时，还为本校的科研活动提供源源不断的经费支持，取得了耀眼的成就。以2018财年为例，斯坦福大学共计收到560份发明披露，累计获得4100万美元技术许可收入（见表5-3）。[1] 斯坦福大学秉承"务实、创新"的精神，积极推动本校的技术研发和技术成果转化，在知识产权保护与应用方面积累了丰富的经验，并逐渐形成了具有自身特色的高效技术许可模式。

表5-3  2018年财年斯坦福大学技术许可相关数据

| 类别 | 数额（万美元） |
| --- | --- |
| 接收的披露 | 560 |
| 活跃的技术 | 3647 |
| 新获得的美国国内专利 | 214 |
| 产生的技术 | 813 |
| 技术许可收入 | 4100 |

2. 斯坦福大学知识产权管理机构

在斯坦福大学，知识产权的管理活动以应用为导向并引入了营销理念，围绕着技术许可而展开。斯坦福大学技术许可办公室（Office of Technology Licensing，OTL）由尼尔斯·赖默斯（Niels J. Reimers）于1970年创立，负责对斯坦福大学的发明创造进行商业评估和专利申请，以及专利、版权与其他技术的正式转让。其使命在于推进斯坦福大学的技术转移活动并为社会创造价值的同时，为学校科研项目提供源源不断的资金支持。

作为当下美国众多高校中技术转移活动最活跃的机构之一，斯坦福大学

---

[1] Life of a Stanford Invention[EB/OL].[2022-02-06]. https://otl.stanford.edu/sites/g/files/sbiybj10286/f/otl_overview_fy18_1.59.44_pm_1.pdf.

OTL得以有效运作归功于其结构清晰的组织架构。目前，OTL下设若干个部门，其员工多是从事技术许可的专业技术人员。每名技术许可专员或技术许可联络员均拥有自然科学或生命科学的专业背景。员工们按照分组共同负责一批发明成果"从摇篮到坟墓"的许可过程。斯坦福大学技术许可办公室下设的产业合同部（Industrial Contracts Office）在处理产业资助科研项目相关事宜外，也负责生物材料的许可工作。需要强调的是，尽管斯坦福大学非常重视技术成果转化，但也在文件中明确了"大学的研究和教学任务优先"的原则，即大学的研究和教学任务始终优先于专利考虑。虽然大学认识到专利发展的好处，但最重要的是，大学研究的方向不应仅仅出于专利考虑或个人经济利益考虑。

3. 斯坦福大学的知识产权管理制度

斯坦福大学结合本校的知识产权管理需要建立了相应的规章制度，对专利权的归属、版权政策、权利金分配、教职员工对外兼职等进行了详细的规定。根据所披露的技术等存在差异，斯坦福大学技术许可办公室对其进行分类管理。其中，专利权主要针对发明成果等；版权则针对软件、文学作品、摄影作品或音乐作品；有形科研财产（Tangible Research Property, TRP）涉及的领域较为广泛，斯坦福大学将生物材料、工程图纸、设备等都纳入其范围。需要注意的是，OTL不负责商标授权事务。

在知识产权所有权归属方面，斯坦福大学就发明创造、作品，有形科研财产等的知识产权归属进行了制度化安排。其中，针对计算机软件的特殊性，斯坦福大学对其知识产权归属问题进行了专门阐释。斯坦福大学对于利用本大学资源所研发技术的商业化应用实行制度管理，既有助于履行对研发赞助方的合同义务承诺，也有效降低了个人利益冲突风险，毕竟斯坦福大学的知识产权管理人员在技术对外许可过程中不涉及其私人的经济利益，也不参与学术问题或未来研究决策。[1]在专利方面，根据斯坦福大学的规定，只要是教

---

[1] Stanford Policies［EB/OL］.［2022-02-08］. https://otl.stanford.edu/intellectual-property/stanford-policies#royalty.

职工在承担斯坦福大学的工作任务时，或利用斯坦福大学的资源超出偶然使用时完成的发明创造，教职工就必须及时向大学披露。无论研发活动的资助资金来源如何，斯坦福大学都可对这些研发活动所完成的发明创造主张权利。在版权方面，除法律、斯坦福大学的规章制度或相关资助协议有特殊要求之外，斯坦福大学一般不主张对其教职员工的教学作品、学术作品或艺术作品享有知识产权。斯坦福大学认为这些作品可能代表作者的个人信仰或学术信仰。为了保护其教职员工的学术自由，斯坦福大学不会试图，也无权控制此类作品的内容或发行，且斯坦福大学不希望对其教职员工的代表个人信仰或学术信仰的作品承担法律责任。[1] 可见，斯坦福大学在其知识产权管理中积极鼓励学术自由和学术思想传播。

斯坦福大学对计算机软件的知识产权归属是根据具体情况来进行安排。斯坦福大学将计算机软件分为两类：一类是可申请专利的计算机软件。这类计算机软件按照斯坦福大学关于可专利发明的规章制度进行管理；另一类是不可申请专利的计算机软件。这类计算机软件更多是作为学术作品，艺术作品或教育作品的数字表达。不可申请专利的计算机软件的知识产权一般属于研发者，但属于以下情形例外：如研发成果来自由斯坦福大学直接分配的资金来支持的特定研发项目，或者由斯坦福大学委托研发产生，或以其他方式受所签订的合同义务的约束等。此外，斯坦福大学的资源仅用于维护自身利益，不得用于其教职员工的私人利益或商业利益，也不得用于任何其他非本大学的目的。因此，作品的创作者如果大量使用斯坦福大学的服务或利用该大学的资源来创作作品，其应该向技术许可办公室披露该作品并将其知识产权转让给斯坦福大学。斯坦福大学的教职员工必须意识到，其对可商业化软件的创造，升级或维护，如果是其执行斯坦福大学工作任务的一部分，则可能导致利益冲突。斯坦福大学的教职员工自愿将相关知识产权让渡给斯坦福

---

[1] Research Policy Handbook of Stanford［EB/OL］.［2022-02-08］. https://doresearch.stanford.edu/policies/research-policy-handbook.

## 第五章 美国和日本在财政资助项目成果的知识产权保护与应用领域的政策立法与实践探索

大学是解决该冲突的方式之一。

在有形科研财产政策方面，斯坦福大学鼓励本校员工同自己实验室之外的其他科研人员迅速、公开地交换有形科研财产和相关研究数据。考虑到这些 TRP 可能具有潜在的商业价值和科学价值，斯坦福大学一方面希望推进科学交流，另一方面又不希望 TRP 交换降低 TRP 的价值或抑制其未来商业开发。于是，它对于出于研发目的抑或出于商业目的而交换 TRP 进行分类管理，鼓励教职员工依程序要求向出于科研需要的研究人员转移有形科研材料。

在科研项目方面，斯坦福大学根据项目的资助情形不同，进行了具体规定。当企业资助科研项目时，OTL 规定，当企业有意资助斯坦福大学已形成发明创造或专利技术的科研项目，或科研人员希望通过知识产权获取科研经费或建立产业合作关系时，鉴于资助经费与专利许可权利金性质不同，发明人无权要求参与资助经费的分配。针对公共财政资助的科研项目，斯坦福大学同其他美国研究型高校一样，在《拜杜法案》的框架内进行公共财政资助科研项目成果的知识产权管理。该法案规定，非营利性机构和小型企业可对公共财政资助科研项目中所形成的发明成果保留知识产权。斯坦福大学有义务及时披露相关发明成果，并遵守相关政策立法的规定。此外，斯坦福大学需向政府进行免权利金的专利许可，优先考虑美国制造商，优先向国内制造业或小型企业进行专利技术许可，与发明者共享权利金收入，并定期向联邦资助机构汇报其专利技术的许可工作进展。

在教职员工对外兼职方面，斯坦福大学鼓励教师积极将本校技术知识对外转移，认为大学的职责之一就是促进学术研究所获得的知识走向应用，造福社会民众。此外，教师在对外兼职活动过程中所获的经验有助于他们的校内教学科研工作。但是，斯坦福大学也承认，教职工对外兼职时可能因信息交流和技术转让而产生利益冲突，特别是当教职工有机会因此获得个人经济利益的情况下。为了尽量减少这些冲突，并在冲突发生时及时处理纠纷，斯坦福大学对本校教职员工的对外兼职进行了规范。斯坦福大学要求包括咨询服务等在内的任何外部兼职活动不得减损教职员工对斯坦福大学的职责义务。斯坦福大学要求在职教职员工原则上禁止担任由其他机构提交和管理的赞助项目的首席研究员。该规定并非旨在限制教师参加与斯坦福大学具有合作协议或其他协议的培训或研究计划。斯坦福大学认为，由于教职员工应将其主要精力和专业兴趣投入到大学安排的工作中，因此他们在兼职对外咨询工作时不得接受具有管理或监督责任的重大管理职责或管理者头衔（例如，首席执行官，主任或副总裁）。斯坦福大学的教职员工必须将他们的大学本职工作和对外兼职工作明确分开，以避免出现资源使用纠纷或研发成果权属纠纷。斯坦福大学还特别强调，斯坦福大学的名称和徽标不得用于本校教职员工的对外咨询活动。斯坦福大学教职员工的对外兼职活动不应涉及：向第三方承诺或转让知识产权，或向第三方承诺将自己在斯坦福大学工作中完成的全部或部分研发成果首先付诸实施，或向第三方承诺对斯坦福大学资源的使用超出偶然使用范围；或者将斯坦福大学的研发成果用于其对外咨询服务的活动中，导致第三方获得对斯坦福大学研发结果的早期或独家访问。如果一名教职员工因履行其对外咨询服务而被列为任何出版物的作者，则应披露该情况，明确说明其对该出版物的贡献是作为有偿顾问，而不是其斯坦福大学工作职责的一部分。

为了避免斯坦福大学的大学资源（包括设施、人员、设备和信息等）被本校教职员工不当使用，有效规避因本校教职员工对外兼职服务而可能引发的纠纷，斯坦福大学明确要求除为本校利益之外，斯坦福大学的教职员工不得利用斯坦福大学的资源或人员（如设施、员工、学生或其他学员、设备或机密信息等），包括不得将其用作其对外咨询服务或商业活动等，但仅为偶然性使用的情形除外。斯坦福大学的教职员工不当使用斯坦福大学资源的行为包括：教职员工为给自己带来潜在的或现实的经济利益，而不是为了学术发展或学生培养的需要，将任务分配给学生，教职员工或博士后学者；教职工的学生等在未经学院院长等事先审查和批准的情形下参与其外部咨询或商业活动；擅自允许外部机构出于斯坦福大学使命以外的目的访问斯坦福大学的资源或使用斯坦福大学的人员或服务，或向外部机构提供不适当的帮助，试图不适当地影响它们与大学的交易等；使用在斯坦福大学工作或研究活动中所获得的机密信息谋取个人利益，或允许他人未经授权访问此类信息（这里的机密信息包括但不限于个人的医疗信息或安全记录等；有关公司预期的材料要求或价格方面的信息；在官方公告之前，有关政府即将开展的项目或选择承包商或分包商的信息）；为了个人经济利益，向外部机构提供从斯坦福大学教学研究和学术活动中产生的研究成果、研发材料或研发产品的优先访问权等。

在权利金分配方面，根据斯坦福大学权利金分配政策的规定，权利金在扣除15%支付技术许可办公室的行政费用以及扣除支付与该发明有关的必要开支后，净权利金按以下方式分配：1/3归发明者，1/3归发明者所属系/部门，另外1/3归发明者所属学院。发明成果披露表中要求发明者标识出对其发明创造提供支持的院/系。若技术许可办公室未接到特殊通知，被标识的院/系等将收取其相应的权利金。在特殊情况下（如第三方个人/机构拥有特殊的技能或资源时），OTL也会外聘第三方进行技术许可。第三方会因此得到一定的权利金分成。斯坦福大学有时可能接受股权作为许可费的一部分。此时，斯坦福大学就会从股权总额中扣除15%用作行政费用，然后将剩下的股权分配给发明人和斯坦福大学。斯坦福大学份额归OTL研究和奖学金基金所有。斯坦福大学的股权份额将由斯坦福管理公司管理。斯坦福大学也进一步明确了其他形式的收益的分配方案，如所有其他现金付款，包括基于销售额的专利许可费，也将参照前述规定进行分配。

斯坦福大学还对技术许可流程进行了具体安排。从早期的技术信息披露到后期的转化为商业成果，斯坦福大学技术许可办公室安排了专业人员来负责本校专利技术的全流程知识产权运作。具体而言，斯坦福大学的技术许可流程分为以下几个步骤（见图5-1）。

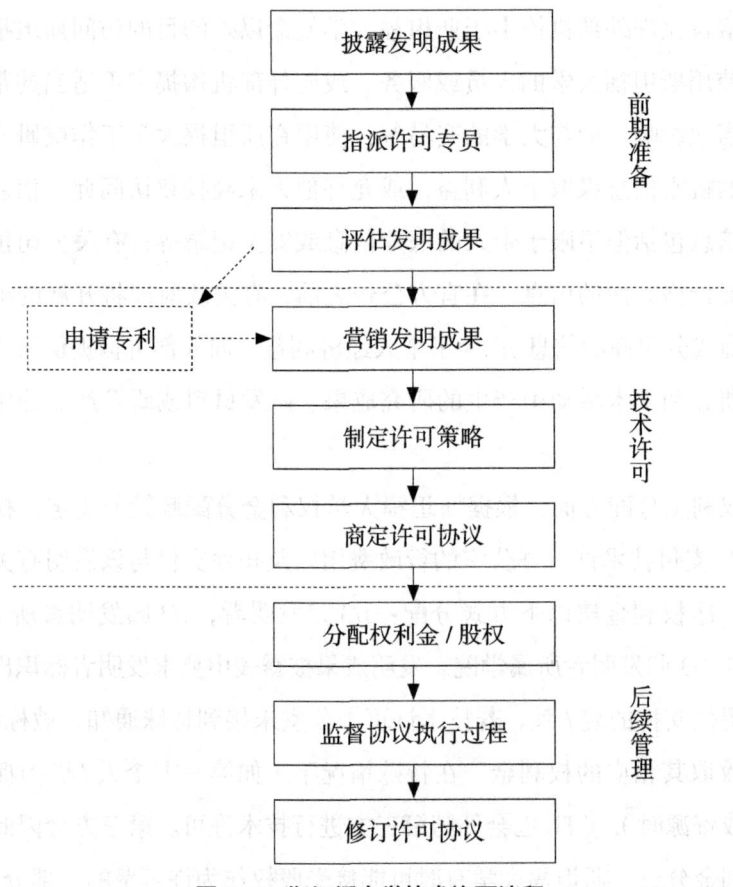

```
         ┌──────────────┐
         │  披露发明成果  │  ┐
         └──────┬───────┘  │
                ▼          │ 前
         ┌──────────────┐  │ 期
         │  指派许可专员  │  │ 准
         └──────┬───────┘  │ 备
                ▼          │
         ┌──────────────┐  │
         │  评估发明成果  │  ┘
         └──────┬───────┘
┌──────┐        │
│申请专利│◁ ─ ─ ─┤          ┐
└──────┘        ▼           │
         ┌──────────────┐   │
         │  营销发明成果  │   │ 技
         └──────┬───────┘   │ 术
                ▼           │ 许
         ┌──────────────┐   │ 可
         │  制定许可策略  │   │
         └──────┬───────┘   │
                ▼           │
         ┌──────────────┐   │
         │  商定许可协议  │   ┘
         └──────┬───────┘
                ▼           ┐
         ┌──────────────┐   │
         │ 分配权利金/股权│   │
         └──────┬───────┘   │ 后
                ▼           │ 续
         ┌──────────────┐   │ 管
         │ 监督协议执行过程│  │ 理
         └──────┬───────┘   │
                ▼           │
         ┌──────────────┐   │
         │  修订许可协议  │   ┘
         └──────────────┘
```

**图 5-1　斯坦福大学技术许可流程**

资料来源：OTL's Standard Operating Procedure ［EB/OL］.2022-02-08.https：//otl.stanford.edu/inventors/our-process.

第一，披露发明成果。在斯坦福大学，包括公共财政资助项目在内的所有科研项目的研究成果均需要进行发明披露。发明成果披露是技术许可的第一环节。如前所述，斯坦福大学明确要求，其教职员工的所有可申请专利的发明创造，包括可申请专利的计算机软件，只要是教职员工承担斯坦福大学的工作任务时做出的，或利用斯坦福大学的资源超出偶然使用时做出的发明创造，就必须及时向大学披露。在不违反任何涉及该发明成果的资助协议或项目研发协议的条款规定的情况下，发明者可根据具体情况选择将其发明成果公开以取得最佳技术转移效果。如果这里的发明人不是个人，而是多人，涉及该发明创造的事宜由所有发明人协商一致后做出决定。教职员工通过向OTL提交发明和技术公开表来详细阐述其技术发明，并解释其中的关键技术解决方案。公开披露的内容涵盖发明成果、发明者、资助方名称、发明日期，以及是否通过已出版或其他方式予以公开披露等。对于来自特定项目首席研究员（PI）实验室的发明，该首席研究员不一定是发明人。OTL收到的所有发明披露事项均由专门的许可专员管理。

第二，指派专利许可专员。在收到发明者提交的发明成果披露资料后，斯坦福大学OTL将进行录入、编码并指派特定的工作人员作为许可专员负责该项发明成果的全部后续管理工作。

第三，评估发明成果。斯坦福大学OTL收集相关信息以对该发明成果进行评估。在发明成果的评估阶段，OTL的许可专员将与发明人当面讨论这项发明技术并对其制造的可行性、可专利性、新颖性、潜在应用前景和未来市场等进行初步评估。通常而言，OTL需要了解的信息包括该项发明技术的用途、应用方式、与现有技术的关系、竞争性优势、创新程度、可投入的市场以及可能对该技术感兴趣的企业。由于专利申请费用昂贵，OTL许可专员不会将所有被披露的发明等申请专利。一旦决定申请专利，该许可专员将制定初步的许可策略。OTL还欢迎发明人就制定该项发明技术的最佳许可策略提出建议（例如，独占许可或非独占许可）。OTL对于不同的发明技术需要采用不同的许可策略。这并非是斯坦福大学要选择对自己经济回报最有利的专利许可方式，而更多是因为其既要维护社会公共利益，防止技术垄断，又要考虑到该项发明技术实施中的风险成本高低，要更好地激发被许可人的投资积极性。

第四，申请专利。斯坦福大学OTL并不会将所有向其披露的发明技术申请专利。考虑到专利申请、专利维持等的成本高昂，负责该项发明技术的知识产权工作的OTL许可专员在提出专利申请之前必须考虑该项发明技术最后被成功授予专利权以及被成功对外许可使用的可能性。例如，在先出版公开等因素可能导致发明创造难以被专利授权，而技术应用的潜在市场过小或研发成本过高都可能造成一项发明创造难以对外许可。一般而言，OTL 经过利益权衡，认为前期投入能得到回报时会与发明人协商以选择专利代理人。不过，OTL 如认定某项发明成果会产生极其重大影响时，即使前期投入有风险，OTL 也会申请专利。在专利申请和审查过程中，发明人的专业知识至关重要。在斯坦福大学，专利申请的提交和专利实施一般由专利代理机构负责。OTL 工作人员会根据技术竞争力、处理类似案例的经验以及发明者的偏好选择合适的专利代理机构。尽管被聘请的专利代理人对发明技术所属领域有一定了解，但其通常不是该领域的专家，因而其对该发明创造的新颖性、创新性和实用性等方面的细节认知比较有限。有鉴于此，发明者可通过信息反馈来协助专利代理人将其发明创造申请专利，从而保证该技术发明获得充分的专利权保护。专利代理人将与发明人一起撰写、审查专利申请以及回复专利局。在专利申请过程中，专利代理人还会询问发明技术披露材料所涉及的所有当事人及其在该项技术发明中的贡献以确定该项技术发明申请专利时的正确发明人名单。

第五，营销发明成果。评估阶段结束后，专利许可专员将与具有合作可能的企业接触，并在不透露保密信息的前提下开展发明成果营销。斯坦福大学 OTL 的工作人员在制定某项发明技术的专利许可策略时，会借助各种信息来源来获知跟该发明技术相关的市场信息。其中，有可能为了该项技术的广泛应用而投入资金、人力和资源的公司是他们营销的主要对象。OTL 会与发明人合作，准备一份非机密摘要，并通过 OTL 的网站直接发送给目标公司。这时，OTL 会尊重发明人对于该项发明创造的技术和市场可行性的见解，以及对潜在被许可目标公司的选择。事实上，研究表明，最好的专利对外许可线索往往来自发明人。若营销目标公司表示感兴趣并要求更多的技术信息，OTL 通常会让发明人来准备相关材料，并在必要时与目标公司签署保密协议，以保证向目标公司披露技术信息资料的同时，防止其利用该发明成果，从而有效保护自身的研发成果。

第六，商定许可协议并分配权利金/股权。如果市场营销取得成功，某企业表示对该项发明成果有很大兴趣，OTL 的工作人员将开始与潜在被许可公司进行专利对外许可协商。这一过程是先提出专利许可协议草案（这个协议草案可以由 OTL 提出或由潜在被许可企业提出），然后进行谈判协商。专利许可协议的条款将根据具体的技术、市场及拟被许可公司而变化。例如，初创公司通常负担不起大笔初始付款，但可以通过公司股权付款和/或产品上市后付款。在这个阶段，发明人的作用是有限的。OTL 的工作人员通常会在协商专利许可协议时通知发明人。发明人也会接到通知去帮助评估一家公司研发被许可专利产品的能力。此外，如果发明人在该项发明技术专利对外许可谈判中存在潜在利益冲突，该发明人就需要接受审查。由于斯坦福大学的大多数发明成果具有早期性，只有 20%～25% 被披露发明技术能获得专利对外许可。在专利对外许可成功后，所取得的收益按照斯坦福大学的专利对外许可收益分配制度进行。斯坦福大学所获得的股权由斯坦福大学管理公司管理，直至清算。

第七，监督协议执行过程。签署专利许可协议是斯坦福大学和被专利许可企业长期合作关系的开始。在专利许可有效期内，OTL 的工作人员将对被专利许可企业的表现进行监督。大部分专利许可协议要求被许可企业定期提供财务报告或发展状况报告。OTL 的工作人员通过企业的定期财务报告或发展报告来监督被专利许可企业的表现。根据大多数的专利许可协议，专利许可条款和公司的进度报告通常被视为商业秘密。双方对此承担保密义务。

第八，修订许可协议。由于技术、公司和市场等随着时间的推移而发展，斯坦福大学与企业需要适时对双方合作关系进行重新评估以适应新环境与新形势的变化。一般而言，任何一方均可在协议期限内随时提出修订要求。具体的内容修订由双方协商一致决定。

在技术许可流程中，OTL 会根据其对技术转移的专业判断最终做出是否许可的决定，以尽可能为公众带来最大利益，而不受内部或外部因素的不当影响。OTL采取了几个步骤来有效推动技术转移，同时协调各方利益冲突。首先，OTL推销所有斯坦福大学的技术成果，以确保对潜在的被许可人的公平和开放访问——本校教职员工的初创企业不应享受优惠待遇。其次，斯坦福大学的教职员工不得代表潜在的被许可方，也不得直接与OTL谈判。另外，OTL专利许可协议可能是独占性或者非独占性的，这取决于对被许可专利技术等的考虑。最后，教职员工所在学院院长和研究院院长须审查任何可能存在利益冲突的行为。如果在进行全面充分的营销之后，OTL确定一家教职员工关联公司是合适的被许可方，那么相关营销结果会被记录而作为院长作出该许可决定的依据。该教职员工必须向院长披露所有利益关系（包括获得咨询费和/或股票期权），并且必须同意根据其职责要求将其对斯坦福大学职责与其对关联公司职责分开。只有在院长认为（根据教职员工的职责分离计划）可以处理冲突的情况下，OTL才可以继续进行专利许可。❶

针对不同的发明创造，许可专员需要实行不同的专利许可策略。如对可能被广泛使用的基础性的新科学工具通常采用非独占许可方式。相比之下，需要公司大量投资的发明创造通常采用独占许可的方式。独占许可的方式会激励被许可公司进行风险资本投资和产品开发。❷ 如果有多家公司对某项专利许可感兴趣，OTL将通过授予非独占许可或通过划分独占许可使用领域的方式实现对多家公司的专利许可。OTL必须在多选一时，它将选择一家有能力尽快向社会推广该专利技术的公司。拥有类似技术和市场经验的成熟企业有时会是其最佳选择。而在其他情况下，初创公司会成为其优先的选择。❸OTL明确斯坦福大学的主要目标是让一项发明创造得到最广泛的应用，而不是寻求最大的经济利益回报。在许多情况下，这意味着OTL倾向于选择向几家公

---

❶ OTL-For Faculty: Best Practices for Start-ups［EB/OL］.［2022-02-10］. https://otl.stanford.edu/industry/stanford-start-ups/faculty-best-practices-start-ups.

❷ OTL's Standard Operating Procedure［EB/OL］.［2022-02-11］.https://otl.stanford.edu/inventors/our-process.

❸ OTL-FAQ［EB/OL］.［2022-02-11］.https://otl.stanford.edu/inventors/faq.

司授予非独占许可,而不是为了追逐更大利益而向一家公司授予独占许可。[1]

技术许可收入分配。OTL 负责收取全部权利金,并在扣除 15% 用于 OTL 行政费用和扣除各种直接费用(如专利申请费等)后,将剩余部分按照 1∶1∶1 的比例分配给发明人、发明人所属部门/系以及发明人所属学院。此外,斯坦福大学相关制度规定,部门/系和学院所得权利金必须用于科研或教育用途。在某些情况下,OTL 也会接受股权以替代部分权利金。同样,在扣除 15% 股权用于 OTL 行政费用后,为许可发行的剩余股权,将被视为"净股权"。净股权的 1/3 将作为发明人的股份交给发明人。在获得净股权后,发明人应自行负责管理发明人的股份,并遵守与发明人的股权分配、所有权处置相关的任何税务、法律或合同义务。其余 2/3 的净股权将作为大学股份交给斯坦福大学。由 OTL 研究和奖学金基金负责斯坦福大学所获股权份额的管理,并从中减去未报销的 OTL 直接费用。

需要特别指出的是,斯坦福大学对于项目经费的监管也非常严格,要求"在斯坦福大学完成的所有项目,其费用支出的充分解释说明书和文件必须保留四年。如果无法提供材料证明任何项目费用支出(这里的费用包括但不限于项目期间及后期产生的费用)是被许可的,且支出是合理的,项目资助人可以拒绝"。

另外,斯坦福大学对于项目研发中的伦理风险等问题也进行了提前风险管控,从而在保证研发活动的合伦理性、合法性的同时,减少科技研发成果后续在知识产权保护和应用中的风险。斯坦福大学设立了五个研究合规行政小组,这些小组负责审查涉及使用人类受试者、实验动物、生物危害剂、重组 DNA 或放射性危害的活动,确保该机构遵守联邦政府、州政府和地方政府对斯坦福大学研究和教学活动的监管。此外,行政小组负责评估当前的研究政策,并帮助制定新政策。根据斯坦福大学的安排,每个行政小组负责其管辖范围内的受试者或代理人的培训。其中,医学研究中的人类受试者行政小

---

[1] A History of OTL[EB/OL].[2022-02-11].https://otl.stanford.edu/history-otl.

组负责监督审查所有涉及人类受试者参与研究的斯坦福大学项目，以确保受试者的权利和福祉得到充分保护。在大多数情况下，行政小组通过审查，批准一份措辞明确的同意书，以确保受试者充分了解其参与行为所固有的风险以及可能获得的益处。该小组的管辖范围原则上仅限于涉及斯坦福大学工作人员（包括学术委员会成员，大学雇员，学生和医院雇员）所参与的研究项目，或使用斯坦福大学，斯坦福大学附属医院，帕洛阿尔托退伍军人管理局医疗中心或斯坦福大学附属儿童医院的设施的事项。该小组至少由五名成员组成，包括：由副教务长兼研究院长选择的数名教职员工，一名斯坦福大学学生，以及至少一名来自社区的成员。

### （二）华盛顿大学

1. 华盛顿大学简介

华盛顿大学（University of Washington）位于美国西雅图，创建于1861年。作为一所世界顶尖的公立研究型高校，华盛顿大学在研究经费等方面长期处于全球大学前列，并先后孕育出人体疫苗、乙烯合成橡胶技术和DOS操作系统等改变人类历史进程的重大发明。华盛顿大学得以为人类社会作出巨大的贡献首先要归功于其出色的创新能力。学校通过建构有效的激励机制，联合学生、科研人员和社区等力量，扫平其创新活动中的制度性障碍，不断提升本校的创新能力和综合竞争力。与此同时，华盛顿大学还运用其在知识产权管理方面积累的丰富经验推动本校宏观创新目标的实施。正因如此，在2014年，华盛顿大学将其负责技术转移等知识产权管理活动的技术商业化中心（Center for ommercialization）改名为CoMotion，意为"联动"，即强调通过整合学校的资源进行有意义的创新。

2. 华盛顿大学的知识产权管理机构

为了有效管理本校的知识产权，华盛顿大学采取校内机构与校外机构相结合的方式使得其技术转移更具商业性和弹性。❶ 华盛顿大学设定了专门机构 CoMotion 来整合学校资源，负责处理本校的知识产权事务。除此之外，CoMotion 还主动为学校教职员工和学生的科研创新提供资源支持，为产业界和高校之间的交流合作牵线搭桥。其中，CoMotion 的实验室为早期创业公司提供专业指导和多行业孵化环境。它们在华盛顿大学西雅图校区的三个孵化器（生命科学孵化器、硬件孵化器和技术孵化器）中运作。每个孵化器都专注于特定的行业领域。

3. 华盛顿大学的知识产权管理制度

首先，华盛顿大学先后颁布了一系列的知识产权管理规章制度。如华盛顿大学第三十六号行政指令规定，本校教职员工及学生必须向知识产权与技术转移办公室（Office of Intellectual Property and Technology Transfer）及时披露其研究中产生的所有发明和发现，并有义务参与技术转移过程。在其大学工作或学习期间，即使未与华盛顿大学签署具体的发明协议，学校的教职员工和学生等仍需遵守华盛顿大学的知识产权管理制度，即教职员工和学生等有义务将其在大学的职务发明的相关权利转让给华盛顿大学，并在华盛顿大学获取、保护以及维持专利权和其他知识产权时参与协助。另外，除非属于职务作品或研究合同对知识产权有特别约定等特殊情况外，教职员工和学生保留他们创作的受版权保护的作品的权利。❷

同其他美国研究型高校一样，华盛顿大学在《拜杜法案》的框架内对公共财政资助科研项目形成的成果进行知识产权管理。《拜杜法案》允许受美国政府财政资助开展科研项目的高校与科研机构对项目研发中产生的发明保留知识产权。与之前专利政策相比，《拜杜法案》明显放宽对专利的限制。为此，华盛顿大学《行政政策声明》规定：华盛顿大学有义务在发明者

---

❶ 刘江彬, 黄俊英. 智慧财产管理总论［M］. 台北：华泰文化事业公司, 2004：130-138.

❷ UW Executive Order No. 36［EB/OL］.（2015-5-07）［2022-02-09］. http://www.washington.edu/admin/rules/policies/PO/EO36.html.

向 CoMotion 披露发明并处理相关事宜后的两个月内向提供资助的联邦政府机构报告发明情况；应在披露后的两个月内决定是否保留该项发明成果的权利；且在决定保留该项发明权利后的一年内，在美国专利法规定的专利申请期限内（以两者中较早日期为准）提出专利申请；在申请专利后的六个月内向政府发放免费的专利许可证；应向政府提供由美国政府资助、学校管理的发明成果使用情况的年度报告；需同参与美国联邦政府资助科研项目的员工签订书面的发明协议。❶

其次，华盛顿大学针对技术许可事项确立了非常规范的管理流程，具体如下：

第一，报告发明成果。华盛顿大学第三十六号行政指令规定，发明者应及时向 CoMotion 报告科研项目中全部潜在的发明成果。教职员工应联系该办公室以获取关于报告发明所需的格式文件和对研究赞助机构的特殊要求等方面的建议。CoMotion 有权力决定由自己直接处理发明事项或者使用其他技术管理机构（协助完成）。❷

第二，披露发明成果。评估发明创造的可专利性通常是基于发明披露。有关发明披露的表格和指南可从 CoMotion 获取。发明披露对于发明创造的技术评估、商业潜力评估乃至可专利性判断都至关重要。发明披露材料是否明晰和完整对专利检索的质量和结论都有显著影响。完备的发明披露可降低专利代理人准备专利申请的成本。准备披露发明时，日记格式的实验室笔记本特别有价值，尤其是在两个或多个当事人主张同一发明申请的情况下。在法律纠纷中，该记录可以提供必要的证据来确定发明人的发明构思或首次付诸实践的日期，并记录发明人将其付诸实践所采取的步骤。华盛顿大学的教职员工可以从 CoMotion 获得关于实验室笔记本的更多信息。不过，当无法获得

---

❶ UW Administrative Policy Statements［EB/OL］.（2022-01-08）［2022-02-09］. https://www.washington.edu/admin/rules/policies/APS/TOC00.html.

❷ UW Executive Order No. 36［EB/OL］.（2015-5-07）［2022-02-09］. http://www.washington.edu/admin/rules/policies/PO/EO36.html.

有日记格式的实验室笔记本时,发明披露可以作为发明人的发明构思证据,在出现争议时帮助界定哪一方是先发明人。❶

第三,评估发明成果。发明成果评估将在各方签署保密协议的条件下对发明成果进行技术、法律和市场方面的评估分析。相关机构将与发明人、专利律师及潜在被许可人进行协商。如果存在商业价值但不具备专利保护条件,该发明将作为非专利技术对外许可。

第四,申请专利。根据华盛顿大学的经验,通常要在专利申请提出几个月之后,专利局才会开始进行审查,且其第一次通常会对专利申请提出的全部或部分条款予以否决。这时,专利律师一般会和发明人进行商讨,提出新的理由,证明专利局的否决决定并不正确。对多数专利申请来说,这一程序相当费时。从提出专利申请到专利授权一般至少需要两年时间。如果华盛顿大学决定不申请专利,华盛顿大学可以选择将该发明创造的权利交给发明人。发明人可以自己支付专利费用来申请专利,或将该发明创造予以商业化应用等。特定情况下,华盛顿大学及发明人究竟如何选择将在很大程度上受制于本州立法要求、华盛顿大学的制度规定以及向研究资助机构预先承诺的责任义务要求。

第五,商议并确定技术许可协议。在申请专利之后,CoMotion 会积极联系未来可能合作的被许可方,共同商议签订许可协议的事宜。在这里,许可协议的对象既可能是技术本身,也可能是专利、版权、商标和商业秘密等知识产权。双方会就许可协议可能涉及的许可费、股权、专利维护、专利申请补偿金、权利金、年度最低支付额等具体问题以及涉及双方权责的条款内容进行协商。技术许可的类型主要有两类:独占许可和非独占许可。对于独占许可,被许可的企业是高校唯一进行商业许可的对象,在独占期限内高校不得进行其他许可。在某些情况下,独占性许可只限于某类产品或某个地理区

---

❶ UW Executive Order No. 36〔EB/OL〕.(2015-5-07)〔2022-02-09〕. http://www.washington.edu/admin/rules/policies/PO/EO36.html.

域。非独占许可则可以向所有满足许可条件的企业或组织发放。华盛顿大学保留对外知识产权许可的权利，但有时会聘请其他公司进行知识产权管理，如华盛顿大学已与其他非营利机构——华盛顿研究基金会、亚利桑那州图森的研究公司和俄亥俄州哥伦布的巴特尔发展公司签订了协议，且偶尔也会根据具体情况聘请其他机构来进行知识产权管理。❶

最后，技术许可收入分配。在保护和对外许可发明专利或版权时，华盛顿大学会支出一定的直接性费用，如申请、维持和保护专利等方面的支出，以及知识产权转让、许可使用等方面的协商、管理和执行活动中的支出。直接成本还包括与知识产权转让活动相关的大学自付费用（包括但不限于差旅费、市场调研费以及与股票证券的管理和清算等相关的成本）。学院、系和其他部门偶尔会将可自由支配的资金用于特定技术的进一步创新。在某些情况下，这些支出可能被视为直接成本并可以报销。所有此类报销应得到华盛顿大学主管负责人的批准，且只有在收回 CoMotion 管理费以及 CoMotion 和财务部门产生的一切直接费用后，才会进行报销。支出和报销将按参与各方签订的谅解备忘录执行，且学院、系和其他部门在向 CoMotion 披露前的支出、在披露之前聘用教职员工的工资等都不得报销。只有当全部有资格参与许可收益分配的人（发明人、学校/学院、CoMotion 等）出具书面同意书时，相关人员才能从许可收益中报销高达 100 000 美元的披露后支出（通常用于原创开发或软件开发成本）。这些书面同意书须在费用支出之前签订。华盛顿大学从通过签订技术转移合同而取得的收益中减去被许可方支付给本校的直接成本费用，将剩下的收益进行分配。华盛顿大学的技术转移收益既包括华盛顿大学将其技术对外许可使用而收取的费用，也包括技术转让而收取的费用。其形式可以是现金，也可以是股权。CoMotion 将从中扣除 20% 作为自己的管理费。另外，CoMotion 和财务部门在分配股权或股权收益时还会从中扣除已发生的

---

❶ UW Administrative Policy Statements［EB/OL］.（2022-01-08）［2022-02-09］. https：//www.washington.edu/admin/rules/policies/APS/TOC00.html.

直接成本费用。

在从技术转移可分配收益中扣除 CoMotion 行政费用和直接费用后，剩余的收益（包括权利金收入、所获股权、对外许可收入）按照 1∶1∶1 的比例分配给发明人、发明人所属院/系以及华盛顿大学。在某些情况下，对外许可协议会包含股权相关条款，即被许可方将企业股权偿付给 CoMotion。此时，股权收入仍按照上述比例进行分配。其中，若某一个或多个发明者已持有被许可方股权，则其将不得参与股权分配。院系所接受的股权按比例分配给学院和系。华盛顿大学所获得的股权则存入到大学研究基金（如权利金研究基金等），可作为全校教职员工研究经费来使用。

需要指出的是，华盛顿大学在本校知识产权管理中非常具有风险防范意识，在每个环节都注重对本校教职员工的知识产权风险防范培训，如该校在专利申请前就将"识别发明人"作为一个关键点，明确要求只有对专利申请中要求保护的主题做出创造性贡献的人才能在申请中被指定为发明人。做出其他贡献（例如，收集基本数据或促进发明的实际实施）的人不是发明人，除非他们做出了创造性贡献。同样，项目负责人不能仅仅因为其监督角色而享有发明人身份；在识别发明人时，是否做出过创造性的贡献是唯一的判断标准。当多个研究人员和学生共同参与一个项目时，可能很难确定谁做出了创造性贡献。如果在申请中省略了合法的共同发明人的姓名，而不同的发明人又分别提交了各自的专利申请，那么，这对原本可能成功的专利申请而言就会是致命的。因此，在提交专利申请之前明确发明人的身份非常重要。若对一个人的发明人身份有疑问，最好在准备发明公开时授予暂定发明人身份；专利顾问将在专利申请完成时对该疑问予以澄清。

华盛顿大学规定了严格的保密义务，尤其是防止因研究数据披露而导致专利申请失败。《华盛顿大学行政政策声明》明确规定：原则上当研究结果发表时，华盛顿大学研发的非专利的创新成果就会向公众开放。当华盛顿大学提交的专利申请还处于受理阶段，大学可不公开披露所申请专利的技术信息细节。根据这些规定，外部人员有权请求访问该校所有已发表的研究数据，但不能随意访问未发表的研究信息、实验室记录或测试数据。华盛顿大学提出了对外合作中的保密要求，即发明人或作者的信息披露由本校（或其专利代理人）采取严格保密措施。如果有必要在公开披露之前向潜在被许可人披露创新成果的细节，则会要求潜在被许可人签署披露信息保密协议，以防止其借此不公平占有该创新成果。如果华盛顿大学的教职员工希望出于非商业目的向外部研究人员提供信息或材料（如化合物等），他们应在提供信息或材料之前签订书面协议保护自己和华盛顿大学的权利。

为了协调华盛顿大学研究人员的成果发表与专利申请之间的关系，华盛顿大学出台了可操作性的应对措施，提出以任何方式公开披露可专利的技术信息都可能使某些专利申请无效。导致公开披露的方式众多，如期刊文章的发表、放在图书馆的研究生论文、会议上的演示或向不受保密协议所约束的人员泄露技术信息等。在提交专利申请之前，如果技术信息被公开披露，这就可能导致相关专利申请无法成功。而另一方面，华盛顿大学也充分理解大学研究人员希望及时发布他们的研究结果和新发现的意愿。为解决这一困境，华盛顿大学积极采取一些合理的程序安排。如针对已编目并可供图书馆查阅的论文构成出版物，为了给专利申请争取时间，发明人或相关负责人可以请求在专利申请得到评估之前暂时停止对图书馆的访问。在美国，专利申请前可以得到豁免的发明公开的宽限期为申请日（有优先权的指优先权日）之前一年，即专利申请必须在发明公开披露后一年内提交。这一点与很多国家的宽限期时间要求不同。因此，华盛顿大学的专利申请时要在该节点时间之前向美国专利局提交专利申请。如果发明人及时向 CoMotion 进行发明披露，则通常可以在文章发表期间调查专利申请的可行性。如果其发明技术最后被提交专利申请，发明人和华盛顿大学在发明公开后的一年期限内具备在美国申请专利的资格，且有权随后向其他国家申请。华盛顿大学强调，研讨会报告或会议上发表论文也可构成公开披露。为此，CoMotion 会为华盛顿大学科研人员提供保护知识产权的建议。

华盛顿大学还对本校教职员工的专业咨询活动进行了规范。华盛顿大学不禁止本校教职员工对外开展咨询活动，但要求其在对外咨询时不得损害华盛顿大学的合法权益。当华盛顿大学教职员工提供一般咨询服务时，鉴于该教职员工为商业机构或其他外部实体提供咨询服务通常发生在其发明活动之前，他们不得违背华盛顿大学所制定的知识产权制度的要求（在华盛顿大学的教职员工和外部组织之间进行合作研究时尤其应该注意这点）。教职员工在进行外部咨询活动时应当避免产生利益冲突。例如，如果教员拥有该公司的股票、在该公司担任管理职位、在该公司的研究计划中持续发挥作用，或者还从该组织获得研究资金，则可能会出现利益冲突。华盛顿大学的教职员工必须确保其提供咨询服务的内容范围不与其作为华盛顿大学教职员工必须履行的义务相冲突，且其没有义务向该公司提供其在华盛顿大学研发中产生的知识产权。华盛顿大学的教职员工从事对外咨询必须向其系主任和院长提交一份申请表并获批准。华盛顿大学的教职员工必须及时披露潜在的利益冲突，以免对其咨询服务工作造成负面影响。如果出现知识产权问题，华盛顿大学的教职员工应让CoMotion参与，从而及时明确各方和华盛顿大学的权利，以免因提前披露而对其咨询服务工作造成障碍。这些利益披露必须在各方讨论咨询协议之前进行。在某些情况下，华盛顿大学可以持有商业企业的股权。如果华盛顿大学教职员工提供的是与所许可技术相关的咨询服务（即与已获得华盛顿大学或其代理人所对外许可的技术创新相关的咨询服务）。通常此类咨询不会被纳入华盛顿大学对外技术许可协议所约定的服务范围，而是由发明人与被许可人之间签订单独的咨询协议来约定。实践中，如果仅仅是被许可人技术代表偶尔打电话询问或在华盛顿大学举行的简短会议期间发明人解释技术创新的一般概念，这些通常被视为免费的技术咨询交流。当咨询内容涉及技术许可中发明技术的改进或任何其他被许可材料（如软件等）的更新时，华盛顿大学教职员工应通知CoMotion。只有得到CoMotion批准的前提下，华盛顿大学教职员工才能从这些技术改进或材料更新中获得特殊报酬。

华盛顿大学教职员工从事对外咨询活动都需要事先得到华盛顿大学的批准。企业与华盛顿大学教职员工之间签订的咨询协议应满足以下条件：符合华盛顿大学关于外部专业服务工作的政策；避免与华盛顿大学同被许可人之间签订的任何许可协议条款相冲突或同任何其他大学的关系发生冲突；要确定咨询服务的主题和范围，以免与华盛顿大学所拥有的知识产权发生冲突；明确咨询服务项目研发所产生的知识产权的归属；在适当的情况下，华盛顿大学可以获取企业的部分股权；确保华盛顿大学教职员工获得正常的咨询费和其他合理的费用。

华盛顿大学充分考虑到本校教职员工的非职务发明在本校进行测试或开发可能引发的风险，要求教职员工依据本州法律和科研赞助机构的要求，对其在华盛顿大学工作期间的所有技术创新都必须报告给CoMotion。对于非职务发明创造在华盛顿大学的测试或开发问题，一般而言，华盛顿大学的设施不应用于进一步开展与已经形成并归属于该校学生或教职员工的技术创新相关的后续测试或开发工作。然而，在某些情况下，该技术创新尽管归属于华盛顿大学的学生或员工，但允许华盛顿大学的学生和员工使用华盛顿大学的设施进行合作研发可能最符合华盛顿大学的利益。在这种情况下，当事人必须提交以下材料：华盛顿大学的教职员工等人必须提供明确的证据证明该项技术创新独立于其在华盛顿大学的研究工作，且其陈述必须得到其所在院系的负责人的确认；其所在院系负责人应说明其使用华盛顿大学设施或大学资源的原因，并说明拟开展的合作能为华盛顿大学带来的预期收益。如果其所在院系负责人的提议获得批准，CoMotion将准备一份书面协议，表明华盛顿大学将承认该项技术创新的独立性。该协议还将明确承诺华盛顿大学设施不会用于支持与该技术相关的任何制造或营销活动。

### (三)美国卫生研究院

1. 美国卫生研究院简介

美国卫生研究院(National Institutes of Health, NIH)位于美国马里兰州，隶属于美国卫生与人类服务署(U.S. Department of Health and Human Services, HHS)，进行着美国最高水平的医学与行为学研究。美国卫生研究院初创于1887年，其研究宗旨是探索生命本质和行为学知识，帮助人们延长寿命，预防、诊断和治疗疾病。它不仅拥有自己的医学研究实验室，还资助和支持美国各大学、医学院校、医院等的非政府科学研究及域外研究机构的科研工作，并协助开展研究人员培训，搭建医学信息交流平台。目前NIH共拥有27个研究所及研究中心和1个院长办公室(Office of the Director, OD)，其中有24个研究所及研究中心直接接受美国国会拨款，用于资助研究项目。"[1]

NIH不仅是美国从事医学研究的重要机构之一，还负责分配美国卫生领域的公共研发资金。它资助了全美各州乃至全球的大学和研究机构中无数的医学研究。2011年，NIH管理的总经费达309亿美元，约占美国卫生领域研究投入的一半，其中80%用于支持外部研究，受资助的机构超3000家。得益于NIH资助的医学研究成果，如今的美国人活得更加长久和健康。美国的人均寿命从1900年的47岁上升到了2009年的78岁，过去30年中65岁以上老龄人口的残疾率下降近1/3。近年来美国的综合癌症发病率和死亡率显著降低。[2]

2. 美国卫生研究院知识产权管理机构

NIH院长直接领导的技术转移办公室(OTT)是NIH的知识产权管理和技术转移机构。在NIH的机构设置中，OTT具有重要的地位。OTT的主要责

---

[1] National Institutes of Health Official Website [EB/OL]. [2022-02-09]. https://www.nih.gov/about-nih/who-we-are.

[2] NIH-WHAT WE DO [EB/OL]. [2022-02-09]. https://www.nih.gov/about-nih/what-we-do.

任是技术评估、知识产权保护和营销、技术对外许可、监督和管理大量 NIH 和美国食品及药物管理局（Food and Drug Administration，FDA，HHS 下属机构）的生物材料、专利技术和其他类型的知识产权。不过，自 2016 年 10 月 1 日起，NIH 技术转让办公室不再代表美国食品药品监督管理局（FDA）管理专利、许可或版税。

在组织架构上，OTT 由院长办公室领导，下设政策部门（Division of Policy）和技术进步与转移部门（Division of Technology Development & Transfer）。技术进步与转移部门下设五大分支：癌症分支（Cancer Branch）、传染病与医学工程分支（Infectious Diseases & Medical Engineering Branch）、全科医学分支（General Medicine Branch）、监督与执行分支（Monitoring & Enforcement branch）和技术转移服务中心分支（Technology Transfer Service Center Branch）。此外，OTT 中还包含一个由院长办公室领导的权利金管理部门（Royalty Administration Unit）和一个由技术进步与转移部门领导的疾病防治中心机构（CDC Unit）。

3. 美国卫生研究院知识产权管理制度

美国卫生研究院遵循《拜杜法案》的相关规定，制定了其知识产权管理制度。根据《拜杜法案》的要求，项目承担单位必须向政府项目资助机构报告美国联邦财政资助研究项目所产生的发明。该法案允许企业（大型和小型）和非营利组织（包括大学）保留联邦资助的项目研究和合同计划研究所产生的成果的权利，同时授权政府无偿实施相关专利技术。反过来，项目承担单位有望申请专利等，并在获得专利等授权后积极推进其商业化应用，以造福于公众健康。在美国联邦资助形成研发成果的知识产权管理过程中，承担联邦资助项目的高校或机构负有以下义务：在收到本单位科研人员所提交的发明报告后于两个月之内将其上报至联邦资助机构，并在信息披露后于规定的期限内决定是否保留该成果的权利并告知联邦资助机构；在选择保留该成果的权利之后的一年之内申请专利（或植物品种保护等）；向政府授权无偿实施该发明技术；及时向政府汇报该发明技术的专利申请进度和其商业化应用的

## 第五章　美国和日本在财政资助项目成果的知识产权保护与应用领域的政策立法与实践探索

进展情况；报告涉及该发明技术的商业化应用、对外许可等一切事项。❶其中，向联邦资助机构报告发明的事项都经由 Interagency Edison（iEdison）来完成。iEdison 是一个计算机汇报系统，有 30 多家美国联邦机构用它来记录发明创造等的上报工作。Edison Report-Lite（ERL）-iEdison 具有跟踪功能，供相关机构工作人员查看发明报告所涉及的发明技术的状况并进行监控。当一项技术发明被报告到 OTT，OTT 的专利顾问和技术许可专家们会对该技术发明的可专利性、商业化利用的可能性和专利保护的必要性等事项进行评估，从而保证有商业价值的技术发明能够及时进行专利申请，并得到有效实施。❷

专利许可是 NIH 技术转让最主要的方式。美国国立卫生研究院的专利许可职能从 OTT 分散到各个 NIH 研究所/中心（IC）以及 FDA。NIH 鼓励有意向获得技术许可者联系 NIH 技术转移专家，以了解能否就特定感兴趣的技术进行许可。❸NIH 在技术转移中有向小型企业和初创企业倾向性扶持的措施。NIH 结合美国联邦立法的要求，通过 OTT 制定了新的初创企业独家商业许可协议（Start-up ECLA）以促进 NIH 和美国疾病控制与预防中心（CDC）的发明成果许可给初创公司。这些倾向性扶持措施旨在帮助成立不到 5 年、募集资金不足 500 万美元、员工不足 50 名的初创企业从 NIH 或美国疾病控制与预防中心获得早期生物医学发明的独占许可证。NIH 和 CDC 将其专利或正在申请专利的技术许可给开发药物、疫苗等的公司和某些 NIH 确定需要大量投资才能发展的公司（如那些正在进行临床试验以获得 FDA 批准或Ⅲ类诊断的公司）。这一举措最大限度地降低了这些初创公司所面临的行业准入门槛，推动了早期 NIH 或 CDC 技术的商业应用，还帮助初创公司吸引额外的投资来开发

---

❶ NIH- Intellectual Property Policy［EB/OL］.（2016-04-05）［2022-02-09］. https://grants.nih.gov/policy/intell-property.htm.

❷ iEdison - Invention Reporting［EB/OL］.［2022-02-09］.http：//era.nih.gov/iedison/iedison.Cfm.

❸ NIH Start-Up Exclusive License Agreements［EB/OL］.［2022-02-09］.https：//www.ott.nih.gov/licensing/nih-start-exclusive-license-agreements.

NIH 或 CDC 技术。

NIH 在其管理制度中明确了专利许可的流程和形式。OTT 进行技术许可的步骤如下：企业或个人首先选择自己所感兴趣的技术，根据实际情况选择具体可行的技术许可方式（如选择是独占许可还是非独占许可等），然后按照技术需求情况填写申请表格，提交给主管技术的主管，明确自己需要的技术许可方式，最终由 OTT 决议确定是否许可，并协商许可内容。根据 NIH 的许可制度，非独占和独占专利许可允许公司在适当的情况下依法将发明技术予以商业化应用。独占许可仅限单一主体使用该发明技术，而非独占许可则允许多个主体使用。NIH 或美国疾病控制与预防中心（CDC）研发的一些生物材料没有获得专利授权。如果公司出于商业目的而需要这些有价值的生物材料，它必须通过协商获得生物材料许可。生物材料许可证允许该公司出于商业目的而制造、使用或销售不属于公共领域且无法获得专利权保护的有价值生物材料。这种许可类型通常是非独占的，有助于将 NIH 或美国疾病控制与预防中心实验室研发的生物材料予以商业性开发而无需要求每种材料都获得专利权。

NIH 在财政资助项目成果的知识产权管理中非常注重相关主体间的利益平衡，确保财政资助项目成果的知识产权应用不会背离公共利益的初衷。为此，NIH 根据不同的许可需求明确了不同的程序要求。如果一家公司想要获准使用非专利材料或专利，或将其商业化利用，或获得正在申请专利的发明技术的权利，则须履行授权许可程序。如果公司出于商业目的希望获得授权许可，该公司必须通过 NIH 协商商业评估许可、内部商业使用许可、非独占专利许可或独占专利许可。其中，商业评估许可是为了评估某项技术的商业潜力而授予其制造和使用该技术的非独占权利。该许可的有效期只有几个月。获得商业评估许可并不意味着该公司享有销售或以其他方式分销该发明产品的权利。公司必须获得商业专利许可才能进一步使用或改进该发明技术。内部商业使用许可是授予被许可人出于内部使用目的而制作和使用该发明技术的非独占权利。这项许可不授予被许可人销售或以其他方式分销该发明产品的权利，但允许被许可人将本发明用作其商业开发活动的工具。

关于如何获得许可证的问题。希望获得许可来开发 NIH 或 CDC 发明技术的公司必须向 NIH 提交许可申请，这是 NIH 作出许可决定的主要依据。许可申请提供的相关信息包括潜在被许可人情况、所需许可类型、所期望的条款内容以及潜在被许可人进一步开发或将该发明技术商业化应用的计划等。此外，如果申请人希望获得独占许可证，则其依程序要求提交的完整申请表会让 NIH 了解申请人是否具有获得该项独占许可证的理由。在审查了申请人的许可申请后，NIH 确定申请人的提议是否与 NIH 制定的发明许可策略一致，以及授予许可是否有利于公共利益并符合联邦政府的利益。如果申请人已申请非独占许可，并且技术转移专家已同意其申请，则 NIH 与该公司将开始谈判。然而，如果申请人要求获得独占许可或部分独占许可，NIH 将根据法律要求在联邦公报上发布通知，在 15 天后重新评估其申请和公众意见，并做出最终决定。在评估是否授予独占许可申请时，NIH 要考虑的主要内容包括：独占许可是否服务于公众的最大利益；独占或部分独占许可是否作为一种合理且必要的激励措施，可促进风险资本投入以推动该项发明的实际应用；独占或部分独占许可的条款内容和所设定的条件不超出必要范围，且即使授权独占许可也不会减少竞争。

不仅如此，NIH 还强调了授予专利许可后的应用状况监管，如为了推进专利应用，NIH 已制定了多个示范性许可协议范本作为许可谈判的基础。作为许可申请流程的一部分而由被许可方提交的业务发展计划可作为确立许可协议中绩效基准的基础。相关机构会与被许可方密切合作，以监控绩效并在适当时调整基准，以确保其发明技术能够商业化应用成功。根据要求，被许可方至少每年必须就其使用或准备使用被许可专利作出回应。被许可方的回复是保密的，并且根据《美国信息自由法》的规定，在法律允许的范围内不予披露。许可证会因特定原因而被撤销，如未使用该发明技术或未能进一步改进该发明技术、未能遵守相关管理法规或未能满足公共卫生需求。被许可方通常还必须承诺在美国销售的，通过使用本发明技术制造的产品将在美国制造。❶ 在监督过程中，如果判定被许可方没有按授权协议所预定的要求执行计划，而且无法在合理的期限内达到应用该技术发明的要求时，OTT 会修改许可权限或终止许可使用以确保被授权专利技术得到充分的开发利用。例如，修改独占专利许可为非独占专利许可；缩小使用领域；收回许可并授权给其他能使技术得到开发利用的企业。另外，如果有其他法律要求该专利由公众使用，或者当被许可方蓄意在许可申请中作出虚假陈述（或否定客观事实），或在许可协定中的关键部分犯错误的时候，OTT 也可以中止专利许可。当事人还可以在必要的情况下，发起诉讼，以修改或终止技术许可的事项。❷

当前，NIH 在其知识产权管理中也面临着新技术发展所带来的新问题和新挑战。众所周知，共享科学数据对于生物医学研究的重要性不容小觑。通过验证研究结果、授权访问高价值数据集以及促进未来科学研究中的数据使用❸，共享科学数据能激发更多的生物医学新发现。尤其是当前全球新冠疫情非常严重，各国民众的生命和健康都受到了威胁的时刻，新药研发及疾病防治迫切需要及时、广泛地公开、共享与新冠病毒等相关的出版物和数据，从而实现全球医疗和生物研发资源的有效整合，共同抗击疫情。NIH 正在不断讨论如何积极推进 NIH 数据管理和共享政策（DMS 政策），其目的是加强对 NIH 资助或 NIH 研发所产生的科学数据的管理，从而最大限度地实现 NIH 所资助或 NIH 所展开的研究所产生科学数据的共享。NIH 数据管理和共享政策规定了提交数据管理和共享计划以及遵守 NIH 研究所、ICO 批准的计划的要求，它适用于由 NIH 全部或部分资助或 NIH 所展开的、产生科学数据的一切研究，且无论 NIH 对该研究的资助比例如何。DMS 政策不适用于不产生科学

---

❶ NIH- Licensing［EB/OL］.［2022-02-09］.https：//www.ott.nih.gov/licensing.

❷ 冯浩然，宛彬成，余敏，等. 国外知识产权实施转化措施综述（之一）美国研究机构知识产权转化概况分析［J］. 科学新闻，2008（11）：31-35.

❸ Final NIH Policy for Data Management and Sharing［EB/OL］.（2020-10-29）［2022-02-09］. https：//grants.nih.gov/grants/guide/notice-files/NOT-OD-21-013.html.

数据的研究和其他活动,包括培训、基础设施开发和非研究活动。然而,实践中,共享科学数据又面临着隐私保护、知识产权保护、利益平衡以及不同国家立法间的协调等一系列现实问题。这对 NIH 的知识产权管理工作来说是一个巨大的挑战。目前,NIH 鼓励研究人员提前规划如何在知情同意前提下解决数据管理和共享问题(包括与潜在参与者沟通他们的科学数据将如何被使用和共享等)。研究人员须考虑是否应该控制对涉及人类的科学数据的访问(即使是去识别化并且对后续使用缺乏明确的限制)等问题。尽管 NIH 在确立并且推进 NIH DMS 政策过程中肯定会困难重重,但从目前的进展来看,其发展前景还是比较乐观的。

## 三、小　结

作为全球科技领域的引领者,美国非常重视科技创新的财政投入,在推进财政资助形成科研成果的保护和应用方面出台了众多政策和立法,也先后进行了一系列的创新实践,并在其中积累了丰富的经验,已经形成相对完善的政策立法框架和制度体系。美国在财政资助项目成果的知识产权保护和应用领域所取得的巨大成功也得到了国际社会的认可,是世界各国借鉴效仿的对象。其立法及实践经验尤其值得我国借鉴。

### (一)政府的积极政策立法引导和制度支持

尽管一直被认为是自由市场经济国家的代表,但美国非常重视政府在科技创新与创新成果保护及应用等方面的积极作用。从 1980 年开始,美国为了增强自身的科技竞争力,从法制建设入手,制定了一系列促进科技创新成果产出以及创新成果转化的政策立法和创新计划[1],并在制度层面上对财政资助

---

[1] Richardson A, Audretsch D B, Aldridge T. Motivating entrepreneurship and innovative activity: Analyzing US policies and programs [M] //Essays in Public Sector Entrepreneurship. Springer, Cham, 2016: 5-66.

项目成果的知识产权产出、保护和应用予以引导和推动。

美国是最早推进财政资助项目成果的知识产权权属改革的国家，也在推进财政资助项目成果的知识产权保护和应用实践中取得了巨大成功。从早期的《莫雷尔法案》❶到影响深远的"辛辛那提合作教育计划"的提出，从《拜杜法案》到《史蒂文森——怀德勒技术创新法案》《小企业创新发展法》，再到《联邦技术转让法》《国家竞争力技术转让法案》《技术转让商业化法》，美国政府在推动科技创新，支持财政资助项目成果的技术转化，大力加强高校、科研机构与产业界之间的科研合作、技术转让和人员交流等方面颁布了多部政策立法。这些强有力的政策立法，推动着美国财政资助项目成果的知识产权保护和应用实践走向成熟和完善。如美国 1992 年出台的《小企业技术转移法》要求国防部、能源部、卫生保健部、国家航空航天局、全国科学基金会制定为期三年的小企业技术转移计划（STTR），以资助小企业、大学研究人员、联邦政府所资助的研发中心以及非营利研发机构的合作研发项目。❷《国家合作研究法》支持企业之间进行合作研究和合作生产，发挥各自的研发优势，以增强企业研究开发能力，同时扫除产业界合作研究时的反托拉斯障碍，极大地推动了美国在高新科技领域的研究联盟的发展。在促进财政资助项目成果应用方面，《综合贸易与竞争力法》确立了先进技术计划，旨在帮助美国企业应用产业共性技术和研究成果，推动重大科学发现和技术商业化。不仅如此，该法还支持美国成立区域制造技术转移中心，并为该中心提供经费支持。2000 年美国《技术转移商业化法》明确要求独占许可被授权人必须承诺在合理时限内将美国联邦政府资助的研发成果应用于实践，并强调了美国联邦政府在被许可人没有履行其应用承诺情形下有权整体或部分终止该许可协议，以此来更有效地推动美国财政资助项目成果的商业化应用。

---

❶ 根据《莫雷尔法案》的规定，联邦政府通过赠地、拨款等方式向州提供资助，用于大学建设。该法案为高等教育的发展开辟了新途径，也强调高等教育要服务于社会发展。

❷ 美国：绑牢大学与企业合作的政府之手［EB/OL］.［2022-04-14］. http://jjckb.xinhuanet.com/sdbd/2010-08/26/content_253486.htm8.

第五章　美国和日本在财政资助项目成果的知识产权保护与应用领域的政策立法与实践探索

此外，美国还通过科技计划等形式利用政府财政经费资助的方式来不断推进产学研合作，充分实现财政资助项目形成科研成果的社会应用价值。如自 1971 年开始，美国国家科学基金会（NSF）陆续出台多项科技计划，旨在促进产学研合作。这些科技计划包括大学工业合作研究计划、小企业等价研究计划和大学工业在材料研究方面的合作计划等。它们把基础研究、应用研究和美国产业的未来发展紧密联系起来。❶在鼓励支持小企业进行技术创新方面，1990 年，美国又启动了先进技术计划，支持申请该计划的企业、政府研究机构和大学以"食物链"的方式进行集团化发展。❷

## （二）健全的知识产权管理制度

美国高校及科研机构是美国联邦财政资助项目的主要承担者。美国高校及科研机构经过多年的经验积累，其知识产权管理制度已相对成熟完善。在知识产权管理机构设置上，它们设立了完善的行政决策机构、监督机构、执行协调机构和纠纷处理机构。不同机构各司其职，密切配合，形成了一套完整的知识产权管理体系。此外，美国高校及科研机构在其知识产权管理工作中十分重视知识产权应用。其知识产权管理机构的设置和知识产权管理制度的运行都非常有利于知识产权应用。

美国很多高校及科研机构都成立了专门机构来负责其知识产权保护及技术转化工作。在 1980 年《拜杜法案》颁布之前，美国只有少数高校成立了自己的技术转移办公室。随着《拜杜法案》的颁布实施，美国高校及科研机构面临的形势发生了根本性变化。一方面，《拜杜法案》明确要求接受联邦拨款的大学及科研机构必须从事技术转移；另一方面，随着美国高校和科研机构所拥有的研究成果及知识产权的数量也不断攀升，它们迫切需要设立专门的机构及安排专业人员来进行知识产权管理和技术转化工作，并保证自己

---

❶ 汪佩伟，李帆. 当代美国产学研合作的发展趋势及其启示［J］. 科技进步与对策，2000（7）：114.

❷ 赵京波，张屹山. 美国产学研合作的经验及启示［J］. 经济纵横，2011（12）：119.

从技术转化中获得应有的经济回报。于是，美国的高校和科研机构纷纷成立自己的技术转化机构。这些技术转化机构的名称表述不一，除常见的技术转化办公室或技术授权办公室外，还有技术管理办公室（technology management office）、企业联络办公室（industrial liaison office）、专利及授权办公室（patents and licensing office）、授权及技术管理办公室（licensing & technology management office）等。❶ 各高校及科研机构所成立的技术转化办公室等主要承担本单位知识产权管理及运营，其职责范围包括：支持本单位科研创新和教育发展；为本单位技术研发和知识产权申请、保护及运营提供专业化服务；本单位研究成果的推广及知识成果的扩散；推动本单位与企业之间的产学互利合作等。这类机构的规模大小不等，工作人员人数也从几人到数十人不等。这些工作人员充分利用其专业背景来处理美国高校和科研机构的知识产权管理运营工作，其工作内容覆盖了对某项技术发明申请专利的可行性审查、该项技术发明的未来市场前景调查与市场价值评估、与潜在知识产权被许可人进行的协商谈判、知识产权许可转让协议的拟定等。❷ 近年来，美国大学的技术许可活动大幅增加❸，美国大学研究成果的商业化应用也不断深入。其中，美国大学的技术转化办公室发挥了重要的作用。以技术转化办公室（TTO）为代表的美国高校知识产权管理机构帮助美国学术界了解行业领域的需求，并在其成果的商业化应用中获得了重要资源、专业知识和社会支持。❹ 因此，美国大学非常重视其技术转化机构建设，确保其技术转化机构在推动美国高校

---

❶ 华盛顿大学及加州大学称为"技术转化办公室"，斯坦福大学与MIT称为"技术授权办公室"，密西根大学称为"技术管理办公室"，亚利桑那州立大学称为"企业联络办公室"，密苏里大学称为"专利授权办公室"。

❷ 刘江彬，黄俊英. 智慧财产管理总论 [M] 台北：华泰文化事业公司，2004：133-138.

❸ THURSBY J G, KEMP S. Growth and productive efficiency of university intellectual property licensing [J]. Research policy, 2002, 31（1）：109-124.

❹ CLARYSSE, B., MORAY, N. A process study of entrepreneurial team formation: the case of a research-based spin-off [J]. Journal of Business Venturing, 2004，19（1），55-79.

第五章　美国和日本在财政资助项目成果的知识产权保护与应用领域的政策立法与实践探索

研究成果商业化应用的同时不断增强美国的全球科技竞争力。❶一些规模不大的高校及科研机构由于其拥有的技术发明数量不多，尚不需专门设立技术转化办公室等机构进行知识产权运营，于是，它们会选择委托技术管理公司来开展知识产权运营，推动其技术转化。这些受委托的技术管理公司能够为美国高校及研究机构提供专业的知识产权管理与运营服务。它们在高校及科研机构的技术与市场评估、专利申请、授权对象物色、许可转让谈判、知识产权协议签订、许可费收取，甚至知识产权权利转让等方面提供专业化的服务。为了明确彼此间的权利义务且有效规避合作风险，美国高校及科研机构往往采取签订协议的形式来厘清其与技术管理公司之间的权责范围。当然，也有一些中小型高校及科研机构会通过外部代理人（outside agent）来协助处理其知识产权申请、登记、推广应用等工作。❷

不仅如此，美国高校及科研机构实行的是全过程知识产权管理。从技术发明形成之初到该技术发明的转移转化，美国高校及科研机构的科研人员都可以得到专业的服务。美国高校及科研机构非常注重其知识产权申请和成果转化中步骤的规范性和严谨性。必要时，它们会安排法律专业人才参与。这更是进一步降低了其知识产权管理和运营中的风险。美国高校及科研机构围绕着其知识产权的保护及应用制定了很多协议范本，如技术转化协议、教授咨询服务协议、技术委托管理协议和技术评估协议等。这些协议对于当事人之间的权利义务进行了全面的约定，从而有效保护知识产权权利人的合法权益，减少了未来在知识产权保护及应用中可能出现的风险。不仅如此，美国高校及科研机构的知识产权管理将知识产权的申请、保护与知识产权的未来应用紧密联系在一起，为知识产权的后续商业化应用奠定了基础。

---

❶ MOWERY D C, ZIEDONIS A A. Academic patent quality and quantity before and after the Bayh‐Dole act in the United States[J]. 2002, 31（3）：399–418.

❷ 刘江彬，黄俊英. 智慧财产管理总论[M] 台北：华泰文化事业公司，2004：133-138.

### （三）完备而专业的知识产权公共服务条件

美国为推动财政资助项目成果的知识产权保护和应用，提高本国科技竞争力，建立了较为齐全的知识产权公共服务体系。在知识产权信息服务方面，在美国，社会公众可以便捷地检索到丰富的知识产权信息资料；营利性与非营利性的专利资料库、全美各高校的技术转让资料库可以为普通民众提供大量的知识产权信息。此外，提供专利信息查询的美国知识产权服务行业也非常发达。这就为美国的高校和科研机构开展技术研发，评估知识产权申请的可行性及评估知识产权转让的价值等创造了有利条件。❶

在知识产权运营服务方面，美国活跃着大量的营利、非营利以及介于营利与非营利之间的技术管理公司。这些技术管理公司可以为美国的高校及科研机构等提供完整的知识产权服务。美国的高校及科研机构通过付费来享有高质量的知识产权服务，而这些技术管理公司则通过提供专业的知识产权服务来收取服务费用或参与知识产权运营收益分配。它们完善的知识产权运营服务在一定程度上使得美国的高校和科研机构摆脱了人事、组织、经费及知识产权管理上的困扰，从而专心投入于自己的教学、研究及行政事务，并将自己不擅长的知识产权运营事务交由专业公司来承担。

总之，良好的知识产权政策立法环境、健全的知识产权管理机制、自主且多元化的知识产权运营模式、良好的产学研合作条件和专业化的知识产权服务极大地推动了美国财政资助项目成果的知识产权保护和应用。

---

❶ 胡冬云. 美国高校知识产权和技术转让管理经验的启示 [J]. 科学咨询, 2004（10）: 35-36.

第五章　美国和日本在财政资助项目成果的知识产权保护与应用领域的政策立法与实践探索

## 第二节　日本在财政资助项目成果的知识产权保护与应用领域之政策立法与实践探索

进入20世纪90年代后，日本政府认识到虽然改进技术和开发外围技术对于本国经济发展有一定的积极作用，但其负面影响也客观存在。为了保证整个国家的可持续发展，日本政府意识到必须加强基础创新和源头创新，同时积极鼓励和支持高校及研究机构的研发成果向企业转化，提升产业技术水平。在这一背景下，日本政府出台了一系列推进财政资助项目成果的知识产权保护与应用的政策立法措施。

### 一、日本涉及财政资助项目成果的知识产权的相关政策立法及其主要条款内容

#### （一）《科学技术创新基本法》

1995年11月，《科学技术基本法》在日本获得通过并由政府颁布。该法案是日本现行科技领域的基本法案，在整个科技法律体系中处于核心地位。该法的颁布实施，标志着日本将科学技术作为国家振兴的基础，开启了"科学技术立国"的方针路线。自该法颁布以来，日本政府根据国内外局势的变化和法律实施状况，积极组织专家讨论和社会讨论，鼓励社会各界为完善《科学技术基本法》提出修改建议。2020年6月，日本将沿用了25年之久的《科学技术基本法》更名为《科学技术创新基本法》。《科学技术创新基本法》增加涉及"激发创新活力"和"促进产业转化"方面的条款，强调振兴人文

社会科学以及提升创新能力的重要性。与此相应，在其指导下制定的基本计划也由原来的"科技基本计划"更名为"科技创新基本计划"。新的基本计划增加了振兴人文社会科学的内容，提出通过人文社会科学知识与自然科学知识的融合来创造"综合知识"，并运用"综合知识"解决人类社会面临的发展问题。❶

《科学技术创新基本法》第一条就明确了该法的立法宗旨，即规定了促进日本科技振兴的基本事项，综合地、有计划地推进日本相关科学技术振兴政策，来提高日本的学术水平，从而促进日本经济社会的发展及提高国民的福祉，同时为世界的科学技术进步和人类社会的可持续发展作出贡献。总体而言，《科学技术创新基本法》确立了日本在科技发展上的宏观政策方针，它主要包括四方面的内容：第一，发挥研究人员的创造性，实现科学技术与社会及自然的协调；第二，规定了国家和地方公共团体在科技振兴中的责任；第三，政府必须制定科学技术基本规划；第四，国家必须制定与实施相关的科技振兴政策。《科学技术创新基本法》提出加强基础研究，推进基础研究、应用研究和开发研究协调发展的主张，要求加强国家与地方公共团体的协调以及产学官的联合，并充分发挥国家和地方公共团体在创新中的重要作用。《科学技术创新基本法》第八条就明确提出，鉴于基础研究具有以下特征：能带来新发现和阐释新现象及开发独创性的新技术等、研究之初难以预测研究成果、研究成果未必能实际应用等，因此，国家及地方公共团体制定和实施相关科学技术振兴政策时，须充分考虑国家及地方公共团体对推进基础研究的重要性。❷《科学技术创新基本法》制定了国家层面的、以"五年为一期"的科技创新基本规划。该法第十二条提出，为了综合地、有计划地推进科技振兴政策，政府须制定关于科学技术振兴创新的基本计划。科技创新基本计划

---

❶ 背水一战：日本启动科技创新"六五计划"[EB/OL].（2021-03-30）[2022-08-05].http://www.xinhuanet.com/globe/2021/03/30/c_139827279.htm.

❷ 科学技術・イノベーション基本法[EB/OL].（2020-06-24）[2022-03-04] https://elaws.e-gov.go.jp/document?lawid=407AC1000000130_20210401_502AC0000000063.

第五章　美国和日本在财政资助项目成果的知识产权保护与应用领域的政策立法与实践探索

规定了以下事项：关于推进研究开发的综合方针；政府应综合性地、有计划地采取措施来进行人才培养，提高人才素质以及确保人才获得适当的待遇；政府应综合性地、有计划地采取措施来完善研究设施等、促进与研究开发相关的信息化、推进其他研究开发的环境建设等；关于完善研究设施等，以及建立旨在推进研究开发的环境，如促进相关研究开发实现信息化等，政府应该综合地、有计划地采取措施；关于推动研究开发成果的应用以及促进创新创造的环境建设，政府将综合、有计划地进讨论相关措施；振兴科学技术所需的其他事项。政府制定科技创新基本计划时，须提前经过综合科学技术创新会议审议。政府必须根据科技创新的进展情况以及政府为振兴科技创新所采取政策的效果等，对计划进行适当研究，必要时，应加以修改。为确保实施科技创新基本计划所需的经费，政府须采取措施，如每财年在国家财政允许的范围内将其列入预算等，以确保计划的顺利实施。近年来，日本政府持续、系统性地推进本国科学研究，大力支持基础研究等领域的科技研发。

### （二）《大学技术转让促进法》

日本借鉴了美国技术转移机构的经验，于1998年结合日本实际状况制定并颁布《关于促进大学等的技术研究成果向民间事业者转让的法律》（以下简称《大学技术转让促进法》）。该法旨在回应日本高校改革中产学研合作的现实需求，促进产学研合作，推动日本高校和国立科研机构的研发成果向企业界转化，提升日本高校的创新活力，保证高校及国立科研机构的研发成果能迅速、有效地投入市场应用，为日本经济、社会的持续发展提供动力支持。该法还规定了向被承认的日本大学技术转移机构提供资助金和债务担保等一系列优惠政策，并要求各高校及研究机构设立独立的技术转化机构（technology licensing organization，TLO）。

该法确认了TLO的法人地位，明确了其职责范围，还强调TLO应在推动研究机构设立新公司、促进研究机构建立创业育成中心以及为新公司提供资金支持、拓展产学研合作等方面发挥积极作用。❶ 实践中，日本大学技术转化机构在这些大学的专利申请、授权、转让及许可等活动中确实发挥了重要作用。❷《大学技术转让促进法》在积极鼓励设立中介机构以推动大学科技成果向企业转让的同时，也为日本政府在制度与资金等方面大力支持大学科技成果转让机构提供了规范依据。该法要求：国家对获得文部科学大臣与经济产业大臣承认的 TLO 予以资助，并负责债务担保。根据该法第六条的规定，由经济产业省管理的产业基础巩固基金，在原有的职能之上，又增加了对 TLO 为筹措资金而发行的公司债券及借款债务进行担保和对 TLO 予以资助的职能。❸ 具体而言，获得承认的技术转移机构从事的技术转移事业可以得到国家的支持，包括：专利费用等的减免（即为了使特定的大学技术转移事业顺利实施，可以给予承认从第一年到第十年专利费及申请手续费二分之一的特别优惠）；拜杜专利的接受（即由国家委托的从事研究开发成果相关的受托者所持有的专利等，为了推动该专利顺利实施，不需要取得国家的许可）；从国立大学法人得到出资；信托业的实施；贷款的债务担保（即为使特定大学技术转移事业能够顺利实施，保证必要资金借入，由独立行政法人中小企业基础整备机构提供债务担保）等。❹

### （三）《产业活力再生特别措施法》

1999 年 10 月，日本政府颁布了《产业活力再生特别措施法》。该法被誉

---

❶ （ⅰ）To subscribe shares and hold these subscribed shares, issued by a Small and Medium Sized Enterprise Operator or an individual not engaging in a business who established a business with stated capital exceeding 300,000,000 yen for the purpose to implement the business that utilizes the said Specified Research Results which is transferred to an Accredited TLO pursuant to the Specified University Technology Transfers Operations to be carried out according to an Approved Plan.

❷ 李国良，李明. 中日大学专利技术转让的比较分析 [J]. 现代日本经济，2017（6）：70-80.

❸ 李春生. 日本大学科技成果转让机构的模式及其现状 [J]. 高等教育研究，2003（6）：93-97.

❹ 日本高校知识产权转移转化概况与启示 [EB/OL].（2017-08-08）[2022-08-05]. http://www.nipso.cn/onews.asp?id=37242.

为"日本的拜杜法案",该法借鉴了美国《拜杜法案》中关于财政资助项目成果的知识产权归属的规定,明确高校及科研机构对其利用国家财政资助完成的发明创造可拥有知识产权,为日本高校及科研机构利用财政资助形成的创造成果积极走向商业化应用减少了制度障碍。与《拜杜法案》相比,日本《产业活力再生特别措施法》保护的知识产权范围更广,涵盖了发明、实用新型、外观设计、计算机软件及数据库版权、半导体芯片设计以及种子和幼苗拥有权等。❶ 日本《产业活力再生特别措施法》自1999年颁布后,为了契合日本经济发展需求,又先后在2003年、2007年、2009年和2011年经历了多次修改。"2003年《产业活力再生特别措施法》修改的目的在于,加速处理日本的供给过剩和债务过剩问题,化解僵尸企业问题。随着日本不良债权和僵尸企业问题得到初步控制,2007年修正的《产业活力再生特别措施法》目的在于促进技术创新,加快企业创新活动,提升生产率。2009年修改的《产业活力再生特别措施法》目的在于促进日本企业开展创新性经营活动。2011年修改的《产业活力再生特别措施法》目的在于推动日本企业从销售产品向销售产品与服务的组合方向转换,推进中小企业整合,维持日本产业规模。"❷

需要注意的是,推动日本高校及科研机构利用财政资助所完成的发明成果积极走向商业化应用始终是《产业活力再生特别措施法》的核心内容。《产业活力再生特别措施法》第三十条明确了"国家委托的研究项目所形成研究成果的专利权等的处置",并规定:国家为了激励科技研发活动,并有效推动研发成果的应用,在满足下列条件时,将相关研发成果的专利权及其他立法所规定的权利委托给项目承担机构,即:获得特定研究成果时,受托人应及时向国家报告;国家在为了公共利益需要且有明确理由的情况下,可以无偿实施该专利等。此时受托人必须承诺向国家许可;如果该专利等在一定期限

---

❶ 钟鸣. 日本的技术创新和产业再生 [J]. 全球科技经济瞭望, 2000 (4): 60-61; 郑玲, 赵小东. 政府资助研发成果知识产权管理制度探析 [J]. 知识产权, 2006, 16 (5): 42-45.

❷ 田正, 江飞涛. 日本产业活性化政策分析——日本结构性改革政策的变化及其对中国的启示 [J]. 经济社会体制比较, 2021 (3): 170-179.

内无正当理由没有被有效利用，国家为了促进该专利权的实施，要求在有必要且有明确理由的情况下，受托人应当承诺向第三方许可实施该专利等。日本《产业活力再生特别措施法》第三十一条也强调了日本要采取措施，尽可能推动日本大学等的专利权等向日本民间经营者转让。在这种情况下，相关部门还必须始终考虑到日本大学的学术研究的特点。❶

### （四）《日本专利法》（又称《特许法》）

为了进一步推动《大学技术转让促进法》的实施，日本特许厅于2002年修正了以往"早期审查、审理基准"的范围，扩大了专利优先审查的对象，使大学、公立研究机构、经承认或认定的技术转化机构及中小企业等专利申请人向特许厅申请专利时享有优先于一般案件进行审查的权利，由此在很大程度上促进了日本高校及研究机构对其科研成果的保护与商业化运用。❷2018年5月《日本专利法》经历了再次修改。此次修改后的《日本专利法》❸在其第三十条中扩大了宽限期的范围，对第二十九条第一款❹的规定进行了补充，更有利于维护申请人或发明人的权益。现行《日本专利法》的修改法案是日本国会于2021年5月14日通过，并于2021年5月21日颁布的。最近这次修改的主要内容包括：其一，为应对新型冠状病毒感染传播而确立数字化程序。如审判长可以根据实际情况决定当事人不出庭而采用网络会议系统；扩大专利费等的缴纳方式等。其二，应对因数字化进展的企业行为变化而修改权利保护。如加强对假冒商品进口的监管；专利权更正不再需要取得非独家被许可人的批准；放宽专利

---

❶ 産業活力再生特別措置法［EB/OL］．（1999-08-13）[2022-03-04]．https：//www.shugiin. go.jp/internet/itdb_housei.nsf/html/housei/h145131.htm.

❷ 刘江彬，黄俊英．智慧财产管理总论［M］．台北：华泰文化事业公司，2004：231.

❸ 特許法（日本专利法）（2018修改）［EB/OL］．[2022-03-04]．https：//elaws.e-gov.go.jp/ document?lawid=334AC0000000121.

❹ 2018年修改后的《日本专利法》第二十九条第一款规定了现有技术的范围，包括：第一，提交专利申请前已在国内外为公众知晓的发明；第二，提交专利申请前已在国内外公开实施的发明；第三，提交专利申请前已在国内外通过电子通讯线路使公众可以得到的发明。

权的权利恢复条件等。其三，夯实知识产权制度基础。如引入专利侵权诉讼第三方意见征求制度，审查专利收费制度以及改革专利代理人制度等。

(五)《知识产权基本法》

2002年，日本制定出台《知识产权基本法》。该法的出台是日本在国家立法层面将知识产权作为振兴日本经济的战略选择的里程碑事件，从根本上扭转了以往日本仅将知识产权作为个体社会成员智力成果保护手段的局面，而是将知识产权作为提升日本产业国际竞争力的重要国家战略。

在《知识产权基本法》中，日本政府顺应日本国内外社会形势的变化以及日本提高产业竞争力的迫切需求，为推动知识产权的创造、保护和应用制定了日本知识产权战略实施的基本原则和基本事项。该法明确了国家、地方公共团体、大学、科研机构、企业等在推动日本知识产权战略中应采取的措施，制定了日本知识产权推进计划，并成立了知识产权战略指挥部，积极推动知识产权保护和应用措施的落实。《知识产权基本法》第三条提出大力推行知识产权的创造、保护及应用的政策，要求培养富有创造力的人才并使其创造力得到充分发挥，使知识产权在国内外能适应技术革新的迅速发展并得到及时且合理的保护。为促进知识产权在社会经济中逐步得到积极、充分地应用并使其价值得到最大限度发挥而改善必需之环境，实现一个让广大国民能够享受到知识产权之惠泽的社会，同时为未来创造出新的知识产权夯实基础，并进而为国民经济的健康发展和丰富文化的创造做出贡献。[1]《知识产权基本法》第四条围绕日本产业的国际竞争力的强化及可持续发展的问题展开，要求：有关知识产权创造、保护及应用措施的推行，必须基于以下宗旨进行，即推动有创造性的研究及开发成果顺利实现产业化，开拓以知识产权为基础的新兴产业，促进经营革新，鼓励创业活动，借此加强日本产业的技术能力，实现产业复苏，振兴地方经济，增加就业机会，进而为提升日本产业的国际竞争力，为日本产业有效应对国内外

---

[1] 中村真帆.日本知识产权基本法[J].网络法律评论，2004(1)：314-320.

经济环境的变化、实现可持续发展做出贡献。❶

《知识产权基本法》确立了国家、地方公共团体、大学及科研机构、产业界在日本知识产权战略实施中各自所应当承担的责任。《知识产权基本法》第五条要求："国家有义务遵循上述两条款所规定的有关知识产权创造、保护以及应用的基本理念,制定并且实施有关知识产权创造、保护及应用的措施"。❷第六条规定："地方公共团体有义务遵循上述基本理念,在与国家合理分工的基础上,自主制定并实施可以发挥本地区特色的有关知识产权创造、保护及应用的措施"。❸第七条提出："鉴于大学等研究机构所开展的活动有利于整个社会的知识产权创造,大学等研究机构应积极自主地培养人才、开展研究并促进研究成果的普及。大学等研究机构应当努力确保给予研究人员及技术人员以适当的待遇,并努力完善、充实研究设施,以使研究人员及技术人员的职位和工作环境具备与其重要性相当的吸引力。国家及地方公共团体在制定或者实施与知识产权的创造、保护及应用有关并且与大学、高等专科学校等共同利用机构有关联的措施时,应当尊重研究人员的自主性,并对大学、高等专科学校等共同利用机构从事的研究活动的特殊性等予以考虑。"❹第八条明确了日本产业界的义务,提出："鉴于知识产权在我国的产业发展中所发挥的重要作用,为了使从业者能够通过积极的经营活动提高生产力、增强企业的经营基础,相关从业者应当遵循基本理念,将本企业或其他企业创造的知识产权或者大学等相关研究机构所创造的知识产权积极投入应用。同时,应努力对自己所拥有的知识产权进行适当的管理。相关从业者应努力确保给予发明人及其他从事创造性活动的人员以适当之待遇,以使发明人及其他从事创造性活动的人员的职位具备与其重要性相当的吸引力"。❺

不仅如此,《知识产权基本法》积极推进高校及科研机构等的科技研发活动和研发成果转化。《知识产权基本法》第十二条提出："鉴于大学等研究机构所进行的高附加值的知识产权的创造是日本社会经济可持续发展的源泉,

---

❶❷❸❹❺ 中村真帆. 日本知识产权基本法[J]. 网络法律评论, 2004(1): 314-320.

国家应在对《科学技术基本法》第三条所规定的有关振兴科学技术的方针给予足够关注的同时，采取必要措施，确保并培养富有创造力的研究人员，完善研究设施，有效运用研究开发资金，推动研究开发的进行。"❶《知识产权基本法》第十三条则强调"鉴于大学等研发机构的研究成果有利于新兴产业的开创和企业技术水平的提升，国家应当完善大学的用人机制，充分发挥具备知识产权专门知识的人才的作用；完善与知识产权相关的登记手续及其他手续；调查研究市场等相关情况并提供有关信息，采取其他必要措施，对大学等研发机构的相关研究成果进行适当管理并促使研究成果顺利向企业流转"。❷

### （六）《国立大学法人法》

在2003年《国立大学法人法》颁布之前，日本国立大学的过度行政化问题严重。日本的国立大学归属于日本文部科学省（MEXT）管理，不享有自主权。日本国立大学从办学经费到人员编制、学科及课程设置、经费使用方法等都受到政府的严格规制，任何变动都必须向有关政府部门申报。日本国立大学这一现实状况导致其难以及时呼应日本产业界的技术创新需求。日本国内大学的创新成果也难以尽快走向产业化。这直接阻碍了日本产业竞争力的提升。不仅如此，日本政府的财政负担重及财政投入效率不高的现状也迫使其采取措施转变国立大学的身份，将日本国立大学从原来隶属于国家行政组织转变为独立行政法人。

《国立大学法人法》赋予了日本高校自主经营的权力，有利于激发日本高校的创新积极性，也提升了政府财政资源配置的效率。国立大学法人化后，日本高校从法律性质上不再是以往的国家行政分支机构，而是成为自主经营的市场主体。该法的具体内容如下：政府放宽有关经费预算、人事组织等方面的限制，将相关决策权下放给高校。校长对日本高校日常工作进行领导。高校董事会对日本高校的业务计划预算的编制、主要组织的设置或废止等事项进行讨论。日本高校因此获得了自主决定预算、组织等方面事务的权力；

---

❶❷ 中村真帆.日本知识产权基本法[J].网络法律评论，2004（1）：314-320.

高校引进私人的经营理念和管理模式，可以自由地与企业合作，产学联系进一步密切；激励高校自主创收，从法律层面放宽了地方自治团体对高校捐赠的限制。国立大学法人可以进行长期借款和发行债券。经文部科学大臣同意，国立大学法人可以将发行债券的有关事项委托给银行或信托公司来办理。本法还对各高校法人的研发成果推广等问题进行了规定。❶

### （七）《教育基本法》

日本《教育基本法》于1947年颁布，它秉承日本和平宪法的精神，确立了日本未来教育的基本准则和要求，是日本教育领域的基本法。日本国会于2006年通过了《教育基本法》修订案。《教育基本法》强调"在一个和平民主的国家和社会，教育必须以完善人格为宗旨"，明确了以培养具有必要素质的身心健康的人为目标。《教育基本法》强调教育的目标包括尊重个人价值、发展个人能力、培养创造性和独立自主的精神；掌握广泛的知识，培养求真的态度，培育丰富的情操和道德；尊重传统和文化，支持国际社会和平与发展；确立了以"自由、民主、平等、尊重、和平"为基础的民主教育理念。修订后的日本《教育基本法》明确将"为社会发展做出贡献"作为高校的三大义务之一，要求高校肩负起培养学生、开展科学研究和推进科研成果应用的责任。新修订的《教育基本法》第七条规定："大学，作为学术活动的中心，应当在培养学生的高水平的素养和专业能力的同时，通过深入探索真理，创造新知识并将这些成果广泛提供给社会，为社会的发展做出贡献。大学应尊重大学教育和研究的独立性、自主性等特点。"而其中"大学通过深入探索真理、创造新知识并将这些成果广泛提供给社会"就明确要求日本高校的研发成果应走向产业化。❷

表5-4详细列出日本现行政策立法中涉及财政资助项目成果的知识产权的相关条款内容。

---

❶ 国立大学法人法［EB/OL］.（2021-05-21）［2022-03-04］. https://elaws.e-gov.go.jp/document?lawid=415AC0000000112.

❷ 教育基本法［EB/OL］.（2006-12-22）［2022-03-04］. https://www.mext.go.jp/b_menu/kihon/about/mext_00003.html.

表 5-4　日本现行政策立法中涉及财政资助项目成果的知识产权的相关条款内容

| 年份 | 法规名称 | 主要条款 |
| --- | --- | --- |
| 2020年 | 《科学技术创新基本法》 | （目的）<br>第一条　本法规定了促进科技振兴的基本事项，综合地、有计划地推进日本相关科学技术振兴政策，来提高日本的学术水平，从而促进日本经济社会的发展及提高国民的福祉，同时为世界的科学技术进步和人类社会的可持续发展做出贡献<br><br>（国家及地方公共团体制定政策时应予考虑的事项）<br>第八条　鉴于基础研究具有以下特征：能带来新发现和阐释新现象及开发独创性的新技术等、研究之初难以预测研究成果、研究成果未必能实际应用等，因此，国家及地方公共团体制定和实施相关科学技术振兴政策时，必须充分考虑国家及地方公共团体对推进基础研究的重要性。<br>（制定和实施与大学等有关的政策时应予考虑的事项）<br>第九条　国家及地方公共团体在制定和实施与大学及大学共同利用机构有关的科技振兴政策时，必须努力提高大学等的研究活动的积极性，同时尊重研究人员等的自主性，充分考虑大学等的其他研究特性。<br>（法制上的措施等）<br>第十条　为实施相关科技振兴政策，政府必须采取必要的法制、财政或金融等措施。<br>（振兴科学技术的方针）<br>第三条　2. 在推动科技振兴中，要根据各个领域的特性，均衡培养研究开发能力，推进跨学科或综合性研究开发，促进基础研究、应用研究和开发研究的和谐发展，平衡学术研究和学术研究以外的研究，必须考虑到国家试验研究机构、研究开发法人、大学等民间事业者及其他相关人员在国内外的有机合作。另外，自然科学与人文科学的相互联系对于科学技术进步和创新至关重要，因此还需注意二者的协调发展。<br>（国家的责任与义务）<br>第四条　国家有制定和实施综合性科技振兴政策的责任和义务 |

续表

| 年份 | 法规名称 | 主要条款 |
| --- | --- | --- |
| 2020年 | 《科学技术创新基本法》 | （地方公共团体的责任与义务）<br>第五条 关于科技振兴，地方公共团体有责任和义务制定并实施以国家政策为依据的政策，以及能发挥地方公共团体的地区特性的自主性政策。<br>第十二条 为了综合地、有计划地推进相关科技振兴政策，政府必须制定关于科学技术振兴创新的基本计划（以下简称"科技创新基本计划"）。2.科技创新基本计划规定了以下事项：（1）关于推进研究开发的综合方针；政府应综合性地、有计划地采取措施来进行人才培养，提高人才素质以及确保人才获得适当的待遇；（2）政府应综合性地、有计划地采取措施来完善研究设施等、促进与研究开发相关的信息化、推进其他研究开发的环境建设等；（3）关于完善研究设施等，以及建立旨在推进研究开发的环境，如促进相关研究开发实现信息化等，政府应该综合地、有计划地采取措施；（4）关于推动研究开发成果的应用以及促进创新创造的环境建设，政府将综合、有计划地进讨论相关措施；（5）振兴科学技术所需的其他事项。3.政府制定科技创新基本计划时，必须提前经过综合科学技术创新会议审议。4.政府必须根据科技创新的进展情况以及政府为振兴科技创新所采取政策的效果等，对计划进行适当的研究，必要时加以修改。修改时适用前款。5.政府根据第1项的规定制定科技创新基本计划，或根据前款规定修改科技创新基本计划时，须公布其主要内容。6.为确保实施科技创新基本计划所需的经费，政府须努力采取措施，如每财年在国家财政允许的范围内将其列入预算等，以确保计划的顺利实施 |
| 1998年 | 《关于促进大学等的技术研究成果向民间事业者转让的法律》 | （中小企业投资育成股份公司法的特例）<br>第七条 中小企业投资育成股份公司除中小企业投资育成股份公司法（昭和三十八年法律第百一号）第五条第一项各号所列事业外，可进行下列事业：<br>一、认可事业者从按认可计划进行的特定大学技术转移事业接受特定研究成果的转移、中小事业者或没有经营事业的个人为实施利用该特定研究成果的事业而设立资本额超过三亿日元的股份公司时发行的股份的接受及该接受股份的持有 |

续表

| 年份 | 法规名称 | 主要条款 |
| --- | --- | --- |
| 1998年 | 《关于促进大学等的技术研究成果向民间事业者转让的法律》 | 二、认可事业者从按认可计划进行的特定大学技术转移事业接受特定研究成果的转移、中小企业者中资本额超过三亿日元的股份公司为筹措实施利用该特定研究成果的事业所需资金而发行新股、可转换公司债或带有新股接受权的公司债的接受及该接受有关的股份、可转换公司债（包括通过转换发行的股份）或带有新股接受权的公司债的持有<br><br>（促进大学与私营企业之间的合作）<br>第九条　文部科学大臣及经济产业大臣为了促进特定研究成果向民间事业者转移，在研究开发方面，将努力推动大学与民间事业者合作的顺利进行。在这种情况下，必须经常考虑大学学术研究的特性。<br>2. 文部科学大臣及经济产业大臣必须采取有效措施努力推进民间事业者为灵活运用特定研究成果而学习所需的知识及技能 |
| 1999年 | 《产业活力再生特别措施法》 | （国家等的措施）<br>第二十八条　日本、地方公共团体、中小企业法人、行业协会和商会为了及时振兴日本产业，应当为创业企业和中小企业的发展提供指导和信息、技术人员经营管理培训、人力资源培训等。<br>（与国家委托的研究成果相关的专利权等的处置）<br>第三十条第一款　国家为了激励科技研发活动，并有效推动研发成果的应用，将相关技术研究成果（以下在本条中称为"特定研究成果"）的专利权及其他法律规范所规定的权利（以下在法条中称为"专利权等"）在符合以下任一情况的，可以不从受托人那里接受该专利权：<br>一、获得特定研究成果时，受托人应及时向国家报告；<br>二、国家为了公共利益需要且明确其理由要求的情况下，可以无偿使用该专利权等。受托人必须承诺向国家许可；<br>三、对于该专利权等在一定期间内未有效利用且无正当理由的情况下，国家为了促进该专利权等的应用，在有必要且明确其理由时，受托人应当承诺向第三方许可利用该专利权等的权利 |

续表

| 年份 | 法规名称 | 主要条款 |
| --- | --- | --- |
| 2021 年 | 《日本专利法》 | 第三十条第一款　如果发明因违背申请人或发明人的意愿，而符合第二十九条第一款中所规定的某一项时，申请人或发明人自符合该项之日起一年内提交专利申请的，在适用同条同款及同条第二款的规定时，该发明不属于符合第二十九条第一款中所规定的情形。<br>第一百二十七条　专利权人有独占实施权人或者质权人的，只有得到这些人的同意，才能请求专利更正裁判。<br>第一百四十五条第六款　审判长可以依据当事人或参加者的申请或依职权，遵循经济产业省令的规定，在第三款规定的日期内，由审判员、书记员及当事人和参加人借助影像和声音的发送和接收来认识对方，进行通话，并审判 |
| 2002 年 | 《知识产权基本法》 | （国民经济健康发展，创造丰富文化）<br>第三条　通过培养富有创造力的人才并使其创造力得到充分发挥，使国内知识产权顺应科技创新进步，使知识产权在国内外能适应技术革新的迅速发展并得到及时且合理的保护。为促进知识产权在社会经济中逐步得到积极、充分应用并使其价值得到最大限度发挥而改善必需之环境，实现一个让广大国民能够享受到知识产权之惠泽的社会。同时，为未来创造出新的知识产权夯实基础，并进而为国民经济的健康发展和丰富文化的创造做出贡献。<br>（我国产业的国际竞争力的强化及可持续发展）<br>第四条　推动有创造性的研究及开发成果顺利实现产业化，开拓以知识产权为基础的新兴产业，促进经营革新，鼓励创业活动，借此加强我国产业的技术能力，实现产业复苏，振兴地方经济，增加就业机会，进而为提升我国产业的国际竞争力，为我国产业有效应对国内外经济环境的变化、实现可持续发展做出贡献。<br>（国家的义务）<br>第五条　国家有义务遵循上述两条款所规定的有关知识产权的创造、保护以及应用的基本理念，制定并且实施有关知识产权的创造、保护及应用的措施。<br>（地方公共团体的义务）<br>第六条　地方公共团体有义务遵循上述基本理念，在与国家合理分工的基础上，自主制定并实施可以发挥本地区特色的有关知识产权的创造、保护及应用的措施 |

续表

| 年份 | 法规名称 | 主要条款 |
| --- | --- | --- |
| 2002年 | 《知识产权基本法》 | （大学等研究机构的义务）<br>第七条 鉴于大学等研究机构所开展的活动有利于整个社会的知识产权的创造，大学等研究机构应积极自主地培养人才、开展研究并促进研究成果的普及。大学等研究机构应当努力确保给予研究人员及技术人员以适当的待遇，并努力完善、充实研究设施，以使研究人员及技术人员的职位和工作环境具备与其重要性相当的吸引力。国家及地方公共团体在制定或者实施与知识产权的创造、保护及应用有关并且与大学、高等专科学校以及大学共同利用机构有关联的措施时，应当尊重研究人员的自主性，并对大学、高等专科学校和大学共同利用机构从事的研究活动的特殊性等予以考虑。<br>（产业界的义务）<br>第八条 （1）鉴于知识产权在日本产业发展中所发挥的重要作用，为了使相关从业者能够通过积极的经营活动提高生产力、增强企业的经营基础，相关从业者应当遵循基本理念，将本企业或其他企业创造的知识产权或者大学等相关研究机构所创造的知识产权积极投入应用，同时，应努力对自己所拥有的知识产权进行适当的管理。（2）相关从业者应努力确保给予发明人及其他从事创造性活动的人员以适当之待遇，以使发明人及其他从事创造性活动的人员的职位具备与其重要性相当的吸引力。<br>（加强合作）<br>第九条 鉴于知识产权创造、保护及应用的有效开展需要国家、地方公共团体、大学等研究机构及从业者的相互协作，国家应该采取必要措施，加强这些主体之间的合作。<br>（促进研究开发）<br>第十二条 鉴于大学等研究机构所进行的高附加值的知识产权的创造是我国社会经济可持续发展的源泉，国家应在对《科学技术基本法》（平成7年法律第130号）第三条所规定的有关振兴科学技术的方针给予足够关注的同时，采取必要措施，确保并培养富有创造力的研究人员，完善研究设施，有效运用研究开发资金，推动研究开发的进行 |

续表

| 年份 | 法规名称 | 主要条款 |
| --- | --- | --- |
| 2002年 | 《知识产权基本法》 | 第十三条　鉴于大学等研发机构的研究成果有利于新兴产业的开创和企业技术水平的提升，国家应当完善大学的用人机制，充分发挥具备知识产权专门知识的人才的作用；完善与知识产权相关的登记手续及其他手续；调查研究市场等相关情况并提供有关信息，采取其他必要措施，对大学等研发机构的相关研究成果进行适当管理并促使研究成果顺利向企业流转。<br>第十六条　对于国内市场存在的侵害知识产权的行为以及侵害知识产权的物品的进口，政府应该在与从业者、从业者团体及其他相关团体进行紧密协作的体制之下，采取必要措施，取缔侵害知识产权的违法行为，没收侵权物品。根据日本法律设立的法人或其他团体以及具有日本国籍的个人所拥有的知识产权在日本之外的国家未能得到合理保护的，日本政府应该根据情况积极谋求与相关国家的政府、国际机构及相关团体的协作商讨，同时正确行使有关知识产权的国际条约所规定的权利，采取其他必要措施对其加以保护。<br>（迅速授予权利等）<br>第十四条第一款　对于发明、植物新品种、外观设计、商标等需经国家登记才能产生权利的知识产权，为尽早确权，以使相关从业者能顺利开展其经营活动，政府应采取必要措施，完善审查体制，让手续迅速且准确地得以进行。<br>第十七条　日本政府应与有关知识产权的国际机构及国际组织合作，努力同各国政府一起建立国际统一的知识产权制度。同时应采取必要措施，推动那些知识产权保护制度不健全的国家或地区改善其相关环境，保证我国法人等能够快速、可靠地取得或行使知识产权。<br>第十八条　生命科学等领域的技术革新的进展尤为迅速，通过把这些领域的研发成果作为知识产权加以迅速且合理的保护并积极开展相关创业活动，有利于新产业的产生。鉴于此，在对应保护的权利范围进行讨论的基础上，政府应采取法律及其他方面的必要措施。鉴于互联网普及和其他社会经济形势变化而导致知识产权使用方式的多样化，日本政府应对其权利保护内容等进行调整，并对相关从业者开发和应用技术保护手段予以支持 |

续表

| 年份 | 法规名称 | 主要条款 |
|---|---|---|
| 2002年 | 《知识产权基本法》 | 第二十条　国家应该采取必要措施，对国内外有关知识产权的动态进行调查分析，编制统计表等必要资料，并努力完善有关知识产权的数据库，以便利用互联网及其他高速信息通讯网络向从业者、大学等研究机构及相关部门提供快捷的信息服务。<br>第二十二条　为促进知识产权的创造、保护及应用，国家应在努力实现与大学及相关从业者的紧密协作的基础上，采取必要措施，确保、培养具有知识产权专门知识的人才，并不断提高他们的素质 |
| 2003年 | 《国立大学法人法》 | 第二十二条　国立大学法人行使以下业务：<br>三、接受国立大学法人以外的人的委托，或者和他们一起从事共同研究；<br>五、推广国立大学的研究成果，并促进研究活动的进行；<br>六、向那些促进大学技术成果转换或者从事政令规定项目的团体出资 |
| 2006年 | 《教育基本法》 | 第七条　大学作为学术的中心，要在培养高度的教养和专业能力的同时，通过深入探究真理，创造新知识，向社会广泛提供学术成果，为社会的发展做出贡献。大学尊重大学教育和研究的独立性、自主性等特点 |

## 二、日本典型高校及科研机构在财政资助项目成果的知识产权保护、应用等方面的实践探索[1]

### （一）东京大学

1. 东京大学知识产权管理概况

东京大学（Tokyo University）成立于1877年，是日本历史最悠久、规模最大的研究型大学。作为日本首屈一指的顶尖大学，东京大学努力推动教育改革，在寻求自身自主性的基础上，为实现日本的科学技术进步、文化创造

---

[1] 此部分的阐述中，我们借鉴和参考了这些高校及科研机构在其官网发布的一些文件资料，详见文后"参考文献"部分。

和经济发展做出贡献。东京大学秉承开放的理念，充分发挥其跨学科研究优势，不断创新，积极推进大学与社会的合作，将其研究成果回报社会。东京大学非常重视与企业的合作，积极推动东京大学研究成果走向市场应用。东京大学在其官网中表明，它将最有效地利用民众和社会所委托的资源，勇于开拓，使自己在日本高等教育界处于领先地位。

2. 东京大学知识产权管理服务机构

其一，东京大学产学协创推进本部。东京大学产学协创推进本部是直属校长管理的全校性综合产学联合管理部门，其职能是在东京大学推动产学协同创作（意指产学合作，包括与社会组织、公司和大学之间的合作）。东京大学产学协创推进本部下设有四个部门，即"创业推进部""国际开放式创新组织管理部""产学创新推进部"以及"知识产权合同与管理部"。其中，"产学创新推进部"负责设计引领创业成功的生态系统型创新模式，制定各种退出策略。它与组织内的产学合作法务部和产学合作创造部共同推动产学研协同创新，积极开展相关实践。此外，东京大学产学协创推进本部还积极同东京大学 TLO、东京大学协同创作平台开发有限公司（UTokyoIPC）、东京大学 Edge Capital Partners（UTEC）等外部组织保持密切合作，共同推进东京大学对外科技合作交流和研发成果应用。❶ 为满足社会需求，"产学创新推进部"依托东京大学，为研究人员和企业提供实际支持，促使其实现跨学科和跨组织的合作研究。"知识产权合同与管理部"主要执行东京大学的知识产权政策，负责东京大学的知识产权保护、知识产权管理及实际应用。"创业推进部"主要支持创业公司，促进大学衍生企业的建立，并协助推进研究成果的实际应用。

其二，东京大学 TLO 有限公司。东京大学 TLO 有限公司是一家管理东京大学所拥有的知识产权（发明、软件、材料等）的公司，其前身是尖端科

---

❶ 産学協創推進本部 組織構成［EB/OL］.［2022-03-04］. https://www.ducr.u-tokyo.ac.jp/organization/organization.html.

学和技术孵化中心（The Center for Advanced Science and Technology Incubation，CASTI）。成立于 1998 年的 CASTI 已通过日本文部科学省、通产省的认证，其目的是将东京大学中各单位的尖端技术进行知识产权规划，再将这些技术转移至产业界。这一理念与 1998 年日本的《大学技术转让促进法》相吻合。在 2004 年，CASTI 正式更名为东京大学技术转移有限公司（Toudai TLO, Ltd.）。从 2009 年起，东京大学 TLO 有限公司成为东京大学的全资子公司。东京大学 TLO 有限公司目前已成为东京大学研究人员的代理人，主要职责是支持东京大学研究成果的知识产权申请、授权，并将获得授权的知识产权推广和许可给产业界。

其三，东京大学优势资本株式会社。东京大学优势资本株式会社（UTEC）成立于 2004 年，是一家从种子和早期阶段进行实践型风险投资以实现研究成果商业化的风险投资公司。东京大学优势资本株式会社立足于东京大学和日本其他机构的科技成果，积极在社会进行科技创新的风险投资。自 2004 年成立以来，东京大学优势资本株式会社与包括东京大学在内的日本国内和海外的大学及研究机构广泛合作，以科技为核心，通过有效整合资本、人力资源和研发成果，解决世界性问题。该会社在种子期或萌芽期就识别并开发投资项目，向具有广泛科学技术优势的初创公司提供持续的支持，培育具有良好应用前景的前沿性科技研发。东京大学优势资本株式会社通过与东京大学以及研究机构的交流合作，在大学技术衍生公司创建的过程中发挥了重要作用，为大学及科研机构的技术成果转化创造了条件。

其中，东京大学产学协创推进本部的知识产权合同与管理部在东京大学知识产权管理中发挥着举足轻重的作用。东京大学知识产权合同与管理部的职责范围包括：负责教职工及其他人员的发明报告等知识产权事务，以及决定东京大学法人是否有必要承继该知识产权等；提供知识产权申请咨询服务（即根据需要为发明人和其他人提供关于发明和其他知识产权的咨询服务）；提供与知识产权的转让、相关资料归档、临时处理、注册、维护等有关的知识产权服务等。实践中，对东京大学法人决定承继的职务发明，由知识产权合同与管理部确定是否需要办理发明人的权利转移手续、从知识产权申请到注册的手续以及知识产权授权后的维护手续，并负责及时办理这些必要的手续。东京大学知识产权合同与管理部可以根据实际情况将上述全部或部分程序性工作外包给第三方。另外，东京大学知识产权合同与管理部还负责本校与技术转移有关的服务。知识产权合同与管理部积极推进东京大学法人所拥有的知识产权的转化应用，并在其认为必要时向其他公司或企业转移技术。知识产权合同与管理部从授予独占许可、授予非独占许可等技术转让方式中，选择其认为对社会贡献最大的方式。同样，东京大学知识产权合同与管理部可以根据实际情况选择将前述的全部或部分工作外包给第三方，如东京大学TLO有限公司。❶

除此之外，东京大学中发明人所属部门也享有相应的知识产权管理职能，如发明人所属部门应证明发明人所完成的发明创造是否为职务发明，而且该部门还可以设立知识产权办公室等来具体负责该项工作。❷

3. 东京大学知识产权管理制度简介

东京大学高度重视科研成果的创造及应用，将其作为堪比高等教育的重要使命，提出大学最大的使命是教育下一代和展开科学研究。同时，通过这些教育和研究活动所获得的科研成果要及时回馈社会并加以利用。❸为了保障本校科研成果创造及应用的顺利开展，东京大学建立了本校科研成果的保护、管理和利用机制，并明确了东京大学的所有教职员工具有报告的义务并须履行东京大学相关规章制度所要求的义务。鉴于知识产权类型众多且不同类型

---

❶ 《东京大学发明处理条例》第四章。東京大学発明等取扱規則［EB/OL］.（2004-04-01）［2022-03-20］.https://www.ducr.u-tokyo.ac.jp/rules_and_forms/index.html#policy.

❷ 《东京大学发明处理条例》第四章。

❸ 《东京大学知识产权政策》第二条"基本理念"。《东京大学知识产权政策》于2004年2月17日起生效，分别于2004年9月30日和2020年11月1日两次修订。東京大学知的財産ポリシー［EB/OL］.（2020-11-01）［2022-03-24］.https://www.ducr.u-tokyo.ac.jp/rules_and_forms/index.html#policy.

第五章　美国和日本在财政资助项目成果的知识产权保护与应用领域的政策立法与实践探索

知识产权的处理方案各异，东京大学为了解决这一问题对其知识产权进行了分类管理。❶

东京大学在其知识产权管理制度建设中非常注重规范内容的明确性、规范性和可操作性。该校一般会在其文件中阐释所涉重要概念的内涵，科学界定了其知识产权管理所适用的范围。例如，《东京大学发明处理条例》规定，"与工作有关的发明"是指工作人员或其他人在利用公共研究基金或大学法人的资金等而进行的研究，或利用大学法人管理的设施进行研究所完成的发明等。"其他发明"是指教职人员等人的与工作无关的发明。"教师和其他工作人员"是指以下人员：(a) 东京大学的行政人员、全职教学人员、特定聘期内聘用的教学人员、返聘的教学人员、短期聘用的教学人员。(b) 除 (a) 项规定人员范围以外，与大学法人签订了与工作有关的发明合同的人。而"其他研究人员等"是指除教学人员以外，在大学参与教育、培训和研究的人员。可见，根据东京大学的知识产权管理制度要求，东京大学教职员工和其他人利用公共研究基金或大学法人资金等进行的研究，或利用大学法人管理的设施进行的研究所完成的发明等都属于东京大学知识产权管理的范畴。

第一，在知识产权归属方面。《东京大学知识产权政策》规定了职务发明成果权利归属的基本原则，即使用公共研究基金或大学法人基金在东京大学进行的研究或使用东京大学设施进行的研究所产生的发明、实用新型技术方案（以下简称发明等）属于职务发明。相关人员在完成发明创造之后，必须及时通知各部门，各部门的知识产权办公室应迅速确定该发明创造是否与工作有关。如果该发明被各部门的知识产权办公室认定为职务发明，则应立即通知东京大学产学协创推进本部的知识产权合同与管理部。

东京大学还明确了东京大学决定保留的职务发明成果的判断标准，指出在做出判断时，将综合判断职务发明成果的产业实用性、新颖性、创造性、社会贡献、盈利能力、权利取得成本等。为做出客观的判断，东京大学有权

---

❶ 《东京大学知识产权政策》第四条"知识产权处理"。

将调查等工作外包以征求判断意见。但是，最后的决定还是由东京大学产学协创推进本部的知识产权合同与管理部做出。经认定后，东京大学决定不保留权利的发明创造，由发明人处理。可见，东京大学对于本校教职员工等人所完成的职务发明，不一定会保留将该职务发明申请专利的权利而是会根据实际情况来做出决定。不仅如此，东京大学还在不同的规范性文件中对不同类型的职务发明进行了更为具体的规定，具体如下：

（1）对于发明专利等的权利归属。《东京大学发明处理条例》规定，东京大学可以依法取得教职员工职务发明的专利权和其他权利。该条例第四条规定："如果有两个或两个以上发明人或其他人员进行了发明创造，大学法人可以依法取得教职员工或其他人员因职务发明而获得的专利权或其他权利。如果大学法人认为没必要保留基于职务发明而获得的专利权或其他权利，该权利可归属于相关教职员工等人。教职员工等不得将上述其职务发明的权利转让或以其他方式处置给他人，除非东京大学决定不承继该权利"。第七条还规定"如果大学认为有必要，在征得教职员工等人的同意后，可以承继获得教职员工等的非职务发明创造的相关权利"。可见，东京大学既可依法获得其教职员工等职务发明申请的知识产权，也可在其教职员工等同意的条件下，获得他们非职务发明所获得的知识产权。另外，为了避免因人员退休或离职而引发的知识产权流失问题，东京大学要求即使教职员工或其他雇员已经从大学退休，对其发明创造和其他与工作有关的发明事项的处理也应遵循《东京大学发明处理条例》的相关规定要求。

（2）对于职务作品中著作权的权利归属。《东京大学著作权作品处理规定》❶第三条规定，"教职员工根据大学要求完成的职务作品，大学法人为该职务作品的作者，享有著作权。大学各部门在其职责范围内进行职务作品的

---

❶《东京大学著作权作品处理规定》（东京大学规则第 236 号），于 2004 年 9 月 30 日起生效。该规定于 2005 年 4 月 1 日、2006 年 1 月 30 日、2007 年 3 月 22 日、2013 年 4 月 1 日、2016 年 4 月 1 日、2019 年 2 月 1 日和 2020 年 11 月 1 日进行补充规定。最后的补充规定于 2020 年 11 月 1 日起生效。

管理。"另外，需有偿转让职务相关作品❶的著作权时，教职员工应向东京大学申报。如果东京大学根据《东京大学著作权作品处理规定》第十二条的规定要求获得该职务相关作品的著作权，其著作权必须转移到大学。在教职员工等人将该作品著作权转移给大学后，教职员工等人不得行使其著作人身权。作品不属于职务作品或职务相关作品时，教职员工对该作品享有著作人身权和财产权。如果教职员工希望将该作品的著作权转移给大学，将按《东京大学著作权作品处理规定》第十一条至第十六条的规定处理。

（3）对于有形成果的权利归属问题。《东京大学有形成果处理规则》❷第三条明确规定，除另有规定外，（作为职务成果的）有形成果的所有权以及其他一切权利等，均归属于东京大学。此外，东京大学不仅是原始有形成果的权利人，其权利应延伸至部分修改后的成果。

（4）对合作研究成果的归属和管理。《东京大学知识产权政策》规定，东京大学创造的相当数量的发明等是与私营公司或其他公司合作研究的结果。在合作研究中，合作各方首先需要签订合作研究合同，然后共同就合作研究成果申请专利。合作研究需要采用灵活的管理方法，如根据对发明的贡献程度等确定利益分配方案以及各方的成本负担比例。此外，为了最大限度地实施这些共同申请的专利等，合作各方可以灵活地进行专利转让或许可使用。为此，合作各方在此过程中要做好分工协作。

第二，在技术信息保密方面。东京大学制定了专门的信息保密规章制度，对保密信息范围、保密责任主体、保密期限等都有规定。如东京大学的相关制度要求，根据合同约定进行合作研究时，由对方披露、提供或者从对方处

---

❶ 根据《东京大学著作权作品处理规定》第二条的术语界定，"职务相关作品"是指教职员工利用公共研究资金或者东京大学法人所提供的资金资助开展的研究，或者利用东京大学法人所管理的设施进行的研究而完成的非职务作品的软件作品。教职员工的学术论文、以个人名义出版的出版物、演讲稿以及附带的实验数据的图表等不属于这里所说的职务相关作品。

❷ 《东京大学有形成果处理规则》（东京大学规则第237号），于2004年9月30日起生效。该规则于2005年4月1日和2019年2月1日进行补充规定。最后的补充规定于2019年2月1日起生效。

获得的信息，或者在研究执行过程中产生并为对方所保密的信息都被纳入保密的范围。不仅如此，东京大学将对外合作研究中信息保密义务主体的范围界定为所有参与东京大学对外合作研究所签订合同项目的知识产权工作人员、研究人员和东京大学的内部教职员工。相关规定将其适用期限界定为在合同约定的保密义务有效期内，甚至在合同完成或解除后。

东京大学的保密管理制度还明确要求保密信息必须加锁保存在储藏室等处，对存储在计算机等电子设备中的电子信息必须进行彻底管理，以防止机密信息泄露或侵犯对方机密信息。东京大学还明确了保密责任。《东京大学与民间团体的合同等相关的信息管理和保密规定》第五条规定："保密信息管理的最终责任由首席研究员（即根据对外合作研究合同规定的东京大学的首席研究员，以及负有保密义务的与东京大学合作研究的高校法人的实际研究负责人）承担。"第七条规定了校内保密信息的披露规则，即首席研究员作为保密信息管理的负责人，应当对接受保密信息披露的研究人员、研究合作人员以及知识产权管理人员等提出保密要求。研究人员、研究合作人员、知识产权管理人员、教职员工等收到被披露的保密信息后，必须遵守保密规定。校长可以要求收到保密信息的研究人员、研究合作人员和知识产权管理人员等签订保密协议或提交书面保证书。首席研究员可代表校长要求参与合作研究者签订保密协议或提交书面保证书。第八条规定校外保密信息的披露须征得合同协议中对方的许可。对于技术转让等业务中必不可少的TLO等第三方，应在拟订立的合同中事先获得信息披露许可，且该披露对象承担基于该许可的保密义务。另外，为了防止相关主体在转岗、退休或毕业后泄露合作研发中所获知的秘密信息，东京大学专门对此进行了规定。如《东京大学与民间团体的合同等相关的信息管理和保密规定》第九条强调，研究人员、研究合作人员、知识产权管理人员等收到被披露的保密信息后，即使转岗、退休或毕业，也不得在所规定的保密义务有效期内将其任职期间所获知的保密信息泄露给第三方。研究人员、研究合作人员、校内各部门教职员工、知识产权

第五章　美国和日本在财政资助项目成果的知识产权保护与应用领域的政策立法与实践探索

管理人员等调任、退休或毕业时，校长可以要求其签订保密协议或提交书面保证书。❶

第三，在技术许可方面。东京大学出台的《东京大学许可政策》❷确立了技术许可管理制度，提出东京大学技术许可的基本准则：（1）东京大学与共同申请人及 TLO 合作，促进技术许可，以便使东京大学的发明创造最大限度地发挥其社会效用。（2）关于对外许可的技术，东京大学重视其商业化的可能性及其早期可行性。（3）东京大学应当防止将其技术用于违反公共秩序和社会道德的目的。（4）东京大学应当避免让任何第三方因为其技术许可而受到不适当的损害（如要避免参与所谓的专利流氓行为）。（5）东京大学应当考虑被许可方的社会公信力和经营合规状况。（6）东京大学应适当考虑规避技术许可对本校研究活动的阻碍。

东京大学非常重视来自公共财政经费资助的知识产权保护和应用中的利益平衡问题，强调知识产权是在本校研究活动中产生的，因此对于知识产权的管理和应用不得妨碍科研活动，且要推进本校知识产权的应用。为了促进日本大学科研水平的提升，东京大学提出其所拥有的专利技术在其他大学使用时的处理办法，如东京大学列出了专利清单。对于清单上的专利，未经东京大学许可，其他大学可用于非商业性研究，但前提是其他大学仅能将该清单上的专利用于非营利性研究，且不得转许可给第三方（特殊情况下除外）。东京大学要求其他大学使用该清单上的专利发表研究成果时，应预先注明该专利技术已被使用。东京大学一般只有在其专利技术不进行独占许可授权就很难被予以商业化应用的前提下，才会向外面公司进行该项专利技术的独占许可授权。

第四，东京大学也积极推进本校知识产权的应用。根据《东京大学发明

---

❶　民間機関等との契約に係わる情報管理・秘密保持規則［EB/OL］.（2020-11-01）［2022-03-20］.https://www.ducr.u-tokyo.ac.jp/rules_and_forms/index.html#policy.

❷　《东京大学许可政策》于 2009 年 9 月 30 日起生效，后于 2020 年 11 月 1 日修订。

· 197 ·

处理条例》第七条的规定，为了推动东京大学的知识产权等的技术转移，东京大学知识产权合同与管理部认为有必要，且得到作为发明人的教职员工及其他研究者的同意，可以受让其专利权等。该条例第十二条也强调，知识产权合同与管理部对于东京大学法人所拥有的专利等，为推进其应用，必要时会将其向企业等进行技术转移。至于技术转移采取何种方式，独占许可还是普通许可，抑或专利转让，东京大学会选择对社会最有利的技术转移方式。这一点与《东京大学研究许可证处理指南》里关于技术许可方式的规定是一致的。另外，该指南第七条还规定了研究人员调动时的处理方式，即"即使在东京大学的技术已被授予独占许可的情况下，当该技术研究人员出现工作调动时，其可以在与校内同样的研究中自由地使用该技术。与研究人员的该项发明相关的其他专利，如在专利申请时有共同申请人或是与他人合作的研究成果的情况下，在得到对方的同意后，该研究人员可以在不向第三方提供许可的前提下，在与校内同样的研究中自由地使用该专利。"

第五，在知识产权收益分配方面。《东京大学发明处理条例》第二十四条至第二十六条规定了东京大学从发明专利中获利后的收益分配规则，大学从其拥有的专利中获得实际利润，或将大学拥有的专利等许可或转让给第三方而获得收益时，大学应按《东京大学发明处理条例》相关条款的规定，按其实际利润或许可费等收入的比例向完成发明创造的教职员工等人支付补偿金。具体的收益分配方案如下：首先，大学法人应从利润、许可费以及其他收入的总额中扣除必要的开支，计算出可分配收益总额。其次，大学法人应按以下比例分配根据前条计算的总（年度）可分配收益额：（1）总分配收益额的40%应作为补偿金分配给完成发明创造的教职员工等人。（2）总分配额的60%应在发明人所属院系或部门和本校知识产权合同与管理部之间平分。另外，在利益分配过程中，如果完成发明创造等的教职员工不止一人，且分属于不同的系，在这些教职员工全体同意的情况下，可在他们各自所属的系之间进行分配。完成发明创造的教职员工可通知东京大学自己愿意放弃全部或部分的补偿金，并将放弃的补偿金全额分配给指定的实验室、系、部门或其他类似组织以及国家。《东京大学著作权作品处理规定》第十六条规定了职务作品的收益分配规则，东京大学法人从已转让著作权的著作权作品（出租作品除外）中获利时，应参照《东京大学发明处理条例》第二十四条至第二十七条的规定分配收益。对于有形成果的技术许可收益分配，《东京大学有形成果处理规则》第十二条规定：大学通过提供有形成果获得收益时，应当扣除生产和提供有形成果所需的开支后将剩余总额的 70% 分配给有关院系或部门。对于专有技术许可收入分配，《东京大学专有技术处理规定》第十一条规定："大学通过专有技术的对外许可转让获得收益时，应参照《东京大学发明处理条例》第二十四条至第二十七条等规定进行利益分配。"东京大学在本校知识产权收益分配方面，充分体现了利益平衡的分配原则。它既考虑到了东京大学在其知识产权申请、维护、转让中的合理开支，又考虑到了发明人、发明人所在院系或部门、校知识产权管理部门的利益诉求，有利于调动各方的创新积极性。

为了保证东京大学的知识产权收益分配能够顺利落实，东京大学在《东京大学发明处理条例》《东京大学著作权作品处理规定》《东京大学商标使用条例》《东京大学专有技术处理规定》的基础上，制定并颁布了《东京大学知识产权相关的补偿金支付细则》，对相关知识产权补偿金问题进行了细化规定。该细则规定了东京大学在知识产权的注册、转让和实施三个环节中的补偿金支付规则。《东京大学知识产权相关的补偿金支付细则》第三条规定，由东京大学承继发明等本文件规定的知识产权的，大学在该知识产权注册时，应向发明、设计、培育、创造、注册或设计该知识产权的权利人支付注册补偿金。知识产权在两个或两个以上国家注册的，前款的注册补偿费应按每个国家支付。第四条规定："大学从权利人处受让知识产权时，应当向发明、设计、培育、创造、登记或者设计该知识产权的权利人支付注册或申请该项知识产权的补偿金。"第五条规定："东京大学承继或受让知识产权并通过实施或处分该知识产权获得收益时，在扣除东京大学负担的必要经费后，将余下总额的 40% 作为支付给各权利人的补偿金。"东京大学以股份等（含新股预约权及新股预约权的公司债券）作为企业取得东京大学知识产权许可使用等的对价时，（东京大学所获收益）应当是该股份等被赎回时获得的收益。

东京大学还对知识产权补偿金的计算和处分进行了细化规定，如《东京大学知识产权相关的补偿金支付细则》第六条规定：实施补偿按每个营业年度（4月1日至次年3月31日）计算。每个营业年度结束时，知识产权实施或处分的收入累计超过知识产权必要费用（即东京大学法人为知识产权的申请、登记、维护及举办技术转让活动所承担的费用的累计金额）时，东京大学法人将向权利人（即根据知识产权相关规则，将其知识产权以转让等方式交给东京国立大学法人的教职员工和其他人员）提供补偿。该细则还就补偿金的支付方法、支付程序、支付时间等进行了具体规定，如明确了东京大学对权利人的通知义务和支付义务，要求：大学法人在知识产权被登记时，或者知识产权的实施或者处分等产生收入时，向相关权利人通知支付补偿金；大学法人根据权利人的请求，将补偿金以汇款方法支付。权利人应按照大学法人的指示，指定补偿金的转账账户；大学法人原则上在补偿金支付事由发生年度的下一年度末之前向权利人支付该补偿金等。

第六，在国际产学研合作方面。《东京大学国际产学合作推进政策》中明确了东京大学推进国际学术合作的基本要求：（1）东京大学将在全球性的研究领域中占据优势地位，创造出优秀研究成果，并积极向全世界传播知识。（2）东京大学的目标不仅是扩大国际合作研究和国际资助研究，还将致力于开发和推广真正属于东京大学的研究成果。（3）为了应对国际合作需求，东京大学将进行系统建设，使大学能够以组织的形式处理国际合作研究项目和国际委托研究项目。这些项目以往是由大学教职员工单独处理的。（4）大学将考虑日本国立大学的商业环境，并以此来制定最合适的措施。（5）东京大学将建立促进国际产学合作的制度，培训国际合作需要的高素质专业人才。

《东京大学国际产学合作推进政策》还强调了东京大学在国际产学研合作领域努力推进的方向：（1）加强国际联络系统和信息传播。（2）促进海外专利的采购、权利获取和利用。（3）加强应对国际纠纷的法律能力。（4）加强人力资源建设以促进国际产学研合作。

为了更好推进东京大学的国际产学研合作研究，东京大学积极着手开始以下准备：

其一，加强国际联络系统建设和信息传播。东京大学积极利用其海外网络，促进国际产学合作，完善科研管理系统和科研支撑系统，促进具有国际竞争力的成果产出。其中，产学合作处和国际合作处密切合作，利用其海外设点加强与域外研究机构的合作，激活国际合作研究和国际委托研究，开展针对域外企业的国际产学合作联络活动等，促进东京大学与域外企业之间的人员交流等。

其二，重视知识产权布局的国际化和前瞻性。东京大学强调大学的知识要回馈给社会，前提是它可以被用来满足当前和未来广泛的工业生产及公益需求。为了保证自己在全球的技术领先地位，东京大学越来越重视专利的国外申请，对于可能纳入国际标准的专利发明进行适当的保护和利用。根据研究成果所属技术领域的特点，对于那些仅在日本的实际应用不能充分体现其价值的发明，或者那些出于投入实际使用的目的而需要兼顾国内市场和国际市场的发明，东京大学在国外广泛的领域提出专利申请和进行技术转让来促进专利实施。为此，东京大学在知识产权布局中不仅要考虑那些预计在短期内有实际应用价值的发明，还要考虑那些从长期来看具有应用价值的发明。于是，东京大学根据各国专利制度的差异性、发明技术所属技术领域的特点、技术发展趋势和市场变化趋势以及东京大学技术联络处的技术转让情况，不时审查其权利维护的必要性，从而对海外申请专利后的各种事务进行有效管理。❶

---

❶ 東京大学国際産学連携推進ポリシー［EB/OL］.（2007-09-06）［2022-03-21］.https://www.ducr.u-tokyo.ac.jp/rules_and_forms/index.html#policy.

其三，重视国际产学合作中法律风险的预先防控。考虑到未来东京大学科研人员参与国际研究的几率将提升，其参与产学合作的机会将增多，他们因合作研究而产生的知识产权域外布局要求也随之增加，东京大学积极展开了准备工作，如积极部署编制相关的英文材料（如英文的合作研究协议、同域外企业签订合作研究协议的程序事项的英文指南等）以适应各种合作研究计划的需求；积极完善内部管理，推动域外合作研发中行政程序（如与海外公司的交易程序等，资金的支付和税收程序）工作的处理等。另外，考虑到随着国际产学合作活动的增加，东京大学不可避免会卷入相关纠纷，东京大学积极研究事先纠纷防范措施，包括：加强东京大学产学合作部的法律职能，提高其防范涉及产学合作的国际纠纷的能力；高度重视风险管理，避免在国际合作研究中卷入纠纷；从国际法角度对各种英文合同等展开审查，以便在预防未来纠纷风险的同时，助力国际合作研究；在出口管制等方面，东京大学不断对校内研究人员展开教育和宣传，以确保其遵守与产学合作有关的法律、法规和条约，同时加强法律研究支持，确保合作顺利进行；为了加强其应对国际法律风险的能力，东京大学还将邀请外部专家（如律师和专利律师，包括来自海外的专家）进行合同商讨和合同起草等，还将建立一个国际交流网络系统，有效地接受这些外部专家的支持等。

其四，加强人力资源建设，促进国际产学研合作。东京大学认识到促进国际产学合作必须首先积极组织和培训能够有效执行国际产学合作任务的高素质专业人才队伍。这些专业人才队伍要能在国际产学合作领域恰当地处理国际合作研究和国际委托研究中的合同事务、国际知识产权法律交流工作，以及联络工作等，要能够承担研究成果的推广工作并为国际合作研究提供有力支持。东京大学为此积极在校内外招聘熟悉国际事务的专业工作人员。同时，考虑到未来该工作的连续性，东京大学在加强专业人才队伍建设时，高度重视对参与国际产学合作的工作人员的教育和培训，明确提出专门从事国际产学合作的工作人员必须具备的素质包括：极高的专业知识和对大学所肩负的区别于公司的特定社会使命的充分理解，以及根据具体情况做出适当决定的能力。东京大学基于对本校国际产学研合作的长远发展考虑，不仅积极推动本校人力资源建设，而且大力加强本校与各领域的外部专家的网络保障制度建设。

不仅如此，东京大学还对本校的知识产权管理流程进行了非常详细的规定。具体如下：

（1）发明等知识产权的报告程序。东京大学要求，教职员工等人做出发明时，应使用单独规定的表格及时通知其所属的工作部门。东京大学要求教职员工提交内容详实的报告。任何与发明等有关的其他知识产权（如与工作有关的作品、有形物体、商标等）应由教职员工等人将其附在其发明报告中。《东京大学专有技术处理规定》第六条规定："当教职员工或其他研究人员在技术许可时，应明确相关工作或技术所涉及的所有贡献者。如果其研究工作或相关技术涉及使用第三方的专有技术，则必须附上资料。"

（2）职务发明的认定程序。在收到教职员工等人提交的发明报告后，其所在院系或部门应根据发明报告的内容确定该发明是否属于职务发明。根据程序要求，其所在院系或工作部门应自收到发明报告通知的10天内（节假日除外）对其发明是否属于职务发明等做出决定，并通知发明报告人。对于被认定为职务发明的，以及发明人等希望向东京国立大学法人转让该项知识产权的，其所在院系或工作部门应及时将该发明报告的案件送至东京大学知识产权合同与管理部。东京大学知识产权合同与管理部收到这些转送过来的案件后，应及时通知该教职员工等人。发明人等所在院系或工作部门如在10天内（节假日除外）不能做出是否属于职务发明的决定，应及时将案件送至东京大学知识产权合同与管理部，并注明"将该案件提交知识产权合同与管理部决定是否属于职务发明"的字样。东京大学知识产权合同与管理部收到这样的案件后，应及时通知有关教职员工已收到该案件。东京大学知识产权合同与管理部应迅速决定该发明等是否属于职务发明，并及时通知有关教职工及其所在的院系或部门。

（3）知识产权权利的承继和转让程序。对于被认定为职务发明的知识产权成果，由东京大学知识产权合同与管理部决定东京国立大学法人是否承继该项知识产权。东京大学知识产权合同与管理部应根据《东京大学发明处理条例》第十六条和第十七条的相关规定，在发出通知后10天内（不包括节假日）做出决定，并将决定通知有关教职员工。教职工等如决定由东京国立大学法人承继其发明等的专利权，应向东京大学知识产权合同与管理部提交专门的书面权利转让表。

如果教职员工等人对自己所在院系或部门根据《东京大学发明处理条例》第十六条做出的职务发明决定不服，可以在收到通知之日起两周内向其所在院系或部门提出异议。相关院系或部门收到异议后，应核查收到的异议是否合理并做出决定。它们做出决定后，将结果通知有关教职员工等人。同样，发明人等对东京大学知识产权合同与管理部根据《东京大学发明处理条例》第十七条第一款所做出的决定不服的，可在收到通知之日起两周内向知识产权合同与管理部提出异议。在收到异议后，东京大学知识产权合同与管理部应及时对异议的正当性做出决定，并将结果通知有关人员。如果东京大学知识产权合同与管理部无法在规定的期限内（即收到有关院系或部门发来的职务发明申请材料并发出确认通知后10天内，不含节假日做出是否由东京国立大学法人承继该项知识产权的决定，教职员工等人可参照被判定为与职务有关的发明等（即《东京大学发明处理条例》第四条第三款的情形），行使自己的权利。特殊情况下，如果该知识产权合同与管理部确实需要更长时间才能做出是否承继的决定，并且已获得提交发明报告的教职员工等人的同意，则不适用该时间期限的限制。但教职员工等人应向东京大学知识产权合同与管理部报告其拟自行申请知识产权的情况，并有义务按照《东京大学发明处理条例》第二十一条的规定报告进展情况。如果出现需要快速处理的特殊情况（如需要发表研究成果或确保专利申请的优先权等），教职工等人可在收到东京大学知识产权合同与管理部做出是否承继决定的通知之前，将需要快速处理的理由通知知识产权合同与管理部。但是，教职工不得阻碍东京大学知识产权合同与管理部行使其权力。

不仅如此，即使在这种情形下，教职工等仍应履行《东京大学发明处理条例》第四条第三款所规定的禁止转让权利或以其他方式处置权利的要求（即在东京国立大学法人决定不会承继因职务发明而获得的专利等知识产权之前，作为发明人的教职员工等人不得将上述权利转让或以其他方式处置给他人），以及《东京大学发明处理条例》第六条规定的保密义务（即东京国立大学法人和教职员工等应确保在申请专利等必要期限内对上述发明创造内容等事项予以保密）。另外，如果东京国立大学法人最后决定承继其教职员工等人的上述知识产权时，应支付该教职员工等人为该项知识产权申请而支付申请费及其他一切费用。

## （二）早稻田大学

### 1. 早稻田大学简介

早稻田大学的前身是1882年10月21日（明治15年）创立的"东京专门学校"。它是日本最知名的私立大学之一。19世纪末，该校被称为"早稻田学校"。随着从专门学校升格为大学，1902年9月2日该校更名为"早稻田大学"。早稻田大学的立校宗旨是实现学术研究独立、推进学术成果应用和培养模范公民。早稻田大学以追求学术研究独立为目标，重视自由研究，始终努力开展独创性研究以推进全球学术研究的进步。早稻田大学强调科学知识的应用价值，并通过推动科学知识的实际应用为时代的发展做出贡献。早稻田大学在人才培养上强调要尊重个性，培养学生服务国家以及社会的人格，要以培育模范公民为目标。

随着日本经济领域发生重大变革，日本社会不断对大学提出新的要求。早稻田大学顺应这一社会形势变化，在履行传统的人才培育与科学研究使命之外，积极开展产学合作，将大学的研究成果付诸实践应用，造福社会。

## 2. 早稻田大学的知识产权管理服务机构

早稻田大学的知识产权管理模式灵活多样。它以研究中心、产学促进中心、技术转移机构、创业企业孵化器等多种组织机构为载体推进产学合作和知识产权管理。

其一，理工学术院综合研究所。理工学术院综合研究所（Waseda Research Institute for Science and Engineering）成立于1940年，是早稻田大学早期与产业界展开交流联系、接受企业委托进行科研项目研究的重要机构。其研究所涉及的研究类型众多，主要包括项目研究、特别研究、专业研究和受托研究等。❶

其二，早稻田大学知识产权与研究合作促进部（Intellectual Property and Research Collaboration Support Section）。早稻田大学知识产权与研究合作促进中心的前身是成立于1999年的早稻田大学研究推进中心（Research Collaboration and Promotion Center）。根据早稻田大学的技术转移工作需要，该机构在早稻田大学教职员工的研发成果推广、权利金收取和分配中发挥了重要作用。该机构在合作研究中不断加强研发合同管理、知识产权管理，推进技术转让，推动了早稻田大学知识产权工作的顺利发展。自成立以来，该中心一直在积极促进研究合作，并在早稻田大学内积极开展专利技术的孵化活动，不断向创业企业提供技术支持。❷ 推动产官学合作是促进日本大学发展和日本技术产业振兴的不可或缺的要素。日本大学在日本的科学技术创造及应用中发挥着重要作用。因此，早稻田大学知识产权与研究合作促进中心积极通过产官学合作推动技术创新，充分发挥早稻田大学在日本技术产业的发展和日本可持

---

❶ 早稻田大学 理工学術院総合研究所［EB/OL］.［2022-03-04］. https：//www.waseda.jp/fsci/wise/institute/.

❷ Research Collaboration and Promotion Center- About us［EB/OL］.［2022-03-05］. https：//www.waseda.jp/inst/research/en/tlo/about.

续发展中的重要价值。❶

　　早稻田大学知识产权与研究合作促进中心作为早稻田大学技术转移服务的重要工作部门，其知识产权服务内容包括：为发明人提供咨询服务；对发明成果进行评估及推广；专利申请、维护及管理。其科技成果转化服务包括：为企业需求与研究机构科研成果间牵线搭桥；合同拟订；合同咨询及协商；分配发明之权利金收入给发明人。可见，早稻田大学知识产权与研究合作促进中心积极服务于早稻田大学的知识产权与技术转移实践，成为支持早稻田大学校内教职员工等人进行技术转移活动的重要工作部门。另外，创新育成是早稻田大学产学合作网络中的重要内容之一。早稻田大学通过孵化促进办公室（Incubation Promotion Office）为初创企业提供支持与指导。其采取的主要措施包括：准许使用学校的基础设施；知识产权管理指导与咨询；资本/融资支持；支持初创企业与外部企业、政府部门等展开合作。❷

　　其三，早稻田大学的知识产权战略委员会和发明审查委员会。早稻田大学设立知识产权战略委员会，审议与知识产权运用相关的事宜。早稻田大学知识产权战略委员会的职责范围包括：确定早稻田大学知识产权获取、技术转让等方面的策略；确定发明审查委员会的评价判断标准；当申报发明事项的教职员工等人对学校或研究创新中心主任做出的决定不服并自通知之日起两周内向学校提出异议时做出异议决定；应对与早稻田大学发明有关的侵权纠纷或诉讼等。早稻田大学知识产权战略委员会可根据知识产权工作需要召开教职员工听证会。知识产权战略委员会由下列人员组成：由早稻田大学校长任命的董事一名；研究促进中心总经理；研究创新中心主任或副主任一名；由大会主席任命的部分成员等。其中，知识产权战略委员会会长由早稻田大学校长任命的董事担任。早稻田大学校长所任命的董事、大会主席所任命的

---

❶ 知财・研究連携支援セクション［EB/OL］．［2022-03-04］．https://www.waseda.jp/inst/research/tlo/collaboration.

❷ Research Collaboration and Promotion Center- Activities［EB/OL］．［2022-03-05］．https://www.waseda.jp/inst/research/en/tlo/about.

部分成员的任期为两年，可以连任。但成员缺席时，继任者的任期为前任的剩余任期。知识产权战略委员会由会长召集，组织议事。知识产权战略会议必须有过半数成员出席才能召开。知识产权战略委员会的决定由出席委员会成员的多数作出。如果表决票数量相同，则由委员会主席决定。但是如果该会员为《早稻田大学职务发明条例》第七条第一款所规定的对早稻田大学所做出的取消决定提出异议者，则不得参加知识产权战略会议的审议。

早稻田大学还设立发明审查委员会，审议教职员工所做出的发明等事宜。早稻田大学发明审查委员会按照知识产权战略委员会制定的标准，履行其职责，并将结果报告大学。早稻田大学发明审查委员会可根据需要召开教职员工听证会。发明审查委员会由下列人员组成：研究创新中心主任或副主任一名、由委员会主任委派的成员等。其中，委员会主席由研究创新中心主任或副主任担任。发明审查委员会的成员可由学校根据委员会主席提名而产生。发明审查委员会的成员任期为一年，可以连任。但是，如果成员出现空缺，则继任成员应为前任成员的剩余任期。发明审查委员会由主席召集，组织议事。委员会只能在确保大多数成员出席时才召开。委员会根据出席委员会成员的多数意见作出决定。如果成员们无法形成多数意见，则取决于主席的决定。如果委员会的某位成员为该项发明的发明人或其技术评价的负责人时，则该成员不得参与对该项发明的审议。早稻田大学发明审查委员会审议《早稻田大学职务发明条例》第十六条第一项规定的事项（即发明审查委员会的评价判断标准和因紧急需要或符合知识产权战略委员会另行制定的标准）时，如不能及时召开委员会会议，主席可缩短委员会会议的召开时间，并书面说明拟讨论的事项，由委员会成员进行轮流审议。

3. 早稻田大学知识产权管理制度

早稻田大学高度重视知识产权工作。早稻田大学主张科技创新，以知识回报社会，积极致力于为促进文化进步、世界和平、人类福祉和社会发展做出贡献。为此，早稻田大学大力推进本校与日本国内外机构和个人在知识产权方面的交流合作。早稻田大学充分利用自身的资源，不断开展科技创新，积极振兴本校的教育和科研。早稻田大学加大人才培养力度。早稻田大学的目标是培养尊重自己和他人创造的知识产权且具有为学术发展和社会发展奉献的精神和能力的人才，并让这些人才在世界各地的各个领域发挥积极作用。早稻田大学倡导"独立学习"等建校理念，并且基于"勇于挑战"、"终身学习"和"培养世界公民"等目标，积极履行其作为"知识基地"的历史使命。通过教育和研究为社会做贡献是早稻田大学的立校之本。为了呼应社会发展的需求，早稻田大学立足于其长远发展战略，积极产出符合国际化评价的研究成果和优秀人才，加强与产业、政府、研究机构间的合作。此外，早稻田大学通过以知识产权为中心的产学官合作，推进技术成果的商业化应用，继续支持推动日本科技振兴的知识产权战略。❶

早稻田大学明确指出，其知识产权战略的目的是推动以知识产权为核心的高校新"智造循环"的发展。于是，早稻田大学采取了以下措施：首先，早稻田大学积极向全世界传播该校智力成果，体现其作为知识的重要价值，并根据需要申请专利。其次，早稻田大学妥善管理和利用该校知识产权。再次，早稻田大学旨在借助知识产权、产学合作和竞争性资金，实现振兴早稻田大学教育和科研的任务。为此，早稻田大学在其《校外学术研究合作规则》❷中还明确了其对外学术合作的基本原则，即保护学术自由和独立；进行有利于世界和平和人类福祉的研究，不得进行军事研究和军事发展；为大学研究活动的发展和教育状况改善做出贡献；不得进行禁止发表研究成果的保密研究（但这不适用于基于同研究委托人或合作者的信任关系对研究结果发表时间予以合理限制的情形）；按照民主程序公开有关资料并做出合作等

---

❶ 《早稻田大学知识产权基本理念》于 2004 年 7 月 23 日由董事会批准通过。早稲田大学知的財産に関する基本理念［EB/OL］.（2004-07-23）［2022-03-24］.https：//www.waseda.jp/inst/research/tlo/industrycollaboration.

❷ 学外機関等との学術研究提携等に関する規則［EB/OL］.（1990-05-29）［2022-03-24］. https：//www.waseda.jp/inst/research/tlo/industrycollaboration.

决定。基于这些价值目标，早稻田大学确立了符合本校特色的知识产权管理制度。

第一，在知识产权归属和处置方面。《早稻田大学职务发明条例》第三条规定：基于职务发明而形成的知识产权由早稻田大学承继其相关权利。但是，不属于职务发明创造的或者早稻田大学决定不承继该项知识产权或者放弃该项知识产权的，不在此限。教职员工等人与第三方共同进行职务发明时，教职员工等人将该职务发明申请知识产权后的所获得的权利份额由早稻田大学承继。但是，不属于职务发明的或者早稻田大学不承继该项知识产权或者决定放弃该项知识产权的，不在此限。《早稻田大学有形成果处理规定》❶第三条规定："教职员工等人从事职务工作时使用从校外获得的研究资金、大学预算或利用早稻田大学的设备设施等的帮助产生的有形成果的权利，除有特别规定的情况外，属于早稻田大学。该规定也同样适用于部分成果发生变化的情况。"

对于合作研究成果的归属及处置，早稻田大学在其《联合研究协议范本》❷（2020年）中明确规定："合作研究的成果应是通过双方本次合作研究所获得的成果中与本合作研究目的直接相关的任何发明、装置或设计。合作研究的成果应包括所有技术成果，如发明、装置、设计、计算机软件、其他作品、专有技术等。"在合作研究中，双方应及时将研究中所获得的任何发明、装置或设计通知另一方。如果有可以保密的、具有财产价值的、应予保密的技术资料，经双方协商同意后，应及时以书面形式将其指定为专有技术，并规定其保密期限和使用条件。原则上，合作研究双方应分享本次合作研究成

---

❶ 《早稻田大学有形成果处理规定》于2012年11月23日起实施。该规定于2013年4月1日、2015年5月22日和2019年5月10日进行补充规定，最后的补充规定于2019年6月1日起实施。成果有体物の取扱いに関する規程［EB/OL］.（2019-05-10）[2022-03-25].https：//www.waseda.jp/inst/research/tlo/industrycollaboration.

❷ 共同研究契约书［EB/OL］.（2020-02-01）[2022-03-24]. https：//www.waseda.jp/inst/research/tlo/industrycollaboration.

果的知识产权,具体份额由双方根据具体情况相互协商后另行确定。如果一方当事人能证明是其独立完成或经对方同意归属于自己一方的合作研究结果的知识产权,则该知识产权应属于该当事人。对于双方共有知识产权的处分,早稻田大学在其《联合研究协议范本》(2020年)中要求双方在转让、备案、实施或许可与本研究成果有关的知识产权时,除早稻田大学对研究成果的知识产权有特殊规定之外,合作研究双方应经协商,根据不同的情形签订相应的协议,明确有关转让、备案、实施或许可的细节。具体而言,如果一方当事人将其权益转让给另一方当事人,双方应签订转让协议;如果双方联合申请知识产权,双方要签订联合申请协议;如果其中一方要求实施双方共有的知识产权,双方则要签订知识产权实施协议;如果当事人向第三方授予知识产权许可,双方则应签订知识产权许可协议。

另外,早稻田大学也非常注重跟知识产权有密切关联的有形成果的保护,并专门颁布了《早稻田大学有形成果处理规定》。早稻田大学所保护的有形成果包括:具有学术或财产价值的材料和样品(如试剂、新材料、土壤、岩石、植物新品种、实验动物、细胞系、微生物株、病毒株、核酸、蛋白质等生物成分和相关物质,以及物质的衍生物和包含它们的固体、溶液、体液等)、化学物质、原型、模型产品等,以及记录相关信息的纸张或其他介质。但文章、讲座报告和其他受版权保护的作品被排除在外。对于有形成果的权利归属,教职员工等人利用其所获得的研究经费、校内预算或者使用校内设施等而完成的创造成果的权利,除非另有规定,原则上属于早稻田大学。教职员工等人从事下列行为前必须经早稻田大学批准,如试图向校外机构提供有形材料(除非研究合同、合作研究合同等另有规定)或研究创新中心主任认为有必要经早稻田大学批准的一些情形等。早稻田大学应妥善记录已获授权的有形成果的权利状况、管理状况等。但是,有下列情形之一的,由学校决定是否提供或者接收有形成果:违反法律、条约、政府规定的道德准则等;违反早稻田大学《校外学术研究合作条例》(1990年5月29日,第90-15-1号条例)

第一条规定时；与校外机构签订的合同禁止向第三方提供或接受有形成果时；其他研究创新中心主任认为应当禁止提供或收受时。

第二，在技术信息保密方面。关于本校教职员工等的保密义务问题，《早稻田大学职务发明条例》第二十四条规定，大学和发明人在申请该发明专利前对相关技术信息等必须承担保密义务。但是，大学和发明人一致同意对外公开以及大学和发明人在免责的情况下公开的除外。大学退休人员同样必须履行保密义务。在知识产权管理实践中，早稻田大学要求其教职员工研究时须签订《发明和保密承诺》，承诺，如本人参与、合作参与本研究并为研究过程中产生的研究成果做出贡献，该研究成果（或其知识产权）的处理（如权利归属和实施补偿给发明人）适用早稻田大学的《高校作品发明创造规则》和《有形成果处理规则》。《发明和保密承诺》第三条要求，本人承诺未经研究负责人许可，不以任何方式公开、泄露或使用以下秘密信息：（1）本研究及研究成果信息。（2）与实验室相关第三方的保密信息。（3）实验室指定为机密信息的信息。（4）其他实验室特别指定为保密对象的信息。早稻田大学还要求其教职员工在签订《发明和保密承诺》时保证：不会泄露或使用机密信息，保密期限不仅包括本人在实验室工作期间，而且包括本人离开实验室之后。不过，对于一些特殊情形下的信息（如实验室披露时已知的信息；经实验室披露后，在本人不承担责任的情况下被公之于众的信息；从第三方合法获取的，不受公开限制的信息；被实验室披露时，已经被实验室以外的第三方披露的信息；最初由自己研发，不涉及机密的信息），如果本人可以证明这些信息不属于保密信息范畴，则可不承担保密责任。在保密报告和保密责任上，早稻田大学教职员工还必须承诺保密信息如被盗、泄露或以其它方式被毁损、灭失等，将立即上报实验室。该保密信息如包含研究成果信息，将按照有关规定处理，如因违反本承诺而泄露或使用本实验室的机密信息给学校造成任何损失，本人将承担责任。

在对外合作中，为了加强保密管理，早稻田大学制定了《早稻田大学保

第五章　美国和日本在财政资助项目成果的知识产权保护与应用领域的政策立法与实践探索

密协议》，将合作研发中双方的权利义务予以明确，以规避未来科研合作中可能出现的风险。早稻田大学与企业签订的《早稻田大学保密协议》第二条要求双方不得向第三方公开或泄露对方的保密信息，其公开范围仅限于向单位内部需要知情的人员披露。此外，复制相关信息资料时，应事先征得对方的书面同意，并将复制件纳入保密信息的范畴。双方应像保护自己的机密信息一样谨慎地管理对方的机密信息。不过考虑到实际情况比较复杂，为了避免保密条款在实际适用中产生认知分歧或者被滥用，早稻田大学在协议中明确了保密的例外情形，即：对方披露时当事人已经知道的；第三人公布或因不能归咎于自己的原因由对方披露后而为公众所知悉的；在对方披露时就已面向所有人公开的且能够书面证明的；自行提出的并可证明该事实的事项；经对方书面同意的事项。在其保密协议中，早稻田大学强调"协议双方只能出于双方签订协议的目的而使用对方的保密信息，不得将其用于任何其他目的；双方在本合同有效期内及本合同终止后两年内，根据对方的保密信息而创造或设计的发明或装置，应及时告知对方相关技术信息及知识产权状况，对于该技术信息是否申请知识产权和对外公布，由双方协商决定；双方共同申请知识产权时，双方将商议确定申请和维护该知识产权所需的费用分担等，并签订共同申请合同。"相关规定在该知识产权消灭之前一直有效，不受《早稻田大学保密协议》中确定的有效期限的限制等。另外，《早稻田大学联合研究协议》也对合作研究中材料和信息的披露和提供、保密等问题等进行了非常具体的规定，要求：在双方联合研究协议签订后，双方应酌情向对方披露或提供各自掌握的，他们自己认为对开展双方合作研究必要和有用的材料和信息。双方不得将对方提供的材料和信息用于其特定合作研究目的以外的任何用途；双方不得向第三方披露由对方根据本协议而披露或提供的任何技术或商业信息或材料，只要这些信息或材料已被对方明确书面声明为机密或材料，或在披露时已明确口头声明为机密信息或材料，且在披露后未向第三方披露等。在双方联合研究协议有效期内及有效期结束后三年内，双方都不得向第三方披露或泄露保密信息，并应采取一切可能的风险防范措施；双方都不得将保密信息用于本研究目的以外的任何目的等。不仅如此，早稻田大学也非常重视个人信息的保护。《早稻田大学联合研究协议》明确要求合作研究双方应遵照相关约定，对从另一方所获得的个人信息进行适当和安全的管理，从而确保：个人信息不被泄漏或被盗；在本合作研究完成后，按照对方的指示适当和安全地归还或处理或删除个人信息，或者处理个人信息（除非双方另有约定）、不复印或复制个人信息（为安全防范所需除外）；及时向对方报告任何事件（如个人数据的泄漏等），并自行负责处理该事件等。

第三，在技术转移和技术转移后的许可利益分配方面。《早稻田大学知识产权基本理念》❶明确提出早稻田大学将积极推进本校与日本国内外机构等在知识产权方面的合作。早稻田大学在长期的知识产权工作实践中积累了丰富的技术转移管理经验。《早稻田大学职务发明条例》第二十二条规定："大学在承继了职务发明相关的知识产权后，可以通过将该知识产权许可给第三方实施和将知识产权权利转让等方式进行技术转移。"技术转移所需费用原则上由早稻田大学承担。技术转移相关事务由早稻田大学负责。关于与早稻田大学以外的人员合作研发形成的共同发明等所涉及的技术转移，应遵循当事人双方签署的《共同申请合同》进行处理。发明人有义务协助早稻田大学办理技术转移相关的各种手续。

关于技术许可收益分配，《早稻田大学职务发明条例》第二十三条规定，如果与教职员工等人的职务发明有关的日本国内外知识产权由早稻田大学承继，且早稻田大学因该知识产权的技术转移获得等价收益，在这种情况下，大学应每年进行一次收益分配。收益分配公式如下：先将早稻田大学因技术转移而获得的等价收益减去知识产权申请、维护以及技术转让等所需费用，

---

❶ 《早稻田大学知识产权基本理念》于2004年7月23日由董事会批准通过。早稻田大学知の财産に関する基本理念 [EB/OL]. (2004-07-23) [2022-03-24]. https://www.waseda.jp/inst/research/tlo/industrycollaboration.

第五章　美国和日本在财政资助项目成果的知识产权保护与应用领域的政策立法与实践探索

再将刚计算出余额的二分之一分配给教职员工等。然后将扣除所有这些支出后的剩余金额，分配给早稻田大学。早稻田大学对于权利归属于本校的有形成果的收益分配也有安排。根据《早稻田大学有形成果处理规定》的规定，早稻田大学通过向校外机构提供有形成果而获得收益时，按总收益额收取管理费用，并统一管理。有形成果的创造者或设计人也会参与利益分配。早稻田大学向校外机构提供有形成果的，应当签订有形成果供应合同。

早稻田大学作为日本知名高校，非常注重高校与企业在知识产权工作上的区别，强调早稻田大学是一个教育和研究机构，致力于探索真理和应用学术成果，从而为文化的进步以及人类的福祉作出贡献。早稻田大学的基本使命是广泛发表研究成果，从而为科技的进步作出贡献。❶ 为了协调知识产权保护与科研成果发表之间的关系，早稻田大学在其《联合研究协议范本》（2020年）中约定，鉴于早稻田大学在双方联合研究协议序言中所阐述的自身作为教育和研究机构的基本使命，双方可以根据下列规定公布双方此次合作研究的成果：如果任何一方当事人希望发表本次研究的成果，应以书面形式通知对方，说明拟发表处、拟发表原因、拟发表时间和拟发表内容，并在通知的范围内遵守本协议中的保密义务。收到当事人希望发表本次研究成果的书面通知后，双方应遵照本协议所规定的保密义务，审查对方提交的有关出版物的内容。当事人有权在收到对方通知的 15 天内，以出版物中含有对其负有保密义务的专有技术或含有应受保护的发明信息等为由，要求对方就出版物的相关内容修改进行协商（包括修改申请说明书）。这里的通知期限为研究完成之日的次日起一年。不过，这里的"一年"期限不是一成不变的，当事人可以就此进行协商。双方协商一致后通过书面协议对该期限予以延长或缩短。尽管如此，如果本研究的成果已完成了专利申请，双方当事人均可在专利申请文件（如申请说明书）的范围内公布这些成果。原则上，早稻田大学不得

---

❶ 共同研究契約書［EB/OL］.（2020-02-01）［2022-03-24］. https：//www.waseda.jp/inst/research/tlo/industrycollaboration.

· 215 ·

为测试、研究和教育以外的任何目的实施本研究的结果。如果与早稻田大学合作研究的当事人决定实施这项合作研究的结果，双方可根据相关规定签订实施协议，并详细说明实施条件等内容。为了保证本合作研究成果的实施，与早稻田大学合作研究的当事人有权使用早稻田大学所拥有的知识产权或专有技术（包括技术信息等）。在这种情形下，双方应协商确定补偿等事宜。如果第三方希望实施本合作研究的成果，与早稻田大学合作研究的当事人如无特殊理由，应予以许可。在这种情况下，三方应根据要求签订许可协议，并在许可协议中规定许可条件等细节事项。❶

另外，早稻田大学在知识产权制度中确立了较为完善的风险防范机制，具体体现为：一方面，其规章制度中都有非常严谨、科学的概念界定，从一开始就防范实践中可能出现的法律风险。如《早稻田大学职务发明条例》中明确职务发明制度中"教职员工等人"包括：专任教师、特聘教授、助理教授；固定期限教职员工、研究人员、客座教职员工、研究助理、特聘研究员，以及因研究成果而与本校签订合同的其他教职员工；合同工、特邀研究教授和学生；其他签订职务发明协议的人。这个范围比我们通常意义上的"教职员工"的范围要广，基本涵盖了所有可能涉及职务发明和技术信息保密的主体范围，从规范制度层面就为早稻田大学在后续可能出现的知识产权纠纷中保护自己的合法权益奠定了基础。而另一方面，早稻田大学非常关注合同条款内容的严谨性，在合同签订中充分考虑到出现意外情形的可能性并作出周密安排。如早稻田大学在其《联合研究协议范本》（2020年）中明确规定，如果双方合作研究中一方当事人的主要研究人员由于离职、受伤、生病、残疾或死亡而无法继续这项研究，该当事人在与对方协商后，可中止研究。在这种情况下，该当事人不因暂停研究工作而向对方负责。对于合作研究中的设备、样品等的权利界分及处置问题，早稻田大学在其《联合研究协议范本》

---

❶ 共同研究契约书［EB/OL］.（2020-02-01）［2022-03-24］. https://www.waseda.jp/inst/research/tlo/industrycollaboration.

（2020年）中关于"处理因研究费用而获得的设备、样品等"部分就明确规定：研究方应该保留用研究经费获得或生产的设备、装置、研究样品、货物等的所有权，同时也明确因合作研究需要而提供设备、样品等问题，即：合作研究双方当事人应该酌情向另一方提供他们认为对实施其合作研究有必要的和有利的设备、装置、研究样品、货物等。提供的数量、交货日期、交货地点等，应经双方协商后另行确定。当一方当事人向另一方提供设备、样品等时，提供者应向被提供者提供一份安全数据表，其中包括据其所知对操作、维护管理和处理等的充分解释。但是，如果当事人认为没有必要，则不适用此规定。尽管提供方提交了安全数据表，如果被提供方对设备、样品等的处理及其维护管理和处理等有任何新的关注或疑虑，被提供方应及时通知提供方，并在双方协商后进行处理；被提供方等不得将另一方提供的设备、样品等用于双方合作研究以外的目的。双方应以良好的方式管理对方提供的设备、样品等，并在合作研究完成后或对方要求时，根据对方的指示及时归还、处理或以其他方式处置这些设备、样品等。早稻田大学在其《联合研究协议范本》（2020年）中甚至考虑了提供设备或样品存在缺陷的处理，要求如果由于设备或样品存在缺陷，或由于提供方对设备或样品的处理及其维护管理和处理缺乏足够的解释，使被提供方或第三方在进行这项研究时遭受人身或财产损失，提供方应向被提供方赔偿。❶

在知识产权管理流程方面，早稻田大学将知识产权从创造到应用的全过程管理分为七个阶段，分别为：（1）发明完成；（2）发明技术的公开；（3）权利转让给大学或权利的承继；（4）知识产权的申请以及知识产权的获权；（5）市场营销；（6）技术转移；（7）收益分配。

在发明创造的公开报告程序中，早稻田大学要求，教职员工等人完成发明创造后，应当及时根据要求报告学校，但按著作权等进行保护的作品（如

---

❶ 共同研究契約書［EB/OL］.（2020-02-01）［2022-03-24］. https://www.waseda.jp/inst/research/tlo/industrycollaboration.

计算机软件）等不受此限制。教职员工等如果使用第三人所创作的作品，也应及时按规定报告学校。教职员工等人如果希望其发明等在最先申请国以外的国家获得知识产权时，应以早稻田大学另行规定的方式予以说明。教职员工等人完成发明创造后，应使用单独规定的表格及时通知其所属的工作部门。如果有任何与其发明创造相关的其他事项（与工作有关的作品、有形物体、商标等），教职员工等人应将其附在其发明通知中。在发明技术公开阶段，为了便于早稻田大学更好了解该发明技术及相关的现有技术信息，从而为该项发明技术的知识产权申请和技术转化创造条件，早稻田大学要求发明人提交发明技术的内容说明、预定展示的安排（如展示日期等）、现有技术及其他信息，并向本校的知识产权管理工作人员解释其发明技术的内容。如果发明人有针对其发明技术的会议演讲计划，需要及时告知相关知识产权工作人员其会议演讲的名称及演讲日期，并提交演讲材料。负责该项事务的知识产权工作人员将在听取发明人的发明技术演讲之后，进行事先专利检索，判断该项发明技术的未来商业前景等，并准备书面意见提交早稻田大学校内的发明审查委员会。

在发明创造的报告审查程序中，早稻田大学收到发明报告后，必须及时回复有关教职员工等人已受理其发明报告。早稻田大学将就下列发明相关事项进行协商，并根据教职员工所提交的发明报告来决定是否受理：该发明创造是否属于职务发明；该发明创造是否在日本国内外进行知识产权申请以及审查获得知识产权授权所需的手续；是否维护与发明有关的知识产权；是否放弃与发明相关的知识产权；是否转让与发明相关的知识产权等。

在发明创造的知识产权申请阶段，早稻田大学教职员工等人与早稻田大学校外的人共同创作作品或完成发明创造等时，与该发明、作品等相关的知识产权由早稻田大学与早稻田大学校外的人共同享有。在进行这些智力成果的知识产权申请或登记时，由早稻田大学与早稻田大学校外的人签订知识产权共同申请等合同。

## （三）日本科技振兴机构

### 1. 日本科技振兴机构简介

日本科技振兴机构（Japan Science and Technology Agency，JST）成立于1996年。JST是目前日本国内负责执行科技基本计划的最重要的机构之一。其主要职责是在日本《科学技术创新基本法》的框架下，根据日本政府所提出的国家科技创新目标，履行技术信息共享、推动创新、技术转移等知识产权管理职责，促进与科学技术相关的基础研究以及新技术研发，同时支持科技研发成果走向应用，加强科学技术信息的流通，实现日本科学技术振兴和解决日本的现实社会问题。不仅如此，近年来，日本科技振兴机构还肩负着推进国际合作研究和培育下一代人才的重任。JST在加强日本国内外的大学、研究机构、产业界之间的紧密合作，推进科技持续发展和科技创新产出方面做出了重要贡献。[1]

JST由前日本科学技术情报中心与新技术事业团合并而成，因而保留了原有组织的架构。该机构隶属于日本文部科学省，下设有战略事业本部、信息事业本部、国际事务部、产学合作事业本部、社会技术研究开发中心、研究开发战略中心等多个部门和研究中心。

### 2. 日本科技振兴机构的知识产权管理工作

首先，提供项目支持，鼓励科技研发。一方面，日本科技振兴机构积极推进实现"社会和产业所期望的新价值"研发计划。该机构设定具有经济影响和社会影响的目标，从基础研究阶段开始就将研发计划付诸实践；另一方面，日本科技振兴机构积极展望未来，针对目前难以实现但预计会对未来产生重大影响的问题展开研发，以实现具有吸引力的宏大目标。不仅如此，日本科技振兴机构推出紧急研究支持项目，同时积极支持长期研究，保证研究人员可以专注于他们的研究并自由开展探索，为其研究提供不受外界因素约束的良好研究环境。为了推进科技研发，日本科技振兴机构建立由大学、企

---

[1] JST概要［EB/OL］.［2022-03-05］.https://www.jst.go.jp/all/about/outline.html.

业、公共研究机构等处的研究人员组成的网络型研究机构，由项目负责人管理，同时与其他研究人员、行业组织及社会利益相关者建立研究网络，以产出高质量研究成果。这些研究网络形式多样，包括产生突出科技创新成果的研究网络（团队型）（CREST）、支持具有原创性和挑战性思想的，由年轻研究人员"个人建立"的研究网络（个人型）（ACT-X/ACT-I）、杰出领导者的独创研究网络（ERATO）、创造科技创新源泉的研究网络（个体型）、以顶级科学创造为目的的顶级创新研发网络（ACCEL）、开发先进的低碳技术（ALCA）和社会技术的研究与开发网络（RISTEX）等。[1]

其次，构建人员、知识及资金的良性循环体系，积极推动科研合作与交流。日本科技振兴机构积极推动大学与企业的合作，支持科技成果研发，帮助大学将其研究成果申请知识产权并加强知识产权管理，促进大学向企业进行知识产权转移。同时，日本科技振兴机构积极创造产学合作机会，加强技术转让人才培训。

日本科技振兴机构在全国范围内推行 A-STEP 计划，也称"研究成果优化部署支持计划"，其目的是在日本全国范围内推行大学等的研究成果和企业需求之间的适当匹配，通过产学合作进一步促进科技研发。A-STEP 计划将大学等[2]所产生的科技研发成果作为国民经济的重要技术而投入实际应用，推动大学及科研机构的研发成果回馈社会。日本科技振兴机构在 A-STEP 计划中的重要职责是采取积极措施来促进科技研发，并支持技术转让。如挖掘大学等创造的能满足社会需求的各种技术种子，并大力支持具有先进基础研究成果的研究人员等。日本科技振兴机构加强核心技术建设并促进其实践应用，鼓励大学等将技术转让给企业，为产学合作提供专有技术，并壮大从事产学

---

[1] JST の事業内容［EB/OL］.［2022-03-06］. https://www.jst.go.jp/all/about/outline.html.

[2] 在这里，A-STEP 计划中所谓的"大学等"是指大学、技术学院、公共研究开发机构、公益社团法人、公益社团法人、一般社团法人等。

合作的研究人员队伍。❶ 在 A-STEP 计划中，日本科技振兴机构通过消除大学等的研究成果的技术转让风险来支持大学及科研机构的研发成果应用。在研发成果推广过程中，日本科技振兴机构安排专门的人员管理整个项目的研发工作，并为更有效营销科研成果提供建议。❷ 可见，日本科技振兴机构通过全面支持大学等的知识产权管理、技术转让和产学合作活动，服务于日本的科技创新。而且，日本科技振兴机构支持日本与发展中国家的国际合作研究，以多个研究领域的双边和多边合作研究项目为基础，推动各国科技研发中的知识共享与合作。日本科技振兴机构还积极推进国际青年科学交流计划，支持和鼓励更多的年轻人参与国际科技交流。

另外，提供信息服务，推动知识共享。一方面，日本科技振兴机构加强支撑研发活动的科技信息基础设施建设，完善科技信息服务机制，为发现新知识、技术创新和解决问题创造条件，且通过提供科技信息综合搜索服务和分析服务来支持科技研发，推进信息联接并实现超越领域和行业界限的信息收集；另一方面，日本科技振兴机构积极促进开放科学和科学数据库的整合推广。日本科技振兴机构参与了"JST Open Access 政策"（2013 年）的出台、"数据管理政策"（2016 年）和"研究成果的处理以促进开放科学基本方针"（2017）的一些工作。该机构还积极参与了日本及海外的活动，如在日本和海外举办日本开放科学峰会。该机构正与其他机构合作推进开放科学。其中，日本国家生物科学数据库中心（NBDC）是日本生命科学数据库的核心机构，为数据共享和整合提供服务，以促进新知识的产出。❸

---

❶ A-STEP（研究成果最適展開支援プログラム）とは［EB/OL］.［2022-03-06］. https://www.jst.go.jp/a-step/outline/index.html.

❷ A-STEP 制度の特徴［EB/OL］.［2022-03-06］. https://www.jst.go.jp/a-step/outline/index.html.

❸ JST の事業内容［EB/OL］.［2022-03-06］. https://www.jst.go.jp/all/about/outline.html.

## 三、小　结

日本的经济发展同其有效的知识产权政策立法及积极的改革举措有着密切的联系。日本围绕"促进大学等的研发成果向企业转化、增强大学、企业等的创新能力、为中小企业发展提供先进技术支撑"这些目标，依托于其独特的政治、经济、文化背景，推出了一系列具有本国特色的政策立法，对我国知识产权领域政策立法制定及管理制度完善具有很好的借鉴意义。

1. 完整的法律制度和完善的配套性政策立法

为了加快科技创新步伐，推动产学合作，促进高校及科研机构的知识产权的保护与应用，日本在1995年就颁布了《科技基本法》。此后，日本又先后出台了与《科技基本法》相配套的一系列规范性文件，如《大学技术转让促进法》《产业活力再生特别措施法》《知识产权基本法》以及《国立大学法人法》等。

实践证明，日本出台的一系列政策立法有效推动了日本高校及科研机构财政资助项目成果的知识产权保护与应用。作为日本政府推进科学技术研发创新的基础性立法，《科学技术创新基本法》中规定了"均衡推进各项研究开发、确保研究人员等的要求得到满足、完善研究设施、推进与研究开发有关的信息化建设、促进研究交流等"❶主张。如《科学技术创新基本法》第九条规定"国家和地方公共团体在制定和实施与大学等的科学技术创新措施时，须努力提高大学等的研究活动的积极性，同时尊重研究人员等的自主性，充分考虑大学等的其他研究特性。"第十条强调"为实施相关科技振兴政策，政府必须采取必要的法制、财政或金融等措施。"第十一条规定"政府每年必须向国会提交政府为振兴科学技术所采取的政策的相关报告。"第十二条则提出了"科学技术创新基本计划"的实施方案。

---

❶ 日本的科技政策［EB/OL］.［2019-09-02］. https://www.keguanjp.com/kgjp_keji/kgjp_kj_etc/pt20190902060003.html.

第五章　美国和日本在财政资助项目成果的知识产权保护与应用领域的政策立法与实践探索

不仅如此，政府通过提供财政资助和债务保证来推动高校及科研机构的技术转化机构的运营。国立大学教授可以兼任技术转移组织之职位。在一定条件下，日本也允许公立大学教授兼任民间企业职位等。这些转变推动了高校及科研机构的研发成果向企业的转化，促进了创新企业的出现。在《大学技术转让促进法》实施之后，日本高校先后成立了以株式会社、财团法人与有限会社等多种形式存在的技术转移机构。这些技术转移机构在密切产学联系，推动高校及研究机构的财政资助项目研发成果的商业化应用方面发挥了积极的作用。

需要特别强调的是，为了更好发挥已有政策立法的实施效果，日本非常重视配套性立法建设。我们以被誉为"日本拜杜法案"的《产业活力再生特别措施法》为例。尽管该法借鉴了美国《拜杜法案》的做法，将高校及研究机构等利用国家财政资助形成发明创造的权力下放到高校及科研机构，但由于日本并不存在与国家财政资助项目成果的知识产权下放相适应的法人化资产运营管理体制，《产业活力再生特别措施法》在其颁布实施之初并未在高校财政资助项目成果的知识产权转化中产生立竿见影的积极效果。[1]进入21世纪之后，日本进行了一系列配套性政策立法改革，先后颁布了《国立大学法人法》《独立行政法人国立高等专门学校机构法》等规范性文件，逐渐将原有的国立科研院所改革为独立事业法人，推动日本高校进行法人改革。这样一来，《产业活力再生特别措施法》在推动产学合作，实现财政资助项目成果的知识产权商业化应用中的作用才真正得以发挥。

2. 知识产权战略的因势调整

日本属于"技术赶超型"国家。日本在学习和借鉴欧美等发达国家知识产权政策立法的同时，一直根据本国经济和技术的发展，从维护本国利益的需要出发，调整本国的知识产权政策立法。20世纪90年代以前，日本对于

---

[1] 郑玲，赵小东. 政府资助研发成果知识产权管理制度探析[J]. 知识产权，2006（5）：42-45.

基础研发的重视不够，其传统知识产权战略具有明显的"被动防御型"特征。随着日本加大科技创新投入，日本高校、科研机构及企业的高质量知识产权产出不断增多，日本逐步从知识产权输入国转型成为知识产权输出国。在这种情况下，日本及时调整了其知识产权战略，加大了知识产权的保护力度。其知识产权战略也从以往的"被动防御型"转变为"主动出击型"。日本《知识产权基本法》第十六条强调要加强知识产权保护，如加大对侵权商品进口的处罚力度及加强日本法人、其他团体及个人所拥有知识产权的国外保护等内容，规定：对于侵害知识产权的物品的进口，政府应在与从业者、从业者团体及其他相关团体进行紧密协作的体制之下，采取必要措施，取缔侵害知识产权的违法行为，没收侵权物品；根据日本法律设立的法人或其他团体以及具有日本国籍的个人所拥有的知识产权在日本之外的国家未能得到合理保护的，日本政府应该根据情况积极谋求与相关国家的政府、国际机构及相关团体的协作商讨，同时正确行使有关知识产权国际条约所规定的权利，采取其他必要措施对其加以保护。不仅如此，《知识产权基本法》第十七条还规定了知识产权保护中国际合作的内容，提出日本政府应与有关知识产权的国际机构以及国际组织合作，努力同各国政府一起建立国际统一的知识产权制度。同时应采取必要措施，推动那些知识产权保护制度不健全的国家或地区改善其相关环境，保证我国法人等能够快速、可靠地取得或行使知识产权。《知识产权基本法》第十八条还规定了新兴科技领域中知识产权保护问题，提出，生命科学等领域的技术革新的进展尤为迅速，通过把这些领域的研究开发成果作为知识产权加以迅速且合理的保护并积极开展相关创业活动，将有利于新产业的产生。鉴于此，在对应保护的权利范围进行讨论的基础上，政府应采取法律及其他方面的必要措施。鉴于互联网普及和其他社会经济形势变化而导致的知识产权使用方式的多样化，为了顺应这一现状而对相应的知识产权予以合理保护，日本政府应对其权利保护内容等进行调整，并对相关从业者开发和应用技术的保护手段予以支持。

### 3. 有效整合全国范围内的资源和社会力量的广泛参与

日本非常重视在知识产权实施战略中各级政府及社会各界的参与，要求在知识产权创造、保护及应用中推进参加产学合作的各部门、各利益群体的协同配合，特别是各级政府应当在其中发挥其主导作用。日本《知识产权基本法》明确规定了国家、高校及企业在知识产权工作中的义务。《知识产权基本法》❶第九条规定，鉴于知识产权的创造、保护及应用需要国家、地方公共团体、大学等研究机构以及从业者的相互协作，国家应该采取必要措施，加强这些主体之间的合作。该法第十四条规定，对发明、植物新品种、外观设计、商标等需经国家登记才能产生权利的知识产权，为尽早确定权利，以使相关从业者能够顺利开展其经营活动，政府应该采取必要措施，完善审查体制，使所需手续能够迅速且准确地得以进行。第二十条则规定，国家应采取必要措施，对国内外有关知识产权的动态进行调查分析，编制统计表等必要资料，并努力完善有关知识产权的数据库，以便利用互联网及其他高速信息通讯网络向从业者、大学等研究机构及相关部门提供快捷的信息服务。日本特许厅（辖下完成改组的独立行政法人工业所有权综合情报馆）、日本工业产权数字图书馆、和日本发明协会等组织，都为日本高校、科研机构及企业提供了良好的信息技术服务。对于高校，《知识产权基本法》第七条明确了其在人才培养、学术研究以及研究成果扩散中的义务。对于企业，《知识产权基本法》第八条规定，鉴于知识产权在日本产业发展中的重要作用，为了使从业者能够通过积极的经营活动提高生产力、增强企业的经营基础，相关从业者应当遵循基本理念，将本企业或其他企业创造的知识产权或者大学等所创造的知识产权积极投入应用。同时，从业者应努力对自己的知识产权进行适当管理，保证发明人等获得合理的待遇，激励发明人的创造性科研活动。

不仅如此，日本为了实现其知识产权立国目标，有效整合全国资源，对

---

❶ 知的财产基本法［EB/OL］.（2021-05-19）［2022-03-04］. https://elaws.e-gov.go.jp/document?lawid=414AC0000000122.

日本的知识产权管理组织机构体系进行了调整,并于2003年由日本政府内阁会议决定"在内阁增设知识产权战略总部,由全体内阁成员和10名在知识产权方面有专长的成员组成。首届知识产权战略总部的部长由时任日本首相小泉纯一郎担任。有专长的成员包括三菱电机、佳能等大公司的总裁,著名大学和研究所的专家学者,以及律师等。此外,知识产权战略总部下设知识产权战略推进秘书处,秘书长由原通商产业省审议官荒井寿光担任。由副部长级的干部担任政府审议会秘书处秘书长这在日本还是第一次"❶。日本成立以首相为部长的"知识产权战略总部",充分体现了日本对知识产权工作的重视程度。这为日本今后全面加强知识产权管理,积极推动日本知识产权战略计划奠定了基础。

4. 对日本高校及科研机构知识产权保护及应用工作的大力支持

知识产权将日本大学的研究成果广泛回馈给社会,带动了研究的进一步发展和研究成果的应用,构建了以大学知识为基础的生态系统。日本大学努力利用知识产权来促进产学合作和创立企业。然而,许多日本大学的研究人员仍然没有意识到获得研究成果相关权利的重要性,导致作为创新源泉的知识产权被埋没。为了推动日本大学的知识产权工作,从2019年起,日本专利局启动设计师派遣业务,派遣知识产权战略设计师到大学去发掘大学的优秀研究成果,以研究人员的视角制定知识产权战略,以推动日本大学的知识产权的市场应用。在这个项目中,熟悉大学科技成果管理的知识产权战略设计师、研究管理员(URA)和其他工作人员组成团队,负责在大学科研人员分享其研发成果和技术诀窍时发现尚未得到知识产权保护的研究成果。知识产权战略设计师会向大学的科研人员提出联合研究和商业化应用的建议,推动其研究活动的蓬勃发展。为了实现大学科研人员的预期目标,知识产权战略设计师会根据实际情况设计知识产权战略。如从大学科研人员的角度帮助选

---

❶ 日本成立知识产权战略总部[EB/OL].[2003-02-27]. http://ent.cctv.com/lm/776/14/82280.html.

择保护其研究成果和申请知识产权的时机，以及帮助科研人员通过知识产权的应用来实现其研发成果的社会价值等。❶

在日本专利局启动的设计师派遣业务中，知识产权战略设计师的工作内容非常广泛，包括："分析校园所有论文，确定大学的有竞争力的技术""将分散在各个负责部门的数据集中起来识别研究人员""建立一个统筹各种数据的数据库，以发现基础研究中的发明创造""帮助研究阶段中的知识产权确立从被动型到进攻型的知识产权战略""降低导致专利申请丧失新颖性的风险""为早期阶段的研发提供知识产权支持，把握申请竞争性资金的时机""通过了解企业知识产权的概念，增强将大学研究成果转化为知识产权的意识""阐明大学的研究优势和特色并推动其研发成果更广泛的应用""在药物研发领域，不仅关注药品专利申请，还关注药品专利实施""通过多视角市场趋势调查和技术趋势调查来确定研发退出策略""合作研究前创建技术趋势图""基于 AI 专利申请案例探讨 AI x IP 战略""围绕数据挖掘，制定和实施除专利之外的多层次知识产权战略""不仅通过专利权转让，还通过其他方式实现技术转让""以专利公报为例来掌握专利申请的具体形象""通过与公司合作而不是创办企业来实施大学创新成果"等。知识产权战略设计师通过这些知识产权服务工作，提升了日本大学的知识产权管理水平，为推进日本大学的知识产权保护和应用发挥了重要作用。以"分析校园所有论文，确定大学的有竞争力的技术"工作为例，针对日本大学的产学合作部门除了研究人员自愿来进行发明咨询外，无法掌握科研人员其他现有研究成果，不知道如何积极制定研究成果的知识产权战略，知识产权战略设计师与研究管理员（URA）一方面，获取本校研究人员的所有论文信息，将每篇论文进行对应的国际专利分类，创建了给定论文的 JST 分类和给定国际专利分类的二维气泡

---

❶ 知財戦略デザイナー派遣事業 2019 ナレッジ集～大学の埋もれた知的財産からイノベーションを創出していくために～［EB/OL］.（2020-05-26）［2022-04-10］. https://www.jpo.go.jp/support/daigaku/document/designer_haken/2019-knowledge.pdf.

图，并将具有大气泡图的区域确定为大学具有优势的技术领域；而另一方面，则创建了特定技术领域专利申请的长期变化趋势图，并根据相关公司的专利申请趋势，确定未来可能诞生产学合作的大学研究成果。如此一来，知识产权战略设计师与研究管理员（URA）等掌握了未来可以在社会上应用的日本大学的研究成果。通过这些基于论文信息和专利信息生成的客观数据，工作人员可鸟瞰各学院的研究人员的研究成果，实现大学内的信息广泛共享。其中，与论文对应的专利信息对于研究人员选择合作研究公司很有用。[1]

2022 年 3 月 18 日，日本颁布的《2022 年知识产权推进计划要点》，提出日本要向知识产权治理转变，让多元的创新主体获得知识产权，实现创新的民主化。日本尤其强调要促进大学知识产权的商业化，创造与商业化相适应的知识产权，支持国际专利申请，制定知识产权维权流程指南，实现技术转移机构（TLO）集约化等；积极创造环境，促进灵活地收购股票和新股认购；促进公共研究成果产出，促进知识产权申请，营造便于大学许可共享专利的环境，加强研究成果利用情况公开等。该文件提出日本要大力促进技术信息的获取；促进知识产权等无形资产的投资与利用；促进知识产权在数字市场的广泛应用；加强公共部门和私营部门在信息技术设施方面的合作，促进论文、知识产权等信息的检索；支持初创企业充分利用知识产权等。

5. 对于知识产权人才培养的高度重视

日本知识产权政策立法中突出了要重视人才培养。《科学技术创新基本法》第十四条规定："为推进支持科学技术发展等的研究开发，国家应采取必要措施充实研究生院的教育研究，确保和培养研究人员以及提高其资质；为了使研究人员等的职务具备符合其重要性的吸引力，国家应采取必要措施确保研究人员等的合理待遇等。"日本《产业活力再生特别措施法》第二十八条

---

[1] 知財戦略デザイナー派遣事業 2019 ナレッジ集～大学の埋もれた知的財産からイノベーションを創出していくために～[EB/OL].（2020-05-26）[2022-04-10]. https://www.jpo.go.jp/support/daigaku/document/designer_haken/2019-knowledge.pdf.

要求"日本、地方公共团体、中小企业法人、行业协会和商会为了及时振兴日本产业,应当为创业企业和中小企业的发展提供指导和信息、技术人员经营管理培训、人力资源培训等"。❶ 日本《知识产权基本法》第二十二条则提出要为知识产权工作提供人才保证,"为促进知识产权的创造、保护及应用,国家应在努力实现与大学及相关从业者的紧密协作的基础上,采取必要措施,确保、培养具有知识产权专门知识的人才,并不断提高他们的素质"。不仅如此,日本出台的《国立大学法人法》进一步放宽了对高校的限制,赋予了高校自主经营的权力,使其能更好地适应社会和经济发展的需要,同时也进一步密切了日本大学与企业之间的联系。日本企业可委托大学来帮助培训其职员,也可派遣本企业研究人员担任大学的教员。这些举措无疑会积极推动日本的产学合作,加快其知识产权人才培养力度。

---

❶ 産業活力再生特別措置法［EB/OL］.（1999-08-13）[ 2022-03-04 ]. https://www.shugiin.go.jp/internet/itdb_housei.nsf/html/housei/h145131.htm.

第六章

# 促进我国财政资助项目成果的
# 知识产权保护与应用的对策建议

# 第一节 促进我国财政资助项目成果的知识产权保护与应用之基本原则

与财政资助项目成果相关的知识产权政策立法是财政资助项目知识产权工作的先导。这些政策立法的科学与否关乎着财政资助项目知识产权工作的成败与否。只有在明确了这些与财政资助项目成果相关的知识产权政策立法的基本立场和原则，财政资助项目知识产权工作才能有明确的方向，才能顺利开展。因而，我们必须准确把握我国涉及财政资助项目成果的知识产权政策立法的基本方向，以防我国财政资助项目知识产权工作与财政资助项目之立项初衷背道而驰。

## 一、推进我国财政资助项目知识产权工作的基本立场——知识产权保护与知识产权应用并重

推进财政资助项目成果的知识产权保护和应用不仅是我国科技创新战略的现实需要，也是保证我国在全球科技竞争中占据有利地位的需要，更是体现我国科研活动财政资助的宗旨所在。在我国财政资助项目知识产权工作中，我们要坚持中央统筹、项目委托单位监督、项目承担单位抓落实的工作机制，强化知识产权工作项目承担单位责任制。我们要坚持大格局，坚持国家/政府、项目承担单位、市场、社会等多元主体间的互动以及知识产权风险防范措施、知识产权激励措施、知识产权保障措施等措施间的联动。同时，我们要紧紧围绕"高质量知识产权研发、申请、保护、应用"的指导思想，坚持

知识产权风险防范与侵权救济并举,知识产权保护与应用并重,大力加强财政资助项目知识产权管理工作和配套性制度建设。

在我国财政资助项目知识产权工作中,"知识产权保护与知识产权应用并重"指的是:第一,以加强财政资助项目成果的知识产权保护为前提,为推进财政资助项目成果的知识产权应用奠定基础,全面加强知识产权风险防范。我国财政资助项目知识产权工作的发展,应先确保财政资助项目成果的知识产权得到有效保护,这不仅是为了确保财政资助项目成果的知识产权免遭不法侵害,也是实现财政资助项目成果的知识产权走向应用的前提。财政资助项目成果的知识产权保护的目的不在于守旧,更不是为了阻止应用,而是为了更好的应用,保证每项财政资助项目成果的知识产权都有机会得到应用,在市场应用中体现自己的价值。因此,我们要全面防范财政资助项目成果的知识产权流失和窃取风险,加大对财政资助项目成果的知识产权保护力度。只有这样,我们才能推动高质量财政资助项目成果走向应用。第二,以推进财政资助项目成果的知识产权应用为目标优化财政资助项目成果的知识产权保护规划。在财政资助项目成果的知识产权申请和保护的阶段,就要考虑到其未来应用前景规划,并以此为目标进行知识产权申请和保护布局。

那么,如何坚持财政资助项目成果的知识产权的保护与应用并重?我们认为,应以财政资助项目知识产权管理建设为抓手,实施国家科技创新战略,充分认识财政资助项目知识产权管理对于我国科技创新战略的核心支撑作用。另外,我们要构建多渠道、多层次的财政资助项目知识产权管理制度体系,完善财政资助项目承担单位知识产权管理中的程序制度和责任制度。同时,我们要统筹财政资助项目成果的知识产权资源,打通项目承担单位之间、项目承担单位与市场需求之间的沟通渠道,有计划、有重点地推进财政资助项目成果的知识产权信息公开,把视野从单个独立的项目研发成果资源整合投向不同项目研发成果资源整合,加快财政资助项目成果的知识产权资源整合和市场应用,形成全国范围内的财政资助项目成果的知识产权汇集、整合的新格局。我们要切实提升财政资助项目成果知识产权保护和应用的管理水平，促进高质量知识产权的不断产出，从知识产权申请开始就积极开展知识产权的应用布局。我们要着力加强知识产权整合，努力提升知识产权的价值。同时，我们要有效展开知识产权风险防范制度建设，避免知识产权纠纷等因素对知识产权应用产生负面影响。

此外，我们还需充分发挥国家、社会、项目管理单位、项目承担单位和企业等多维主体的作用，搭建财政资助项目的知识产权产出、保护和利用的科研成果供需网络，走出国家引导和产、学、研合力推进的"四位一体"协同创新发展之路。在此基础上，我们要树立财政资助项目成果的知识产权保护的观念，完善财政资助项目成果的知识产权管理制度，实施财政资助项目成果的知识产权综合管理和应用推进工程。

## 二、我国财政资助项目知识产权工作的整体定位——"积极引导、综合治理"才是治本之道

当前我国正处于技术创新日新月异和技术风险频发并存的转型期，科技创新领域中新旧制度并存、利益冲突明显、多重矛盾交织。如何在推进科技创新和知识产权应用的共同期许中定位不同主体的职责并充分发挥其应有职能，就成为目前我国面临的棘手难题。在这种背景下，财政资助项目知识产权工作实践中较为流行的观点是通过国家不断放权让利，不断提升科研人员在财政资助项目成果的知识产权转化中所享有的收益比例来解决这一现实难题。此观点的支持者们认为，这既可以提高项目承担单位及科研人员的研发积极性，又可以积极回应对科研人员等贡献人激励不足的质疑。于是，"财政资助项目成果的知识产权应用中科研人员等贡献人直接享有较大比例收益分配权"从方案构想走向社会现实，科研人员等贡献人的股权激励制度也被视为财政资助项目管理政策立法的改革趋势。

## 第六章 促进我国财政资助项目成果的知识产权保护与应用的对策建议

利益激励作为利益分配的一种方式，是提高财政资助项目承担单位和相关贡献人积极性的手段之一，但单纯运用利益激励并不是祛除我国财政资助项目知识产权工作顽疾的良方。按照传统的观念，利益激励不足是财政资助项目成果的知识产权保护和应用的"拦路虎"。因而，我国在财政资助项目成果的知识产权工作上，目前主要也是在让权放利方面下功夫。尤其是一些地方政府或机构，它们倾向于把提升收益分配比例定位为推进财政资助项目成果的知识产权保护和应用的万能钥匙。实践证明，提升收益分配比例只是增加了财政资助项目中科研人员等贡献人名义上获取更多回报的可能性。在财政资助项目成果转化面临困难，知识产权应用收益不明确，国有资产管理又不完备的情形下，财政资助项目中科研人员等贡献人能实际享受的利益仍受制于很多现实条件，并不是提升收益分配比例所能解决的。

此外，财政资助项目知识产权工作实践也充分表明，推进财政资助项目成果的知识产权保护和应用是一项系统工程，仅仅依赖"让权放利，提升收益分配比例"远远不够。收益分配比例侧重于财政资助项目成果的知识产权应用后的利益分配，对于财政资助项目成果的知识产权保护和应用而言，其激励效果有局限性。因此，我们不能仅仅局限于财政资助项目成果应用后的收益分配，还应该致力于从思想意识层面进行事先积极引导，从制度建设层面不断完善知识产权管理和加强知识产权风险防控与化解，通过综合治理来推进我国财政资助项目的知识产权工作。

总之，在国家大力加强科研投入的今天，财政资助项目管理中知识产权流失、知识产权被闲置、知识产权被随意弃权、知识产权侵权得不到及时救济、知识产权不能在市场中发挥作用等仍是我国财政资助项目知识产权工作实践中比较突出的问题，也是推进我国财政资助项目知识产权工作必须面对和解决的现实问题。考虑到财政资助项目管理中知识产权风险客观存在和知识产权纠纷日益复杂，通过综合治理来严密防范知识产权风险，加强知识产权保护和应用是应对新形势下各种问题和挑战的必然要求。为有效激发科研人员的创新积极性，加强知识产权保护和推进知识产权应用，我国在制订和实施相关政策立法时不仅要适当让权放利，还应符合我国财政资助项目实施及其成果转化的实际情况。一方面，我们要通过不断完善政策立法，确定项目承担单位所应肩负的严格知识产权保护和应用责任，保证国家能够对财政资助项目知识产权工作充分行使监督权，为依法追究各种类型的知识产权保护不作为或怠于作为、知识产权产出与应用脱节等问题提供充分的规范依据；另一方面，我们还要兼顾财政资助项目承担单位、科研人员等主体的合法权益保护，激发其主动推进我国财政资助项目成果的知识产权保护和应用的积极性。此外，随着国际范围内科技竞争的加剧，针对当前财政资助项目知识产权工作中面临的新问题、新挑战，加强财政资助项目成果的知识产权保护和应用可谓是我们面临的艰巨而迫切的任务。我国应尽快确立综合性法律制度保障体系，以厘清利益关系和明确权责为基础，灵活采用责任追究、多元激励、制度支持等多项措施。

## 第二节 促进我国财政资助项目成果的知识产权保护与应用之具体举措

毋庸置疑，财政资助项目成果的知识产权保护和应用的实际效果必然会受到多重因素的影响。在知识产权保护方面，"不同主体的知识产权保护意识不足、保护能力弱、知识产权管理制度不健全、知识产权全球保护规划缺乏"[1]等因素直接影响了高校及科研机构的知识产权保护状况。而在知识产权应用方面，"技术转化的有效性，不同利益主体（大学及科研机构的管理者、

---

[1] 宋河发. 科研机构知识产权管理［M］. 北京：知识产权出版社，2015.

科研人员和公司/企业）之间的文化和信息障碍、技术转化工作人员配置和薪酬待遇、科研人员参与技术转化的奖励激励机制"[1]等因素也会或多或少影响高校及科研机构的知识产权应用效果。近年来，我国科技体制改革的步伐不断加大。从科技领域公共财政投入的力度不断加大、产学研合作的稳步推进，到国有资产管理制度改革的破冰、中央级事业单位科技成果处置权与收益权试点改革的破题，一系列的改革举措触及我国科研体制机制深层弊端，打破了传统的科研评价体制和科研项目管理体制。各项制度安排推进了财政资助项目成果的知识产权管理的科学化。先后出台的政策立法更是激发了人们参与财政资助项目成果的知识产权保护与应用的主动性和积极性，增强了社会民众的知识产权意识，拓宽了财政资助项目成果的商业化应用途径，促进了我国财政资助项目成果的知识产权向社会现实生产力的转化，为深化科研体制改革、鼓励科技创新和推动科研成果应用营造出更加有利的环境。随着"十三五"规划的谢幕和"十四五"规划的启动，如何结合新时期的阶段性特点来推进我国财政资助项目成果的知识产权保护和应用成为我们担负的重要历史使命。

在新的历史发展阶段，结合我国实际，制定合理的财政资助项目成果的知识产权保护和应用规划"是实施创新驱动发展战略的重要渠道之一，对提高经济增长质量、优化产业结构、强化科技竞争力有重要作用"[2]。面对国内外科技形势的发展变化，我们要按照"加强顶层设计、统筹整合资源、强化政策立法落实、统一部署推进"的思路，以促进财政资助项目成果的知识产权保护和应用为宗旨，进一步深化我国科研体制改革。具体包括：加快科研评价制度制度变革，确立科学合理的财政资助项目成果的知识产权评价体系；以知识产权应用为导向，强化知识产权管理，优化知识产权战略布局，推进

---

[1] 靳宗振，刘海波. 创新驱动发展的关键议题：知财运营研究[J]. 中国软科学，2015（5）：47-57.

[2] 刘海波，刘亮. 知识产权商用与创新驱动发展[J]. 中国科学院院刊，2016，31（9）：1026-1035.

知识产权集中管理，强化科技资源的有效配置，提升知识产权的市场价值和科技竞争力；健全知识产权激励保障制度，促进知识产权的保护和应用，抓好试点示范工作，开展制度创新，充分调动社会各界的积极性；结合国家"十四五"科技创新规划需求，因地制宜，搭建知识产权服务平台，加强知识产权服务体系建设，提升知识产权服务水平，为财政资助项目成果的知识产权保护和应用提供有力支持；加强知识产权人才队伍建设，推动内部人才培养、外部人才引进与现有人才资源整合相结合，真正实现科技与经济的有效对接；加强和完善政策立法支持，推进配套性立法及立法实施后评估机制建设，营造良好的社会环境。

## 一、强化知识产权意识，提升知识产权保护及应用能力

如前所述，知识产权意识不足、知识产权保护及应用保护不到位是当前推进我国财政资助项目知识产权工作的首要障碍之一。针对财政资助项目承担单位的一些知识产权主管领导、知识产权管理人员在财政资助项目成果的知识产权保护上认识模糊，在知识产权管理工作的宏观把控上存在考虑不周、方法滞后、措施不力等问题，财政资助项目承担单位要积极引导本单位的领导干部和管理人员牢固树立知识产权保护理念，切实增强知识产权风险防范意识，深入贯彻国家知识产权战略，认真落实财政资助项目知识产权管理的基本要求，同时立足国内外科技的最新进展，在本单位知识产权工作上做好统筹规划，多措并举，全面推进财政资助项目成果的知识产权保护和应用工作。

具体而言，财政资助项目承担单位要强化本单位人员的知识产权意识，确保防范化解知识产权风险工作取得实效。相关领导要切实肩负起防范化解知识产权风险的责任，安排专业的知识产权管理人员全面系统排查财政资助项目成果的知识产权保护和应用中的风险隐患，努力把各类知识产权风险隐

# 第六章 促进我国财政资助项目成果的知识产权保护与应用的对策建议

患杜绝在萌芽状态。财政资助项目承担单位要把正视问题、防范化解知识产权风险能力作为检验遴选、知识产权工作领导人员及管理人员工作的重要标准。对知识产权保护不到位、风险应对不及时、知识产权管理不重视的责任人，要追究其责任。

不仅如此，财政资助项目承担单位的知识产权工作负责人及管理人员要加强知识产权管理工作的历练，增强知识产权风险防范的本领，打破制约知识产权保护及应用的瓶颈和壁垒。财政资助项目承担单位负责知识产权工作的领导要勇担责任，在财政资助项目成果的知识产权管理工作中统筹规划、妥善安排，力争把知识产权法律风险和利益冲突化解在源头。同时，财政资助项目承担单位中负责知识产权工作的领导要提升自己识别知识产权风险、化解知识产权风险的能力，善于从纷繁复杂的知识产权实践中把握财政资助项目成果的知识产权保护和应用的关键环节，善于透过复杂的知识产权现象把握问题的本质。❶ 财政资助项目承担单位不仅要坚持将知识产权保护工作纳入本单位重要议事日程，周期性地展开本单位知识产权工作检查，及时解决突出的知识产权问题，而且要针对本单位知识产权工作中存在的问题，制订专门的管理制度，确定可操作性的专项整改方案，在实践工作中切实履行知识产权保护责任。同时，财政资助项目承担单位要经常开展对知识产权风险易发高发领域开展调查分析，有效维护本单位的知识产权利益，尤其是要紧密结合当前本单位知识产权工作的实际，健全知识产权风险评价机制、防控机制和责任机制，及时、有效地化解知识产权风险。

针对当前我国一些财政资助项目承担单位中科研人员的知识产权保护意识不足，导致我国财政资助项目项目的知识产权无法得到充分保护的问题，财政资助项目承担单位应结合知识产权保护和应用的实际需要，调整本单位

---

❶ 宋宏伟在市管主要领导干部坚持底线思维着力防范化解重大风险专题研讨班开班式上强调 坚持底线思维 增强忧患意识 提高防控能力［EB/OL］.［2022-02-22］.https：//www.sohu.com/a/302747071_120058075.

的科研人员成果评价机制、绩效考核机制以及职称评定机制，提升专利等知识产权在科研评价中的指标权重，从根本上纠正传统的量化评价指标体系的不足。此外，财政资助项目承担单位不仅要积极营造鼓励创新、重视知识产权的良好氛围，充分调动科研人员在知识产权产出和知识产权保护方面的积极性，还要支持和帮助科研人员根据科研成果的性质及时选择合适的知识产权保护方式，加强知识产权布局规划，从而有效提升我国未来在该领域的科技竞争力。❶

另外，财政资助项目承担单位要结合本单位的实际，对负责知识产权工作的领导和管理人员、科研人员进行针对性的能力提升培训，提高其对知识产权风险隐患的辨别、分析、规避和应对能力。财政资助项目承担单位要积极组织开展知识产权专题培训，向负责知识产权工作的领导、管理人员及科研人员宣传国家知识产权保护相关政策法规，帮助他们把握知识产权申请、使用及创造策略，了解知识产权注册及审查流程中的注意事项，掌握面对侵权及维权时可采用的应对措施，从而强化财政资助项目承担单位的相关领导、知识产权管理人员及科研人员的知识产权保护意识，提升知识产权保护、应用和风险防控能力，为财政资助项目承担单位有效开展知识产权保护和应用工作打下坚实基础。

## 二、加快科研评价制度改革，推进知识产权评价的科学化、合理化

科研评价是科技管理机制的重要组成部分，是推进财政资助项目的研究创新和成果管理的基础性环节。近年来，我国科研评价机制在不断完善和发展，对推进财政资助项目知识产权工作发挥了重要作用，但现行科研评价机制也存在科研评价标准不一、科研评价过于简单粗糙等问题，亟须进一步完

---

❶ 李慧，崔惠绒，鲍洋，张立佳. 国家科技重大专项知识产权管理工作中的若干问题及建议[J]. 科技与创新，2021（3）：132.

善，以更好发挥其在财政资助项目知识产权工作中的"指挥棒"作用。

## （一）立足科研项目性质分类，实行多元化的科研评价制度

科研评价是否科学，首先体现在评价标准是否科学，能否反映科研实际需求上。过去，我国科研评价标准缺乏科学分类，对不同类型财政资助项目的评价缺乏符合其特点的分类评价标准。评价标准不同程度地存在重论文轻专利、重数量轻质量等问题，对一线科技创新实践和科研成果管理实践正向激励作用不足。

不同科研项目在学科门类、研究目标定位、研究路径方法、研究成果形式等方面存在的显著差异，决定了对同属国家财政资助项目的不同科研项目进行科研评价不能简单地适用同一尺度或标准，而应根据实际情况采用不同的考核指标，实行不同的评价标准和方法。其中，"基础研究要放在国际舞台上评价，把出原创性高水平成果作为奋斗目标，以科学意义和学术价值作为评价重点。对应用研究项目则以技术推动和市场牵引为导向，以自主知识产权的产出、潜在的经济效益等要素为评价要点。"[1]

## （二）以"产出、质量、效益"为导向，改革科研评价指标体系

微软公司知识产权总监奥拉西奥·古铁雷斯曾经说过："专利数量的多寡确是衡量一个企业创新能力的重要尺度，但前提是这些必须都是高质量的专利"。[2] 对于任何一个国家而言，知识产权数量固然重要，但具有一定规模的高质量知识产权才是国家开展自主创新，提升产业竞争力之本。

鉴于质量不高的知识产权申请是对项目经费以及社会资源的浪费，为了保障高质量知识产权的产出，我们应该提前进行科技成果研发和知识产权申请布局，在项目启动阶段，就对本项目研发可能涉及的关键技术的国内外状

---

[1] 黄涛. 科研评价的异化和对策［J］. 科技导报，2010，28（10）：118.
[2] 冯小兵. 中央企业如何走出创新瓶颈———中央部分创新型企业专利状况调研及思考［J］. 电子知识产权，2010（12）：77–78.

况以及相关知识产权的分布进行检索分析，确定科学的知识产权申请规划。同时，我们要改革现有科研项目评价机制，鼓励高质量科技成果产出和高质量知识产权申请。❶

健全科研分类评价体系，是发挥好科研评价对财政资助项目研发及知识产权管理工作的"指挥棒"作用的重点所在。由于财政资助项目涉及的研究领域、研究方向、研究成果不同，科研评价体系所包含的具体内容也不同。要全面准确地反映不同研究领域、不同研究方向被评价对象的状况，我们必须根据实际合理设置和使用知识产权等评价指标，克服唯数量、唯论文等倾向，解决评价标准"简单、单一"的问题。为了提高科研资源投入效率，我国财政资助项目的科研评价指标体系要从"重投入、重数量、重形式"向"重产出、重质量、重效益"❷的转变，要将财政资助项目形成的知识产权的数量、质量、社会影响（对其他研究者或知识进步），以及产生的技术效益、经济效益和社会效益等因素纳入财政资助项目的科研评价指标体系予以综合评价。

换言之，在财政资助项目的分类评价中，当前的工作重点应是坚持知识产权质量与数量并重、以质量为先，突出产出、质量和效益导向，按照社会发展需要和科技行业的业内标准，完善以同行评价为基础的科学评价机制，注重引入社会评价和综合评价，客观、全面地展示财政资助项目的实施状况。同时，我们要进一步丰富财政资助项目成果的评价手段，提高科研评价的准确性和针对性，让科研评价真正成为引领财政资助项目中高质量知识产权创造、保护及应用的"风向标"，真正激发财政资助项目中高质量知识产权的产出，推动我国财政资助项目成果的知识产权工作的顺利开展。

在这里，需要特别强调的是，科研活动本身是对未知科研领域的探索，其结果多具有不可预见性。发挥科研评价对科研实践的"指挥棒"作用，要

---

❶ 钟光正. 中国对外贸易中遭遇的专利壁垒及其对策[J]. 亚太经济，2002（4）：47.
❷ 刘莉. 欧洲各国大学科研评价及其启示[J]. 科学学与科学技术管理，2005（9）：90.

遵循科研实践的研发规律,将"善待失败、宽容失败"纳入科研评价机制中。众所周知,我们科研领域中原始创新欠缺的问题一直饱受垢病。目前该问题也依然是我国自主创新道路上的"拦路虎"。其中,科研评价机制不合理,不符合科研活动的实际需求,缺乏必要的宽容失败的制度安排是一个重要原因。这一现状导致科研人员出于稳妥考虑,在研发的规划中回避原始创新,热衷跟风研发,"在科研布局上过于强调短、平、快,对那些长、难、慢的项目重视不够、支持不足"。❶ 要从根本上扭转这种局面,我国需要首先在科研评价方面,特别是在开创性基础研究项目的评价中,要对那些原始创新的研发行为给予充分肯定,尤其对于已履行了必要的尽责义务,仍无法达到研发目标的情形予以宽容,发挥"鼓励创新、宽容失败"的科研舆论导向作用。

### 三、以知识产权应用为导向,强化知识产权管理

知识产权管理是防范知识产权流失和侵权风险、推进财政资助项目成果的知识产权应用的客观需要,也是回应国家设立财政资助项目初衷的必要举措。我们要适应全球科技创新的新形势要求,深化财政资助项目承担单位的知识产权管理机制创新,以科学、完备的知识产权管理制度来促进财政资助项目形成知识产权的转化应用,尤其要在新兴产业发展中充分体现我国财政资助项目成果的价值。

当前,完善财政资助项目的知识产权管理就要坚持知识产权保护与知识产权应用并重的理念,健全知识产权管理制度,把防范知识产权风险放在首位,细化知识产权风险防范要求,实现以制度来规范知识产权活动,推动财政资助项目承担单位知识产权转化运用工作走向制度化、规范化、科学化、

---

❶ 郑其绪.发挥好"指挥棒"作用进一步完善人才评价机制[EB/OL].[2018-05-27].http://opinion.people.com.cn/n1/2018/0527/c1003-30015791.html.

高效化。为此，财政资助项目承担单位要对本单位的知识产权管理制度有针对性地开展"留""废""改""立"工作，为本单位的知识产权工作提供科学完备的制度支持。

## （一）推进国家财政资助项目全过程知识产权管理

财政资助项目的知识产权管理应贯穿于该项目从计划到实施的全过程中，根据每个阶段可能涉及的风险问题进行分析、评价和应对，并将推动财政资助项目成果的知识产权保护和应用作为知识产权管理的主要目标。在财政资助科研项目实施过程中，我们要严格落实项目承担单位的知识产权管理责任，不仅要求其对项目研发中可能涉及的关键技术进行充分的知识产权检索分析，并结合科研项目的研发目标开展知识产权布局规划，而且要求其对项目研发产生的科研成果进行客观评估和分析，选择最佳知识产权保护方式，同时加强同产业部门的交流和合作，积极推动研发成果的转化和应用。从财政资助项目的立项到实施，再到成果验收的各环节，我们都要进行充分的知识产权调研和知识产权管理，促进高质量知识产权的产出、保护及应用。❶

具体而言，高校及科研机构要借鉴美国、日本等国高校及科研机构的知识产权管理经验，完善本单位的财政资助项目知识产权管理，将财政资助科研项目的申请准备，项目立项、项目实施、项目验收、项目成果管理及项目成果后续应用的每个环节都纳入知识产权管理的范畴之中，实现财政资助项目知识产权管理的制度化、规范化。❷首先，在项目立项阶段，我们就应该对该项目研究可能涉及的专利信息和技术信息进行认真全面的检索和分析，把握研发的关键技术和技术难点，制订合理的研发方案，避免研究中可能出现的知识产权侵权风险，也为后续项目成果转化奠定基础。其次，在项目执行过程中，我们一方面要对该项目研发领域的相关知识产权信息予以动态跟踪

---

❶❷ 李慧，崔惠绒，鲍洋，张立佳. 国家科技重大专项知识产权管理工作中的若干问题及建议[J]. 科技与创新，2021（3）：131.

和全面分析，不断完善知识产权数据库，了解本领域研发的最新进展，避免重复研究，而另一方面要根据研发实际，选择是通过申请专利、商标或通过软件著作权，抑或选择通过商业秘密保护等来有效保护科研项目研发中产生的科技成果，及时将研发成果转化为高质量的知识产权。我们还要健全科研成果管理制度（尤其是信息保密制度）和合作研究制度，科学管理研发成果，防止因发表论文或其他不当的信息公开而导致项目研发成果在申请专利时因缺乏新颖性而被驳回，从而造成重大利益损失。项目完成后，我们需要及时做好细致全面的科研资料归档工作，为后续研发奠定基础。另外，针对项目研发所取得的成果，我们要积极推进其知识产权资源整合，如搭建专利池、知识产权组合等，积极推进财政资助项目知识产权应用工作。❶

### （二）以知识产权应用为导向，以制度建设为核心推进财政资助科研项目知识产权管理

知识产权管理制度对于财政资助项目实施过程中高质量知识产权的产出、保护及应用具有重要保障作用。健全以知识产权应用为导向的知识产权管理制度，对于有效规避技术研发与市场应用相脱节，充分调动项目承担单位和科研人员的积极性具有关键性作用。高校及科研机构要深化财政资助项目的知识产权管理制度改革，创新知识产权管理模式，积极构建以知识产权应用为导向的"知识产权产出—知识产权保护—知识产权应用"三位一体的管理制度体系，从而走出我国财政资助项目成果转化难的困境。

构建以知识产权应用为导向的知识产权管理制度，应在知识产权管理上增强知识产权应用的考量。高校及科研机构应因地制宜，结合自身实际制定和实施连贯可行的技术商业化应用战略，对于其财政资助项目成果的知识产权应用而言非常关键。在对财政资助项目成果的知识产权申请、组合、保护

---

❶ 李慧，崔惠绒，鲍洋，张立佳. 国家科技重大专项知识产权管理工作中的若干问题及建议[J]. 科技与创新，2021（3）：131.

等过程中,高校及科研机构要把"知识产权应用"放在突出位置,把知识产权的未来应用前景纳入知识产权的具体布局规划中并具体化为若干指标,以此为标尺来进行财政资助项目的知识产权工作的统筹安排。需要强调的是,构建知识产权应用为导向的财政资助项目知识产权管理制度一定要克服知识产权管理中的短视行为,要从更宏观的视角、更长远的规划上来展开我国财政资助项目的知识产权管理工作。

当前,我国高校及科研机构在财政资助项目的知识产权管理工作中要立足于全球科技创新的宏大视野,坚持知识产权应用导向和研发目标导向相统一,坚持知识产权应用的中长期目标和短期目标相协调,既要聚焦当前科技成果转化中的突出问题和现实需求,又要顾及未来数十年国家科技创新的知识产权布局需求和新兴产业发展需求。在经济新常态下,财政资助项目研发应更加关注原始创新和前沿突破,更加聚焦国家需求和产业发展,不断加强产学研融合,有效整合科技资源,努力形成一批高质量的知识产权,并通过完善的知识产权管理来充分发挥其对于自主创新的推动作用。

在财政资助项目的知识产权管理中,各部门要充分重视其知识产权战略部署的重要性和迫切性,以知识产权战略部署来支持新兴产业发展,推进我国自主创新实践的深层次开展。各部门要开拓国际视野,立足我国未来关键性产业的发展方向,加强财政资助项目成果的知识产权规划部署,充分发挥财政资助项目的知识产权布局在国家科技创新规划中的重要作用。我们要以技术创新带动新兴产业发展,以知识产权管理助力科技创新和成果转化,通过发挥高水平知识产权管理制度的支撑作用,为未来我国科技进步和经济的可持续发展奠定坚实基础。

**(三)围绕着实施我国财政资助项目成果的知识产权战略布局这一目标,积极推进财政资助项目成果的知识产权集中管理**

近年来,随着国家对科研活动财政支持力度的不断深入,越来越多的高校、科研机构和企业参与到财政资助项目的研发实践过程中。财政资助项目研发成果及相应的知识产权也散布于不同的高校、科研机构及企业中。财政资助项目成果的知识产权分散，权利主体多元是对财政资助项目成果的知识产权管理的一大挑战。对此，国家必须高度重视，全面加强对财政资助项目成果的知识产权宏观规划及管理，制定财政资助项目形成知识产权的集中管理和有效组合的总方略，坚持全国一盘棋、统筹各方面力量推进财政资助项目成果的知识产权保护和应用。

面对科研项目研究分散、项目设置交叉重复、科研项目管理各自为政、科研成果统筹困难等现实挑战，各级政府部门要从一开始就秉持尊重科研实践规律的原则，推进知识产权集中管理。我们在制度轨道上统筹推进财政资助项目的知识产权工作，依法将财政资助项目成果的知识产权纳入科学化、制度化轨道，从科研项目立项、研究成果报告、知识产权申请、知识产权应用等各环节发力，全面助力财政资助项目形成知识产权的信息公开、信息共享和资源整合，为财政资助项目形成知识产权在市场中充分实现其价值提供有力的制度保障。

在科学评价的基础上，项目承担单位要加强财政资助项目成果的知识产权信息整合和资源配置，确立财政资助项目成果资料的缴存管理制度，鼓励高校、科研机构和企业之间立足自己所拥有的知识产权，推动财政资助项目成果的知识产权资源的有效配置。我们要通过信息分享、知识产权组合和组建专利联盟等方式推进现有技术成果资源在更广范围内的共享和整合，提升我国的整体自主创新能力，进而推动国家行业技术标准的建立，增强我国未来在国际领域标准制定中的话语权，为我国企业突破外国公司的技术垄断壁垒，更好地参与市场竞争与合作奠定基础。

总之，知识产权管理有利于推动财政资助项目的研发成果交流及知识产权整合，能有效防范简单重复研发，促进知识产权保护与运用。随着财政资助项目研发成果的不断涌现，社会各界对其知识产权管理工作的针对性、专业性的要求也在逐渐提升。为了更好地发挥财政投入对我国自主创新能力的推动作用，推动财政资助项目研发聚焦原始创新，同时促进具有自主知识产权的高质量科技成果产出，不断争夺全球科技创新的制高点，我们必须不断加强财政资助项目的知识产权管理工作。我们既要立足当前知识产权管理工作实际，有序推进各项知识产权风险防范工作，又要放眼长远，从体制机制上创新和完善财政资助项目成果的知识产权集中管理举措。

当前我国要加大财政资助项目成果的知识产权清算的力度，尽早摸清家底，进一步将分散的知识产权资源转化成集合的知识产权资源，发挥财政资助项目形成知识产权的资源集中整合优势。为此，高校及科研机构要进一步规范财政资助项目成果的知识产权管理工作，优化知识产权布局，加快知识产权资源的整合重组，依靠知识产权制度创新与质量提升，提高财政资助项目成果的知识产权应用效率，增加财政资助项目成果的知识产权在全国乃至全球科技竞争中的优势地位，提升社会经济效益。

## 四、健全知识产权激励保障制度，充分调动社会各界的积极性

财政资助项目知识产权工作的顺利开展离不开有效的激励措施和保障措施。这就需要各级政府和部门从资金支持、人才引进、税收减免与补助、服务支撑等方面为财政资助项目的实施以及项目成果的知识产权保护和应用提供有力支持，以此来营造鼓励科技创新、推进成果转化的良好社会氛围，充分调动科研人员的积极性，引导财政资助项目承担单位在科技成果转化的技术市场中更为积极主动，自发地对接市场的知识产权应用需求，促进财政资助项目的研发成果走向市场应用。[1]

---

[1] 赵剑冬，戴青云. 高校主导建设的新型研发机构运作管理模式［J］. 中国高校科技，2017（12）：11-15.

## （一）改革我国科研经费管理制度

科研过程的未知性决定了科研经费管理必须符合科学研究的发展需要和客观规律，切忌"一管就死、一放就乱"。我国财政资助项目科研经费管理要实行原则性与灵活性相结合的原则，严格遵循"专项专用"的准则，实现科研经费管理的科学化和合理化。❶一方面，科研经费中应该改革人力使用成本支出预算标准❷，从而调动科研人员参与财政资助项目研发的积极性，推动高质量知识产权的产出，为财政资助项目成果的知识产权应用奠定坚实基础。另一方面，在科研财政资助总经费不变的情况下，我国应准许项目承担单位，尤其是一些主要依靠国家财政经费支持来保证自身运转的高校和科研机构，根据项目研发实际，合理安排项目研发所形成知识产权的检索分析、保护、维护、维权和评估等费用支出，从而在一定程度上缓解因经费不足而引发的有价值知识产权被弃权问题。

## （二）改革现行财政资助制度

改革现行财政资助制度，激励高新技术研发项目广泛吸引社会资助，拓宽经费来源渠道，引导财政资助项目管理单位加强管理。在完善多元筹资机制的同时，我国要持续加强资助经费管理，强化项目承担单位的项目经费财务会计制度建设，严格资助经费使用监管，确保资助经费使用规范、科学、有效。同时，我国要改革财政资助经费的管理方式，在财政资助资金分配中充分考虑综合性影响因素以适应变化了的科研形势发展需要。

在知识产权申请的财政资助方面，我国要以实现从激励"增加知识产权申请数量"向鼓励"提升知识产权申请质量"转变为宗旨，改进当前知识产权申请的财政资助方式，以专利获得授权作为享受财政资助的前提，加大对

---

❶ 调研中，很多科研人员反映现行国家有关科研计划经费管理缺乏灵活性，支出比例安排不合理，设备费比例过高，未考虑到大型设备在不同项目中的可重复利用等。

❷ 在科研经费问题上不能像管生产那样管科研 [EB/OL]．[2014-06-12]. http://khnews.zjol.com.cn/khnews/system/2014/06/12/018083650.shtml.

技术含量较高的发明专利的资助力度❶，突出对关键性国际布局中知识产权申请及维持的财政资助。同时，针对当前中试环节风险大，社会投入不足，高新技术产业化困难的现状，我国要加大对高新技术研发项目成果产业化的财政资助投入，拓宽财政投入渠道，改进财政投入方式，加强财政资助对于风险系数高，市场投入有限的中试环节的支持，充分发挥财政经费支持对高质量财政资助项目成果的知识产权应用的导向作用。

### （三）改革现行税收优惠政策

财政资助项目成果的产业化是推动财政资助项目成果服务于社会经济发展，体现研发成果的社会价值，加快实施我国创新驱动发展战略的关键所在。财政资助项目成果的产业化面临很多困难，需要从社会环境、税收政策等多方面予以支持。为全面助力推进财政资助项目成果的产业化应用，税收应从支持和推动科技创新、鼓励产学研合作、激发企业对高新技术研发项目成果转化项目的投入，加大社会对高新技术成果转化中试环节的支持等方面发挥积极的作用。

为破除制约财政资助项目成果知识产权应用的社会投入不足这一瓶颈，我国应从根本上改变当前税收优惠政策散乱的状况，积极优化财政资助项目成果产业化的社会环境，进一步完善支持高新技术成果产业化的税收优惠制度。对于同国家财政资助项目成果转化有着密切关联性的新兴产业领域以及创新型中小型企业，我们要加强政策性引导。我们要积极建设有利于财政资助项目成果转化应用的税收政策平台，充分利用税收杠杆调节社会资源配置，调动企业及其他社会力量参与财政资助项目成果转化的积极性，为财政资助项目成果的知识产权应用创造条件。当下，如果我国现行税收政策能够在优化社会资源配置、促进社会力量的研发参与、鼓励更多企业加大中试环节的投入、促进财政资助项目成果的知识产权应用等方面采取积极的支持鼓励措

---

❶ 管煜武. 基于专利价值的上海专利资助政策效应分析[J]. 中国科技论坛，2008（7）：106.

施,就能在一定程度上助力高新科技产业领域和创新型中小企业的增强"造血"功能,推动我国财政资助项目成果的产业化进程。

### (四)健全职务发明人等重要贡献人的利益分配制度

利益分配机制是推动财政资助项目成果的知识产权保护和应用的动力之一。建立科学、合理、稳定的分配机制,增强利益分配的公正度、透明度,对于激发科研人员的创新潜力,推动科技成果转化有着积极的作用。健全职务发明人等重要贡献人的利益分配制度,意在构建科学规范、公平合理、导向明确、讲求实效的利益分配方案,增强财政资助项目承担单位按照规定统筹安排、使用项目成果的知识产权收益的能力,支持财政资助项目成果的知识产权应用。

结合我国财政资助项目研发的实际,我国要健全职务发明制度,加快《专利法》《公司法》中相关内容的修订,细化我国财政资助项目成果的知识产权收益分配制度,在充分考虑成本投入的前提下,合理安排职务发明人等重要贡献人的利益分配比例,从而充分调动科研人员、知识产权管理人员在高质量知识产权产出、保护及应用上的积极性。在收益分配问题上,我们应充分考虑到财政资助项目成果的知识产权产出、保护及应用的实际,实现参与分配要素的多元化。换言之,我们在收益分配时既要考虑到研发人员等的智力贡献,又要考虑到财政资助项目成果转化进程中其他主体的投入。我们在坚持按劳分配的前提下,要注重将按贡献分配与按投入分配相结合、短期利益回报与长期利益回报相结合,有效平衡各方主体的利益关系。

## 五、加强知识产权服务体系建设,提升知识产权服务水平

高水平的知识产权服务能够有效助力我国财政资助项目成果的知识产权保护和应用。整体而言,我国知识产权服务仍落后于财政资助项目成果的知识产权保护和应用实践的现实需求。虽然目前北京、上海、广州等经济发展

较为迅速的城市的知识产权服务体系已经初具规模，但从宏观层面来看，当前我国知识产权服务业无论从规模影响、经营运行模式还是服务范围和服务水平等，距离我国知识产权保护和应用的现实需求还有一定差距。因此，目前我国一是要根据"政府支持，社会参与，市场运营"的原则，因地制宜，加强知识产权服务体系建设，搭建知识产权服务平台，提高知识产权服务水平，为财政资助项目成果的知识产权保护和应用提供有力支持；二是要立足社会知识产权服务需求，重点扶持一批知识产权骨干服务企业，大力加强高端知识产权服务业的发展。针对当前我国知识产权服务行业的知识产权服务范围较窄，知识产权服务层次不高的实际情况，我们要结合国家"十四五"科技创新规划需求，加大对知识产权服务业的政策立法支持，增强其知识产权服务能力，鼓励其结合我国国家、产业及企业在重大技术领域和重大技术创新项目的需求来提供高端知识产权战略规划服务。

## 六、加强知识产权人才队伍建设，实施高层次知识产权人才资源整合并举方略

在当今科技创新的世界新格局下，知识产权人才同科研人才一样，是整个国家科技创新活动的宝贵资源。当下我们处在知识产权战略深入推进的关键时期，做好知识产权人才工作更是刻不容缓。随着国家对知识产权人才重视度的不断提高，中央和地方纷纷掀起了"知识产权人才队伍建设"的高潮。如果要大力培养知识产权人才、大力引进知识产权人才，做好知识产权人才工作，我们就不能只是停留在规划层面，而要切切实实地去推动、去落实。这就需要我们从制度建设层面，重视知识产权人才培养，加大知识产权人才引进，加强知识产权人才保障。

众所周知，高层次知识产权人才的短缺已成为制约我国财政资助项目成果的知识产权保护和应用的瓶颈问题，也是阻碍我国科技研发与社会经济结

合的重要因素。推进财政资助项目成果的知识产权保护与应用，制度是关键，人才是基础。我们要通过制度创新，加强高层次知识产权人才队伍建设，明确政府、高校、企业和社会在知识产权人才队伍建设上的职责。国家应从战略层面重视知识产权人才队伍建设，调整知识产权人才发展计划，重点支持和完善境内外知识产权专家人才库的建设和应用，同时支持知识产权人才培养和人才引进，加强知识产权人才流动机制建设，引导高校、科研机构和企业增加知识产权人才培养投入，形成多元化、多渠道的知识产权人才培养和利用格局，尤其是要强化企业在知识产权人才培养和引进中的主体地位。围绕"建设相对稳定的、高水平的、专业化知识产权管理人才队伍"的目标，我们要采取积极措施，将知识产权内部人才培养、外部人才引进与现有人才资源整合相结合，全面推动我国知识产权人才队伍建设，形成规模宏大、结构合理和素质优良的知识产权人才队伍。

## （一）加快高层次知识产权人才培养的进度，重点培养一批短缺的知识产权专业人才队伍

高层次知识产权人才培养呼吁我们尽快创新现有知识产权人才培养模式，实施新的知识产权人才培养方案。知识产权属于实践性要求非常高的交叉学科，其人才培养涉及法学、管理学、技术等多个领域。高层次知识产权人才培养需立足于其交叉性强、实践性高等特点，注重培养知识产权人才的实务能力和实践技能，通过创新培养方案和培养模式来推动高层次知识产权人才产出。

一方面，我们要转变人才培养理念，积极推进知识产权教育改革，创新知识产权人才培养模式，培养我国知识产权事业发展所需要的全面发展的复合型人才；而另一方面，我们更要鼓励财政资助项目承担单位通过各种途径积极做好本单位知识产权人才培养工作，增加本单位知识产权工作人员的知识产权理论知识积淀，加强其知识产权管理经营技能锻炼，全面提升本单位知识产权工作人员的综合素质和业务水平。

## （二）加大政策支持力度，鼓励项目承担单位加强国内外高层次知识产权人才引进力度

我国要完善中央和地方的知识产权人才供需对接制度，构建高层次知识产权人才引进保障工作机制，尤其是要发挥财政资助项目承担单位的引领作用，推动高层次知识产权人才引进工作全面展开。一方面，中央和地方要结合自身实际制定针对性的知识产权人才政策和实施知识产权人才专项计划以吸引国内外具有较强业务能力、管理水平及战略眼光的高端知识产权领军人才来参与财政资助项目成果的知识产权管理和运营实践；而另一方面，中央和地方要围绕当地财政资助项目承担单位的知识产权人才需求，畅通高层次知识产权人才招聘渠道、挖掘自身的人才招聘优势、按需自主引进高层次知识产权人才，同时综合运用大数据等信息技术手段，全面呈现国内外知识产权专业人才信息，实现供需双方有效对接。

## （三）从制度改革入手，推进知识产权人才资源的合理流动，实现高校、企业以及社会服务行业知识产权人才资源的整合和共享

中央和地方要聚焦服务国家重大科技发展战略，聚焦优化知识产权人才队伍结构，实施高层次知识产权人才政策，要坚持人才资源有效整合和合理流动的原则，持续优化高层次知识产权人才培养的制度环境，为推动财政资助项目成果的知识产权的保护和应用提供强有力的人才支撑。各地要聚焦高层次知识产权人才引育留用的各个环节，积极推进现有知识产权人才政策落地，不断优化配套性保障措施，为高层次知识产权人才引进营造良好的制度及社会环境。

各地要优化整合本地各级各类知识产权人才资源，变"知识产权人才资源信息分散管理"为"知识产权人才资源信息集中管理"，形成高层次知识产权人才资源信息支持的强大合力。各级政府及部门要高度重视人才资源的价值，充分发挥市场在知识产权人才配置中的基础性作用，同时注重政府的有

效监管，积极探索多元化的知识产权人才整合模式。我们要鼓励知识产权人才向企业转移，尤其要鼓励社会知识产权服务组织、高校及科研院所的知识产权人才向人才相对匮乏的企业流动。政府要鼓励地方和行业积极开展知识产权人才资源整合和共享的试点探索，并及时将试点经验予以推广应用。

当然，在高层次知识产权人才问题上，我们要充分认识到人才的培养引进是基础，做到人尽其用才是关键。在培养和引进高层次知识产权人才之后，我们更要关注的是如何把高层次知识产权人才用起来，如何把高层次知识产权人才放置在合理的位置上以及如何充分实现高层次知识产权人才的价值。知识产权人才队伍建设中，我们要坚持科学的人才遴选和任用机制，保持人才队伍的相对稳定性和持续发展性。我们要在制度建设上形成"能者尽其才"的工作氛围，让培养和引进的知识产权人才积极进取，乐于奉献。我们要让知识产权人才队伍感受到来自社会和单位的关心和支持。对于个人素质高、能力突出的知识产权人才，高校和科研机构要做到优先考虑提拔重用，让知识产权人才在其工作岗位上展示其才华，实现其价值。

## 七、加大知识产权政策立法的完善落实力度，积极营造良好的知识产权保护和应用环境

### （一）加强配套性政策立法措施的制定

知识产权政策立法对于整个国家和社会而言至关重要。"保护知识产权就是保护创新"[1]。有学者进一步指出，"知识经济时代，知识产权制度的实施效果，关系到一国的经济发展、科技进步的繁荣。"[2] 鉴于知识产权政策立法及制度体系的重要性，我国必须立足中国社会发展的实际需求，借鉴境外成功的政策立法经验，注重与国际规范的接轨，加强创建财政资助项目成果的知识

---

[1] 朱雪忠，代志在. 总体国家安全观下的知识产权安全治理体系研究[J]. 知识产权，2021（8）：32-42.

[2] 吴汉东. 知识产权的多元属性及研究范式[J]. 中国社会科学，2011（5）：39-45+219.

产权保护与应用的政策立法系统，逐步弥补我国现行财政资助项目成果的知识产权政策立法的不足，推进以知识产权应用为重点的区域性和地方性知识产权政策立法建设。目前，我们迫切需要采取以下措施：

一是大力推进知识产权价值评估政策立法，确立以市场为导向、程序公开透明和社会第三方参与的知识产权价值评估体系。针对财政资助项目成果的知识产权的特点，我们要以推动财政资助项目成果的知识产权应用为宗旨，确立以"最优价格"而非"最高价格"为目标❶的财政资助项目成果的知识产权拍卖竞价制度。在财政资助项目成果的知识产权转让和许可中，高校和科研机构要充分考虑被转让者或被许可者的社会信用、技术实力、考虑其后续的履约能力和知识产权应用前景，遴选出最优知识产权受让人。

二是完善知识产权质押融资政策立法，充分发挥政府的积极引导作用，加大对财政资助项目成果的知识产权质押融资的支持力度。我国要积极拓展知识产权质押融资渠道，健全知识产权质押融资审批程序，不断推进知识产权质押融资模式创新。实践中，我国要进一步扩大财政资助项目成果的知识产权质押融资服务的覆盖面，力争知识产权质押融资能够惠及财政资助项目承担单位以及参与财政资助项目成果的知识产权应用的中小企业。

三是加快知识产权中介服务行业的政策立法，培育提升知识产权中介服务业，加快形成与我国科技转化需求相适应的中介服务业体系。各地不仅要打破部门、系统之间条条框框和所有制的局限，广泛吸收各方面的资金和人

---

❶ 在当前知识产权拍卖竞价制度中，对于财政资助项目成果的知识产权拍卖的结果，是否一定就选择最高竞价者作为财政资助项目成果的知识产权许可转让的对象值得我们考虑。经过调研和访谈，我们认为，财政资助项目成果的知识产权许可转让的目的是为了推动该知识产权的应用，而不应当是以纯粹的谋利为目的，否则其区别于私人科技研发投入形成知识产权的公共利益价值就难以体现。选择最优竞价而不是最高竞价应当是财政资助项目成果的知识产权许可转让中遵循的一条准则。那么，如何确定最优竞价？最优竞价意味着虽然不是最高竞价，但最有利于财政资助项目成果的知识产权应用的竞价。当然，为了防范最优竞价确定中的暗箱操作问题，健全相关程序制度是关键。据我们调研，在这方面有成功经验的科研机构的实施方案为：确立竞价评估小组，要求竞价人在提出竞价的同时提交自己对该项知识产权的应用方案，然后依据规定的程序从中选择最优的竞价。

才资源,加快知识产权中介服务行业的发展,同时还要加强对中介组织的行业监管,有计划、有步骤地引导知识产权服务产业的发展壮大。各地要为规范和发展知识产权服务产业提供系统有力的政策扶持,进而从根本上整体提高知识产权服务产业的自我发展能力,提高知识产权资源的配置效率、促进财政资助项目成果的知识产权应用。

四是完善产学研合作立法,加强产学研合作中的利益协调机制和风险防范机制建设,推动财政资助项目成果向产业界转移。在现行财政资助项目的产学研合作模式下,政府、高校和科研机构、企业、中介服务组织等都在财政资助项目成果转化这一社会系统工程中发挥着作用。其中,中央和地方各级政府是合作的主导者和推动者。它们通过国家财政投入,制定相关政策立法,对产学研合作进行宏观指导和规范。高校及科研机构作为财政资助项目承担单位的主力军,担负着创新人才培养、创新知识传播和高质量创新成果产出的重任,是财政资助项目成果走向产业化的源头和基础;中介服务机构是财政资助项目成果的知识产权应用中不同主体间沟通联系的桥梁;而企业则兼具知识产权需求方和转化方的双重身份,是财政资助项目成果走向产业化的重要力量。可见,我国现行财政资助项目的产学研合作模式是政府宏观指导下,以高校和科研机构为创新源头、中介服务机构为纽带、企业为技术转化主力,实现我国自主创新能力提升的重要载体。鉴于产学研合作中参与主体多元、利益诉求各异、知识产权管理水平不齐的现实,我国要立足现实国情,针对产学研合作中的人员流动、设备共享、成果归属、职称评定及权益救济等方面制定操作性更强的配套性政策立法措施。

## (二)开展政策立法的实施后评价

"立法质量永远是法律体系建设的生命线"。[1]"良法是善治之前提,立法科学化是创立良法之关键,然而,若没有科学的评估机制,立法效率难以提

---

[1] 俞荣根.地方立法后评估指标体系研究[J].中国政法大学学报,2014(1):46-58.

高，立法质量也无法真正得到保证。"[1] 政策立法实施后评估是检验和提升政策立法的质量，保证政策立法顺利实施的一个重要途径。政策立法实施效果直接影响到财政资助项目成果的知识产权保护和应用的实际状况。近二十年来，我国先后颁布和出台了一系列推进财政资助项目成果的知识产权创造、保护和应用的政策立法。这些政策立法的实施，事关国家科技创新结构调整与利益分配模式转型的国家战略。我国有必要通过政策立法实施后的评估，加强和完善相关政策立法工作，提高这些政策立法的质量和实效，确保其能够在实践中得以有效实施，充分发挥其在市场资源配置和社会利益调整中的积极作用。

针对财政资助项目成果的知识产权保护和应用问题，我们要及时开展相关政策立法的实施后评价，要围绕我国科技制度改革的关键问题选择具有代表意义的知识产权政策立法，在评估中突出重点问题，注重相关政策立法的现实性和可操作性，确立一整套科学的、能够量化的评估指标体系。在评价指标体系构建上，我们还要注意，"不同类型立法规范的立法质量评价不能套用同一个评价指标体系，它们在立法目的、任务、实施主体、调整对象上的差异，决定其在立法质量评价指标及分值上也会有所不同。"[2] 具体而言，在评价方式上，我们要综合运用文献研究、问卷调查、实地调研、案例分析等方法对相关政策立法的实施效果进行分析，判断政策立法的制度规划和规范内容的设计是否公平合理，是否切实可行，是否能针对性地解决问题，全面揭示该项政策立法实际运行的状况及问题，从而为将来修订和完善该项政策立法提供依据和参考。在评价内容上，我们要围绕政策立法的制度设计、实施保障和实施效果等层面进行综合评估。在制度设计方面，我们要通过考察其是否符合立法宗旨，内容是否完备及是否与《科技进步法》《促进科技成果转化法》等相衔接，评估其规范内容的必要性、科学性及合理性，还要通过考

---

[1] 刘睿，张继成.立法评价方法初探——立法过程中价值评价的理性分析[J].法制与社会发展，2018，144（6）：157-173.

[2] 俞荣根.不同类型地方性法规立法后评估指标体系研究[J].现代法学，2013，35（5）：171-184.

# 第六章 促进我国财政资助项目成果的知识产权保护与应用的对策建议

察各项条款是否逻辑清楚、表述准确，评估其是否具备可操作性。在实施保障方面，我们要通过考察与促进财政资助项目成果的知识产权保护与应用相配套的政策法规的制定及实施情况，评价各级政府及部门是否履行法定职责，是否为相关政策立法的实施提供支持。在实施效果方面，我们要通过考察财政资助项目成果的知识产权保护与应用的状况，特别是服务于财政资助项目成果的知识产权应用的各项激励、保障措施落实情况，评估相关政策立法实施的实际效果。❶在评价主体上，为了避免相关政策立法出现滞后于现实需要、同上位法不配套甚至内容之间相互冲突等问题，我们应当确立科学的政策效果评价机制。必要时，我们可积极引入独立第三方评估，发挥社会力量对政策立法的监督作用。通过对相关政策立法的实施状况，尤其是对其实施效果进行及时有效的追踪评估，我们可以及时发现问题并有效解决问题，实现相关政策立法的科学化、体系化、长效化。❷

---

❶ 全国人民代表大会内务司法委员会关于《中华人民共和国残疾人保障法》立法后评估的报告［EB/OL］.［2012-11-12］.http://www.npc.gov.cn/wxzl/gongbao/2012-11/12/content_1745510.htm.

❷ 郑代良，钟书华. 中国高层次人才政策现状、问题与对策［J］. 科研管理，2012（9）：136.

# 结 语

面对新一轮科技革命和产业结构转型的新形势，我们必须围绕实践创新驱动发展的国家重大发展战略，根据国家"十四五"规划的基本要求，立足我国现实国情，把握全球科技创新的发展趋势。在加大科技投入的同时，我们应加强财政资助项目成果的知识产权管理，推动财政资助项目成果的知识产权保护和应用，促进我国科技水平的提升和社会经济的繁荣。我们要抓住国家科技创新战略实施及科技体制改革等历史机遇，依托财政资助项目研发的资源优势，以鼓励创新为引领、政策立法制度为支撑、社会综合力量支持的思路加大财政资助项目成果的知识产权保护和应用，继续保持财政资助项目成果的知识产权对国家科技创新和产业转型的支撑作用，为我国的经济和社会发展提供强大的后劲。我们必须清醒地认识到，科技竞争日趋激烈，科技创新任重道远，科技强国的目标还远未实现。在科技全球化的新形势下，唯有加强科技自主创新，并将该自主创新成果广泛应用于我国经济发展实践，我国的科技创新才有出路。对于财政资助项目成果的知识产权而言，我们要以体现科技创新水平的高质量知识产权产出为依托，以自主创新知识产权的应用为重点方向，以强化知识产权科学布局和实施知识产权集中战略为突破，以完善知识产权管理制度，健全知识产权保障激励机制为抓手，以产学研合作为纽带，加强不同地域、行业和部门间的务实合作，实现科技资源的高效配置，深化、共建科技发展、研发和应用共同体，从而最终实现中华民族的伟大复兴。

# 主要参考文献

## 一、中文文献

[1] 宋河发. 科研机构知识产权管理 [M]. 北京：知识产权出版社，2015.

[2] 宋河发. 自主创新能力建设与知识产权发展：以高技术产业为视角 [M]. 北京：知识产权出版社，2013.

[3] 朱雪忠. 知识产权管理 [M]. 北京：高等教育出版社，2010.

[4] 朱雪忠，乔永忠. 国家资助发明创造专利权归属研究 [M]. 北京：法律出版社，2009.

[5] 冯晓青. 全球化与知识产权保护 [M]. 北京：中国政法大学出版社，2008.

[6] 吴汉东. 知识产权基本问题研究 [M]. 北京：中国人民大学出版社，2005.

[7] 朱雪忠. 知识产权协调保护战略 [M]. 北京：知识产权出版社，2005.

[8] 冯晓青. 知识产权法前沿问题研究 [M]. 北京：中国人民公安大学出版社，2004.

[9] 刘江彬，黄俊英. 智慧财产管理总论 [M]. 台北：华泰文化事业公司，2004.

[10] 吴汉东，胡开忠. 走向知识经济时代的知识产权法 [M]. 北京：法律出版社，2002.

[11] 李慧，崔惠绒，鲍洋，张立佳. 国家科技重大专项知识产权管理工作中的若干问题及建议 [J]. 科技与创新，2021（3）：131-133.

[12] 田正，江飞涛. 日本产业活性化政策分析——日本结构性改革政策的变化

及其对中国的启示[J]．经济社会体制比较，2021（3）：170-179．

[13] 宋河发．财政性知识产权国有资产管理与权利下放研究[J]．科学学研究，2021，39（5）：814-821．

[14] 朱雪忠，代志在．总体国家安全观下的知识产权安全治理体系研究[J]．知识产权，2021（8）：32-42．

[15] 朱雪忠，胡锴．中国技术市场的政策过程、政策工具与设计理念[J]．中国软科学，2020（4）：1-16．

[16] 马波，何迎春．国家财政资助项目科技成果权属的历史沿革、制度障碍和解决方案[J]．中国科技论坛，2020（11）：48-55．

[17] 李石勇．财政资助科技成果政府介入权法律制度探究[J]．政法论丛，2018（4）：82-92．

[18] 刘睿，张继成．立法评价方法初探——立法过程中价值评价的理性分析[J]．法制与社会发展，2018，144（6）：157-173．

[19] 李国良，李明．中日大学专利技术转让的比较分析[J]．现代日本经济，2017（6）：70-80．

[20] 穆荣平，樊永刚，文皓．中国创新发展：迈向世界科技强国之路[J]．中国科学院院刊，2017（5）：512-520．

[21] 赵剑冬，戴青云．高校主导建设的新型研发机构运作管理模式[J]．中国高校科技，2017（12）：11-15．

[22] 李金惠，林映华．关于财政资助项目科技成果权属若干基本概念的探讨[J]．科技与创新，2017，（14）：6-9．

[23] 宋河发，沙开清，刘峰．创新驱动发展与知识产权强国建设的知识产权政策体系研究[J]．知识产权，2016（2）：93-98．

[24] 刘海波，刘亮．知识产权商用与创新驱动发展[J]．中国科学院院刊，2016，31（9）：1026-1035．

[25] 张玉臣，王兆欢．上海市高新技术企业享受税收优惠状况及趋势[J]．中

国科技论坛，2015（3）：99-105.

[26] 靳宗振，刘海波. 创新驱动发展的关键议题：知财运营研究［J］. 中国软科学，2015（5）：47-57.

[27] 俞荣根. 地方立法后评估指标体系研究［J］. 中国政法大学学报，2014（1）：46-58.

[28] 毛昊，刘澄，林瀚. 基于调查的中国企业非实施专利申请动机实证研究［J］. 科研管理，2014，35（1）：73-81.

[29] 宋河发，李振兴. 影响制约科技成果转化和知识产权运用的问题分析与对策研究［J］. 中国科学院院刊，2014，29（5）：548-557.

[30] 宋河发，穆荣平，陈芳，等. 基于中国发明专利数据的专利质量测度研究［J］. 科研管理，2014，35（11）：68-76.

[31] 李黎明，刘海波. 知识产权运营关键要素分析［J］. 科技进步与对策，2014，31（10）：123-130.

[32] 刘海波，李黎明. 面向"创新2020"的知识产权战略布局的分析与建议［J］. 中国科学院院刊，2013，28（4）：442-449.

[33] 俞荣根. 不同类型地方性法规立法后评估指标体系研究［J］. 现代法学，2013，35（5）：171-184.

[34] 李薇薇. 新能源汽车产业的专利标准化战略制定与实施［J］. 中国科技论坛，2012（6）：62-66.

[35] 郑代良，钟书华. 中国高层次人才政策现状、问题与对策［J］. 科研管理，2012，33（9）：130-137.

[36] 王凌峰. 高校科研量化管理存在的问题及其对策［J］. 广西社会科学，2012（10）：171-174.

[37] 陈瑜. 知识产权价值评估的困境及对策［J］. 知识经济，2012（18）：128-129.

[38] 胡朝阳，张雨青，赵亚鲁. 国家资助科技项目成果转化的法律规范缺失分

析[J]. 科技与法律, 2011（3）: 6-10.

[39] 张小燕. 欧美高等院校知识产权管理模式及其启示[J]. 电子知识产权, 2011（4）. 83-86.

[40] 吴汉东. 知识产权的多元属性及研究范式[J]. 中国社会科学, 2011（5）: 39-45.

[41] 唐素琴, 李科武. 介入权与政府资助项目成果转化的关系探析[J]. 科技与法律, 2010（1）: 74-76.

[42] 黄涛. 科研评价的异化和对策[J]. 科技导报, 2010, 28（10）: 118-119.

[43] 周春慧. 北京: 政府资金引导知识产权质押融资体系的建立与发展[J]. 电子知识产权, 2010（11）: 45-47.

[44] 胡朝阳. 试论政府资助科技项目成果转化中的权力干预机制[J]. 中国科技论坛, 2010（11）: 11-16.

[45] 和阳. 科研经费分配不改不行——专访中科院院士王志新[J]. 商务周刊, 2010（20）: 58-61.

[46] 陈强, 鲍悦华. 德国重大科技项目管理及其对我国的启示[J]. 德国研究, 2008（2）: 47-51+78-79.

[47] 乔永忠, 朱雪忠, 万小丽, 黄光辉. 国家财政资助完成的发明创造专利权归属研究[J]. 科学学研究, 2008, 26（6）: 1181-1187.

[48] 管煜武. 基于专利价值的上海专利资助政策效应分析[J]. 中国科技论坛, 2008（7）: 102-106.

[49] 冯浩然, 宛彬成, 余敏等. 国外知识产权实施转化措施综述（之一）美研究机构知识产权转化概况分析[J]. 科学新闻, 2008（11）: 31-35.

[50] 王燕, 刘新智. 我国重点科技计划自主知识产权保护的政策措施研究[J], 科学学与科学技术管理, 2007（2）: 10-13.

[51] 郑玲, 赵小东. 政府资助研发成果知识产权管理制度探析[J]. 知识产权, 2006（5）: 42-45.

[52] 彭学龙, 赵小东. 政府资助研发成果商业化运用的制度激励——美国《拜杜法案》对我国的启示 [J]. 电子知识产权, 2005 (7): 42-45.

[53] 刘莉. 欧洲各国大学科研评价及其启示 [J]. 科学学与科学技术管理, 2005 (9): 86-90.

[54] 胡冬云. 美国高校知识产权和技术转让管理经验的启示 [J]. 科学咨询, 2004 (10): 35-36.

[55] 刘东民, 方曙, 马跃. 对高校知识产权保护与管理的思考 [J]. 软科学, 2003 (2): 55-58.

[56] 张景安. 关于我国科技中介组织发展的战略思考 [J]. 中国软科学, 2003 (4): 1-5.

[57] 李春生. 日本大学科技成果转让机构的模式及其现状 [J]. 高等教育研究, 2003 (6): 93-97.

[58] 胡恩华, 郭秀丽. 我国产学研合作创新中存在的问题及对策研究 [J]. 科学管理研究, 2002 (1), 69-72.

[59] 钟光正. 中国对外贸易中遭遇的专利壁垒及其对策 [J]. 亚太经济, 2002 (4): 46-48.

[60] 肖茂严, 万青云. 在高等学校中组建技术转移中心势在必行 [J]. 科技进步与对策, 2001 (9): 23-24.

[61] 《科技与法律》编辑部. 美国国会通过技术移转商业化法案 [J]. 科技与法律, 2001 (1): 35-35.

[62] 钟鸣. 日本的技术创新和产业再生 [J]. 全球科技经济瞭望, 2000 (4): 60-61.

[63] 汪佩伟, 李帆. 当代美国产学研合作的发展趋势及其启示 [J]. 科技进步与对策, 2000 (7): 113-115.

[64] 姜小平. 从《产业活力再生特别措施法》的出台看日本的技术创新和产业再生 [J]. 科技与法律, 1999 (3): 107-110.

[65] 邱晨辉. 创新时代来了吗——中国硅谷崛起尚需科技管理实现"第三次飞跃"[N]. 中国青年报, 2015-04-28 (01).

[66] 邱晨辉. 我们为什么不能再等待[N]. 中国青年报, 2015-04-28 (01).

[67] 张杰. 探索利益分配机制 促进科技成果转化 上交大一年内可能造就十几个千万"科技富翁"[N]. 中国青年报, 2015-04-28 (04).

## 二、外文文献

[1] AGRES T. The costs of commercializing academic research: does university licensing impede life science research and development?[J]. The Scientist, 2003, 17 (16): 58–60.

[2] ALDRIDGE T T, AUDRETSCH D. The Bayh–Dole act and scientist entrepreneurship[M].Universities and the entrepreneurial ecosystem. Edward Elgar Publishing, 2017.

[3] AUDRETSCH D B, LINK A N, PEÑA I. Academic entrepreneurship and economic competitiveness: introduction to the special issue[J]. Economics of Innovation and New Technology, 2012, 21 (5–6): 427–428.

[4] AUDRETSCH D, ALDRIDGE T. The development of US policies directed at stimulating innovation and entrepreneurship[M]. Luxembourg: Publications Office of the European Union, 2014: 6–51.

[5] BOZEMAN, B. Technology transfer and public policy: a review of research and theory[J]. Research Policy, 2000, 29 (4–5): 627–655.

[6] CHIH-HUNG HSIEH. Patent value assessment and commercialization strategy [J].Technological Forecasting & Social Change. 2013, 80 (2): 307–319.

[7] CLARYSSE, B., MORAY, N. A process study of entrepreneurial team formation: the case of a research-based spin-off[J]. Journal of Business Venturing,

2004, 19 (1), 55–79.

[8] CZARNITZKI D, HUSSINGER K, SCHNEIDER C. Commercializing academic research: the quality of faculty patenting [J]. Industrial and Corporate Change, 2011, 20 (5): 1403–1437.

[9] DALMARCO G, DEWES M F, ZAWISLAK P A, et al. Universities' intellectual property: path for innovation or patent competition? [J]. Journal of technology management & innovation, 2011, 6 (3): 159–170.

[10] ETZKOWITZ H, LEYDESDORFF L. The dynamics of innovation: from National Systems and "Mode 2" to a Triple Helix of university – industry – government relations [J]. 2000, 29 (2): 109–123.

[11] FELLER I, AILES C P, ROESSNER J D. Impacts of research universities on technological innovation in industry: evidence from engineering research centers [J]. Research policy, 2002, 31 (3): 457–474.

[12] FORERO-PINEDA C. The impact of stronger intellectual property rights on science and technology in developing countries [J]. Research Policy, 2006, 35 (6): 808–824.

[13] FRANK T. ROTHAERMEL, SHANTI D. Agung, Lin Jiang. University entrepreneurship: a taxonomy of the literature. Industrial and Corporate Change. 2007, 16 (4), 691–791.

[14] GEUNA A, ROSSI F. Changes to university IPR regulations in Europe and the impact on academic patenting [J]. Research Policy, 2011, 40 (8): 1068–1076.

[15] HOLGERSSON M, AABOEN L. A literature review of intellectual property management in technology transfer offices: From appropriation to utilization [J]. Technology in Society, November 2019, 59: 101–132.

[16] LINK A N, SCOTT J T, SIEGEL D S. The economics of intellectual property at

universities: an overview of the special issue [J]. International Journal of Industrial Organization, 2003, 21 (9): 1217-1225.

[17] MANGEMATIN, VINCENT, GEOGHEGAN, et al. University technology transfer offices: the search for identity to build legitimacy [J]. Research Policy: A Journal Devoted to Research Policy, Research Management and Planning, 2015, 44 (2): 421-437.

[18] MANGEMATIN V, O' REILLY P, CUNNINGHAM J. PIs as boundary spanners, science and market shapers [J]. The Journal of Technology Transfer, 2014, 39 (1): 1-10.

[19] MARKMAN G D, GIANIODIS P T, PHAN P H, et al. Innovation speed: transferring university technology to market [J]. Research policy, 2005, 34 (7): 1058-1075.

[20] MARTIN B R. Are universities and university research under threat? towards an evolutionary model of university speciation [J]. Cambridge journal of economics, 2012, 36 (3): 543-565.

[21] MASKUS, KEITH E., JEROME H. REICHMAN, eds. International public goods and transfer of technology under a globalized intellectual property regime [M]. Cambridge: Cambridge University Press, 2005.

[22] MOWERY D C. The Bayh-Dole Act and high-technology entrepreneurship in the United States during the 1980s and 1990s [J]. In: Z. J. Acs, D. B. Audretsch, and R. J. Strom (eds.): Entrepreneurship, Growth, and Public Policy. New York: Cambridge University Press, 2009.

[23] MOWERY D C. University-industry research collaboration and technology transfer in the United States since 1980 [J]. How universities promote economic growth, 2007: 163-182.

[24] MOWERY D C, NELSON R R, SAMPAT B N, et al. Ivory tower and indus-

trial innovation: University-industry technology transfer before and after the Bayh-Dole Act [M]. Stanford University Press, 2015.

[25] MOWERY D C, NELSON R R, SAMPAT B N, et al. The growth of patenting and licensing by US universities: an assessment of the effects of the Bayh - Dole act of 1980 [J]. Research policy, 2001, 30 (1): 99-119.

[26] MOWERY D C, ZIEDONIS A A. Academic patent quality and quantity before and after the Bayh - Dole act in the United States [J]. 2002, 31 (3): 399-418.

[27] NELSEN L. The rise of intellectual property protection in the American university [J]. Science, 1998, 279 (5356): 1460-1461.

[28] PRIES F, GUILD P. Commercializing inventions resulting from university research: analyzing the impact of technology characteristics on subsequent business models [J]. Technovation, 2011, 31 (4): 151-160.

[29] RAE-DUPREE J. When academia puts profit ahead of wonder [J]. New York Times, 2008, 7.

[30] SAMPAT B N. Patenting and US academic research in the 20th century: The world before and after Bayh-Dole [J]. Research Policy, 2006, 35 (6): 772-789.

[31] SHANE, SCOTT. Encouraging university entrepreneurship? the effect of the Bayh-Dole Act on university patenting in the United States [J]. Journal of Business Venturing, 2004, 19 (1): 127-151.

[32] SIEGEL D S, VEUGELERS R, WRIGHT M. Technology transfer offices and commercialization of university intellectual property: performance and policy implications [J]. Oxford review of economic policy, 2007, 23 (4): 640-660.

[33] SIEGEL D S, WALDMAN D A, ATWATER L E, et al. Toward a model of the

effective transfer of scientific knowledge from academicians to practitioners: qualitative evidence from the commercialization of university technologies [J]. Journal of engineering and technology management, 2004, 21 (1-2): 115-142.

[34] SIEGEL D S, WRIGHT M, AN Link. The Chicago handbook of university technology transfer and academic entrepreneurship [M]. Chicago: The University of Chicago Press, 2015.

[35] STEVENS A J. The enactment of Bayh–Dole [J]. The Journal of Technology Transfer, 2004, 29 (1): 93-99.

[36] THURSBY J G, KEMP S. Growth and productive efficiency of university intellectual property licensing [J]. Research policy, 2002, 31 (1): 109-124.

[37] THURSBY J G, THURSBY M C. Has the Bayh-Dole act compromised basic research? [J]. Research Policy, 2011, 40 (8): 1077-1083.

[38] THURSBY J G, THURSBY M C. Who is selling the ivory tower? sources of growth in university licensing [J]. Management Science, 2002, 48 (1): 90-104.

[39] TOOLE A A, CZARNITZKI D. Commercializing science: is there a university "brain drain" from academic entrepreneurship? [J]. Management science, 2010, 56 (9): 1599-1614.

[40] WRIGHT M, MOSEY S, NOKE H. Academic entrepreneurship and economic competitiveness: rethinking the role of the entrepreneur [J]. Economics of Innovation and New Technology, 2012, 21 (5-6): 429-444.

[41] Life of a Stanford Invention [EB/OL]. [2022-02-06]. https://otl.stanford.edu/sites/g/files/sbiybj10286/f/otl_overview_fy18_1.59.44_pm_1.pdf.

[42] Stanford- Office of Technology Licensing [EB/OL]. [2022-02-07]. https://otl.stanford.edu/.

[43] Stanford- Industrial Contracts Office [EB/OL]. [2022-02-07]. https://ico.stanford.edu/.

[44] Research Policy Handbook of Stanford [EB/OL]. [2022-02-07]. https://doresearch.stanford.edu/policies/research-policy-handbook.

[45] Stanford Policies [EB/OL]. [2022-02-08]. https://otl.stanford.edu/intellectual-property/stanford-policies#royalty.

[46] Outgoing Material Transfer Agreements [EB/OL]. [2022-02-08]. https://ico.stanford.edu/stanford-researchers/agreement-types/outgoing-material-transfer-agreements.

[47] OTL's Standard Operating Procedure [EB/OL]. [2022-02-08]. https://otl.stanford.edu/inventors/our-process.

[48] OTL-For Faculty: Best Practices for Start-ups [EB/OL]. [2022-02-10]. https://otl.stanford.edu/industry/stanford-start-ups/faculty-best-practices-start-ups.

[49] OTL- FAQ [EB/OL]. [2022-02-11]. https://otl.stanford.edu/inventors/faq.

[50] A History of OTL [EB/OL]. [2022-02-11]. https://otl.stanford.edu/history-otl.

[51] University of Washington Official Website [EB/OL]. [2022-02-09]. https://www.washington.edu/.

[52] W CoMotion [EB/OL]. [2022-02-09]. https://comotion.uw.edu/.

[53] UW Executive Order No. 36 [EB/OL]. (2015-5-07) [2022-02-09]. http://www.washington.edu/admin/rules/policies/PO/EO36.html.

[54] UW Administrative Policy Statements [EB/OL]. (2022-01-08) [2022-02-09]. https://www.washington.edu/admin/rules/policies/APS/TOC00.html.

[55] National Institutes of Health Official Website [EB/OL]. [2022-02-09]. https://www.nih.gov/about-nih/who-we-are.

［56］NIH- WHAT WE DO［EB/OL］.［2022-02-09］.https://www.nih.gov/about-nih/what-we-do.

［57］FDA Technology Transfer Program［EB/OL］.［2022-02-09］.https://www.ott.nih.gov/fda-technology-transfer-program.

［58］NIH- Organization［EB/OL］.［2022-02-09］. https://oma.od.nih.gov/IC_Organization_Chart/OD%20Organizational%20Chart.pdf.

［59］NIH- Intellectual Property Policy［EB/OL］.（2016-04-05）［2022-02-09］. https://grants.nih.gov/policy/intell-property.htm.

［60］iEdison - Invention Reporting［EB/OL］.［2022-02-09］.http：//era. nih. gov/iedison/iedison. Cfm.

［61］NIH Start-Up Exclusive License Agreements［EB/OL］.［2022-02-09］. https://www.ott.nih.gov/licensing/nih-start-exclusive-license-agreements.

［62］NIH- Licensing FAQs［EB/OL］.［2022-02-09］.https://www.ott.nih.gov/faqs/licensing-faqs.

［63］Final NIH Policy for Data Management and Sharing［EB/OL］.（2020-10-29）［2022-02-09］. https://grants.nih.gov/grants/guide/notice-files/NOT-OD-21-013.html.

［64］東京大学-序章［EB/OL］.［2022-03-04］. https://www.u-tokyo.ac.jp/ja/about/overview/b04_00.html.

［65］産学協創推進本部組織構成［EB/OL］.［2022-03-04］. https://www.ducr.u-tokyo.ac.jp/organization/organization.html.

［66］TODAI TLO［EB/OL］.［2022-03-04］. https://todaitlo.com/.

［67］The University of Tokyo Innovation Platform Co., Ltd.［EB/OL］.［2022-03-04］. https://www.ducr.u-tokyo.ac.jp/en/activity/venture/support.html.

［68］The University of Tokyo Edge Capital［EB/OL］.［2022-03-04］. https://www.ut-ec.co.jp/about_utec/firm_profile.

[69] 東京大学国際産学連携推進ポリシー［EB/OL］.（2007-09-06）[2022-03-21］.https://www.ducr.u-tokyo.ac.jp/rules_and_forms/index.html#policy.

[70] 東京大学知的財産ポリシー［EB/OL］.（2020-11-01）[2022-03-24］. https://www.ducr.u-tokyo.ac.jp/rules_and_forms/index.html#policy.

[71] 東京大学発明等取扱規則［EB/OL］.（2004-04-01）[2022-03-20］. https://www.ducr.u-tokyo.ac.jp/rules_and_forms/index.html#policy.

[72] 東京大学著作物等取扱規則［EB/OL］.（2020-11-01）[2022-03-21］. https://www.u-tokyo.ac.jp/gen01/reiki_int/kisoku_mokuji_j.html.

[73] 東京大学成果有体物取扱規則［EB/OL］.（2019-02-01）[2022-03-22］. https://www.u-tokyo.ac.jp/gen01/reiki_int/reiki_honbun/au07409911.html.

[74] 民間機関等との契約に係わる情報管理・秘密保持規則［EB/OL］.（2020-11-01）[2022-03-20］.https://www.ducr.u-tokyo.ac.jp/rules_and_forms/index.html#policy.

[75] 東京大学ライセンス・ポリシー［EB/OL］.（2020-11-01）[2022-03-21］. https://www.u-tokyo.ac.jp/gen01/reiki_int/reiki_honbun/au07409911.html.

[76] 東京大学研究ライセンス取扱ガイドライン［EB/OL］.（2008-08-05）[2022-03-21］.https://www.u-tokyo.ac.jp/gen01/reiki_int/reiki_honbun/au07409911.html.

[77] 東京大学ノウハウ取扱規則［EB/OL］.（2020-11-01）[2022-03-23］. https://www.u-tokyo.ac.jp/gen01/reiki_int/kisoku_mokuji_j.html.

[78] 東京大学知的財産関連補償金支払細則［EB/OL］.（2020-11-01）[2022-03-20］.https://www.ducr.u-tokyo.ac.jp/rules_and_forms/index.html#policy.

[79] 早稲田の歴史［EB/OL］.[2022-03-04］.https://www.waseda.jp/top/about/work/history.

[80] 早稲田大学教旨［EB/OL］.[2022-03-04］.https://www.waseda.jp/top/about/work/mission.

［81］早稲田大学 理工学術院総合研究所沿革［EB/OL］．［2022–03–04］．https://www.waseda.jp/fsci/wise/about/history/.

［82］発明者の手引き［EB/OL］．（2004–12–01）［2022–03–25］．https://www.waseda.jp/inst/research/tlo/industrycollaboration.

［83］Research Collaboration and Promotion Center– About us［EB/OL］．［2022–03–05］．https://www.waseda.jp/inst/research/en/tlo/about.

［84］知財・研究連携支援セクション［EB/OL］．［2022–03–04］．https://www.waseda.jp/inst/research/tlo/collaboration.

［85］早稲田大学職務発明規程［EB/OL］．（2019–05–10）［2022–03–24］．https://www.waseda.jp/inst/research/tlo/industrycollaboration.

［86］早稲田大学知的財産に関する基本理念［EB/OL］．（2004–07–23）［2022–03–24］．https://www.waseda.jp/inst/research/tlo/industrycollaboration.

［87］学外機関等との学術研究提携等に関する規則［EB/OL］．（1990–05–29）［2022–03–24］．https://www.waseda.jp/inst/research/tlo/industrycollaboration.

［88］成果有体物の取扱いに関する規程［EB/OL］．（2019–05–10）［2022–03–25］．https://www.waseda.jp/inst/research/tlo/industrycollaboration.

［89］共同研究契約書［EB/OL］．（2020–02–01）［2022–03–24］．https://www.waseda.jp/inst/research/tlo/industrycollaboration.

［90］発明および秘密保持に関する誓約書［EB/OL］．［2022–03–23］．https://www.waseda.jp/inst/research/tlo/industrycollaboration.

［91］情報開示に伴う秘密保持に関する契約書［EB/OL］．［2022–03–23］．https://www.waseda.jp/inst/research/tlo/industrycollaboration.

［92］JST 概要［EB/OL］．［2022–03–05］．https://www.jst.go.jp/all/about/outline.html.

［93］JST の沿革［EB/OL］．［2022–03–05］．https://www.jst.go.jp/all/about/enkaku.html.

［94］JST 組織図［EB/OL］．［2022–03–05］．https://www.jst.go.jp/all/about/soshiki.html.

［95］JST の事業内容［EB/OL］.［2022-03-06］. htttps://www.jst.go.jp/all/about/outline.html.

［96］A-STEP（研究成果最適展開支援プログラム）とは［EB/OL］.［2022-03-06］. https://www.jst.go.jp/a-step/outline/index.html.

［97］A-STEP 制度の特徴［EB/OL］.［2022-03-06］. https://www.jst.go.jp/a-step/outline/index.html.